LE PARLEMENT

DE

BOURGOGNE

III

La première édition de cet ouvrage, deux volumes in-8° publiés à la fin de 1857, a été honorée de la souscription de l'État sur la proposition délibérée à Paris en Conseil supérieur de l'Instruction publique, et de celle de la Liste civile pour les principales bibliothèques de l'Empire et de la Couronne.

La Correspondance inédite de Brulart, Premier Président du Parlement de Dijon, avec les principaux ministres de Louis XIV, colligée et publiée par le même auteur en 1859, deux volumes in-8° accompagnés de sommaires, notes et d'une Etude historique qui s'y rapportent, est la suite de cette publication, formant ensemble cinq volumes du même format.

LE PARLEMENT
DE BOURGOGNE

DEPUIS SON ORIGINE JUSQU'A SA CHUTE

PRÉCÉDÉ

D'UN DISCOURS PRÉLIMINAIRE SUR LA VILLE DE DIJON
ET SES INSTITUTIONS LES PLUS RECULÉES COMME CAPITALE DE CETTE
ANCIENNE PROVINCE

PAR M. DE LA CUISINE

Président à la Cour impériale de Dijon; président de l'Académie impériale des Sciences,
Arts et Belles-Lettres de la même ville; membre du Conseil académique du ressort universitaire; des Académies
de Lyon, Toulouse, Marseille, Bordeaux, etc.; correspondant du Ministère
de l'Instruction publique pour les travaux historiques; officier de la Légion-d'Honneur.

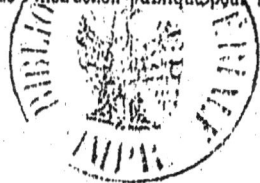

*In civitate nostra peregrini, fundum alienum aramus,
incultum familiarem deserimus, ad alios Deos confugimus,
rem propriam ignorantes.* (Mercuriales, 1584.)

DEUXIÈME ÉDITION

revue et considérablement augmentée par l'auteur, comprenant l'origine véritable,
le caractère, les mœurs, les vicissitudes et l'influence des Parlements sur les phases principales
de notre histoire nationale.

TOME TROISIÈME.

DIJON
J.-E. RABUTOT, IMPRIMEUR-ÉDITEUR
et chez tous les libraires.

PARIS
A. DURAND, RUE DES GRÈS-SORBONNE, 7

1864

LE PARLEMENT
DE BOURGOGNE

CHAPITRE IX.

SOMMAIRE.

Caractère de la Fronde en Bourgogne. — Le grand Condé est nommé gouverneur de cette province. — Politique de ce prince vis-à-vis du Parlement. — Situation de la Bourgogne jusqu'en 1650. — Arrestation de Condé au Palais-Royal; rumeurs en Bourgogne. — Précautions prises par ce prince pour s'y créer des partisans. — Le Premier Président Bouchu et l'intendant de Machaut font armer le château de Dijon. — L'avocat général Millotet dénonce cette manifestation au Parlement. — Le comte de Tavannes se déclare pour Condé. — Luttes violentes entre Bouchu et Millotet. — Dijon se prononce pour l'autorité royale. — La révolte s'étend dans la province. — Millotet fait assembler le Parlement. — Conduite oblique de Bouchu. — Les troupes se déclarent pour Condé. — Turenne instruit le Premier Président de son projet d'envahir la Bourgogne. — L'exprès chargé de sa dépêche est arrêté par ordre de Millotet. — Les Chambres du Parlement sont assemblées. — Le Parlement envoie les lettres de Turenne au chancelier. — Combat d'Arc-sur-Tille. — Conduite tortueuse de Mazarin. Il trompe les royalistes. — Conséquences funestes de cette politique. — Le duc de Vendôme est nommé gouverneur de la Bourgogne. — Mazarin refuse de faire remplacer Bouchu à la tête du Parlement. — Le duc de Vendôme se fait des créatures dans le Parlement et dans l'armée. — La plupart des places de guerre capitulent. — Le Premier Président parlemente avec le duc de Vendôme. — Propositions et perfidies. — Digne réponse du gouverneur. — Le Parlement enregistre la déclaration du Roi contre Turenne et autres seigneurs accusés de trahison. — Arrivée de Louis XIV à Dijon. — Siége de Seurre; la place se rend au Roi. — Bouchu fait sa paix avec la Régente et le Cardinal. — Ingratitude de la Cour. — L'arsenal du Petit-Clairvaux est forcé. — Dijon échappe à une destruction. — Les royalistes sont sacrifiés au Parlement. — Millotet est élu maire par les habitants. — Menées des partis dans cette élection. — Conduite de Millotet dans l'administration de la ville. — Condé est rétabli dans son gouvernement. — Violences commises à Dijon à cette occasion. — Le Premier Président fait prendre les armes à ses amis. — On insulte Millotet jusque dans sa demeure. — Ce qu'étaient les auteurs de ces désordres. — Condé reproche à Bouchu ses tergiversations. — Il fait fermer sa porte à Millotet. — Scènes révolutionnaires commises contre les partisans du Roi à Dijon. — Le Parlement proscrit Mazarin. — Débats qui avaient fait ajourner cette mesure. — Condé change son gouvernement de Bourgogne avec le duc d'Epernon. — Le Conseil du Roi déclare les fonctions de maire incompatibles avec celles d'avocat général. — Digne conduite de Millotet. — Il se démet volontairement. — Emotion dans la ville. — L'arrêt du Conseil est enregistré au Parlement. — Apostrophe d'un avocat à cette occasion. — Bravades du parti vaincu. — Violences dans l'intérieur du Parlement. — Condé fait faire des offres à Millotet. — Le Parlement refuse d'enregistrer les lettres du Roi contre les princes de Condé et de Conti. — Il cède aux menaces de la Cour. — Arrivée du duc d'Epernon à Dijon. — Le Château est assiégé en règle et capitule. — Machiavélisme du Premier Président. — Millotet redevient maire par l'élection. — Il est interdit comme avocat général par le Parlement. — Seurre est forcé de se rendre de nouveau au Roi. — Le Parlement opprime les libertés municipales. — Il refuse de contribuer à l'entrée du duc d'Epernon à Dijon après la prise de Seurre. — Condé est rappelé en Bourgogne. — Son entrée au Parlement. — Portraits de Bouchu et de Millotet. — Mœurs parlementaires après la Fronde.

Après l'époque si calamiteuse des invasions de la Bourgogne par les armées allemandes, rapportées dans le septième chapitre de cet ouvrage, nous entrons dans la période de la Fronde, séparée de la précédente par quatorze années d'intervalle et qui vit succéder à la guerre étrangère une nouvelle guerre civile. Nous ne rappellerons pas ici les causes de ces troubles qui faillirent changer en France la forme du gouvernement, en resserrant au profit des grands la Royauté dans des bornes que la constitution de la monarchie n'avait jamais admises. Il suffira de faire connaître ce que fut cette lutte dans une province où la seule présence de Condé, qui en était gouverneur, ne pouvait manquer d'aggraver des résistances auxquelles il allait, après les avoir combattues, prêter l'appui de son nom et de son crédit. Condé, qui, après avoir protégé le trône contre la sédition, avait trop vanté ses services, avait bravé la Reine, tourné Mazarin en ridicule, était entraîné à la révolte par un amour-propre mal satisfait, écueil des héros.

Cette révolte dont l'exemple avait été donné au moyen âge aux princes mécontents, par les grands vassaux, était devenue au XVII° siècle une des causes de l'abaissement de la France, et ne céda que devant la politique sanglante de Richelieu, pour se relever sous son successeur. Ainsi procéda à propos d'un ministre étranger le mouvement des esprits chez les plus puissants dont les passions mal contenues allaient, sous le masque du patriotisme, trouver un aliment nouveau. Les idées démocratiques s'y introduisirent aussi comme partout où le peuple devient juge et où on le met en jeu (1). L'histoire d'une époque éclairée par des documents nombreux (2) trouvera dans les préparatifs d'un prince ou dans ses intrigues en Bourgogne la preuve des précautions qu'il y prit pour assurer

---

(1) Ainsi Mathieu Molé, arrêté aux barricades par les séditieux, entendit-il quelques voix crier autour de lui : *République!* pendant qu'un libraire condamné pour avoir imprimé un livre contre le Roi était arraché au supplice par la populace! (M. de Barante, *le Parlement de Paris pendant la Fronde.*)

(2) Outre les mémoires de Millotet et de Claude Malteste, qu'on peut consulter avec fruit, les Registres du Parlement qui se rapportent à ce temps nous ont été conservés presqu'entiers.

le succès du parti dont il allait devenir chef. Le calme profond qui avait régné dans cette province pendant les premières années où s'était s'allumée la guerre civile dans le royaume, attestait que sans ses efforts elle fût demeurée étrangère à ces mouvements, où ses intérêts bien compris n'avaient que faire.

L'esprit d'opposition contre la Cour, qu'une telle guerre avait réveillé et qui était déjà dans les mœurs, s'y trouvait contenu d'ailleurs par un sentiment plus louable. La Bourgogne, si dévouée à ses anciens Ducs, avait reporté sur la race des Rois cet amour inné qu'elle confondait avec l'attachement à ses libertés. Jusqu'alors ces Rois, à l'exemple des Ducs leurs devanciers, les avaient respectées, quand cette province ne les avait pas poussées jusqu'à l'abus. Sauf les temps de la Ligue, sa fidélité envers eux ne s'était jamais démentie. La résistance à l'invasion suisse en 1513, celle non moins mémorable aux troupes allemandes en 1636, dans lesquelles elle avait, comme frontière, préservé la France d'une ruine certaine, étaient d'éclatants témoignages de son patriotisme. Le refus antérieur de sa part de sanctionner le traité de Madrid, qui la démembrait de la monarchie, ainsi que la résistance qu'elle avait opposée depuis aux entreprises de Gaston jusqu'au cœur de la province, y ajoutaient l'exemple d'un dévoûment à toute épreuve.

Ces traditions étaient vivantes encore quand survinrent les premiers troubles de la Fronde dans le royaume. La journée des Barricades, dans laquelle la Reine avait été contrainte de céder à la révolte, et sa retraite avec le jeune Roi, accomplie à Saint-Germain-en-Laye devant une multitude armée, avaient ému tous les cœurs en Bourgogne. La remise de dix millions sur les taxes établies pour tout le royaume, jointe à la promesse faite par la Cour de respecter désormais l'inviolabilité de la justice et l'autorité des Parlements comme corps politiques, venait d'y ranimer les affections du peuple pour le Souverain. Au milieu de cette situation des esprits, on peut juger ce qu'il fallut à Condé d'efforts pour exciter à Dijon une lutte dans laquelle, presque sans combat, mais à force de persévérance, le parti du Roi allait rester maître de la place.

Un homme, comme il s'en trouve rarement dans les temps de troubles, soutint à lui seul cette attaque imprévue, où l'on vit le Parlement constamment en scène et où les mœurs politiques de la nation commencèrent à se faire jour. Tel sera l'épisode que nous allons décrire, et qui comprendra les trois dernières années d'une guerre que l'on a pu taxer de *ridicule,* à la considérer dans ses apparences, mais qui fut le premier manifeste de la nation marchant par l'esprit de controverse à la conquête de droits dont elle devait, à l'exemple de la monarchie, abuser à son tour.

Depuis Condé, premier gouverneur de ce nom, mort à Paris le 26 décembre 1646, Louis II de Bourbon, duc d'Enghien, son fils, connu depuis sous le nom du grand Condé, lui avait succédé au gouvernement de Bourgogne. Installé dans sa nouvelle dignité le 11 mars 1647, sa présence en cette province devait, par le rôle politique qu'il allait jouer dans le royaume, susciter des complications sans nombre qui, de même qu'au temps de la

Ligue, accablèrent la ville de calamités, comme s'il lui été eût donné, dans ces deux grandes périodes de l'histoire, de subir la loi de ses gouverneurs.

A peine arrivé à Dijon et complimenté au couvent des Chartreux par le Premier Président Pierre Bouchu, dans une harangue qui nous est restée (1), ce prince venait d'entrer au Parlement, où il avait été reçu par une députation et avait assisté, suivant l'usage, à la plaidoirie de deux procès (2). Cette solennité accoutumée, qui ne mériterait pas une mention particulière dans cette histoire, devint un événement après la rupture éclatante de l'ancien gouverneur avec la Compagnie, dont les actes que nous avons fait connaître l'avaient rendu l'adversaire et presque l'ennemi. Dans ce jour mémorable, où l'oubli du passé ne fut de la part du prince qu'une adroite précaution pour l'avenir, le Premier Président Bouchu lui adressa un discours qui se ressentait du besoin que chacun allait avoir de dissimuler ses griefs. Il résuma, dans des termes pompeux qui, prononcés au nom du Corps, pouvaient être considérés comme des reproches de conduite, les services que son père avait rendus à la Bourgogne dans sa défense contre Galas ; passant à dessein sous silence les démêlés qu'il avait eus avec le Parlement et que le prince, dans une réponse habile, sembla avoir ignorés lui-même.

Ces feintes respectives, commandées par la politique du jour, devinrent entre ces deux puissances le germe

---

(1) Transcrite entière dans une délibération du Corps du 24 mai 1650, qui en ordonna plus tard l'impression. (Voir aux Registres.)
(2) Voir le Registre du Parlement du 26 mars 1647.

d'une alliance dont Condé sut profiter plus tard, et qui allait faire dans cette province la force de son parti, quand le temps serait venu pour lui d'éclater. On le vit s'appuyer dès ce moment, par le besoin qu'il pourrait en avoir, sur ceux qu'avait combattus son père, et le Parlement servir à son tour, sous le nom du fils, cette ardeur inquiète qui l'emportait comme d'habitude à résister à la Cour par tous les moyens. Ce fut là une coalition plutôt que la paix ; chacun des partis, en s'unissant à l'autre, gardant des rancunes que l'intérêt commun pouvait seul suspendre, mais qui ne tardèrent pas à s'effacer au sein des événements que la guerre civile allait amener.

Si cette guerre n'avait pas encore éclaté, les causes en étaient évidentes pour tous les hommes pénétrants et avisés. Les grands, fatigués de la tyrannie de Richelieu, allaient à la faveur d'une minorité demander compte à son successeur du sang qu'il avait fait répandre; le peuple, des taxes qu'il avait établies ; les Parlements, de leurs priviléges méconnus ou anéantis. La réaction était dans les esprits avant de passer dans les actes. Les moins clairvoyants prévoyaient ces choses; les plus habiles se préparaient à une lutte que l'impopularité d'un ministre étranger allait précipiter. Sans résolution concertée pour des événements ignorés et dont toutes les ambitions appelaient l'explosion, on peut dire que chacun se disposait à prendre un parti dans la guerre civile au gré de son intérêt ou de ses caprices. La Royauté seule attendait d'où lui viendrait la première attaque, sans force pour la repousser, non plus que pour la prévenir.

Condé observait, sans résolution arrêtée, un orage

formé d'avance des mécontentements du peuple et des Parlements. Si son nom le plaçait à la tête des défenseurs du trône, sa renommée militaire, sa bouillante ardeur, l'envie contre des rivaux ses compagnons d'armes, pouvaient l'emporter dans les rangs ennemis. Il prévit ces entraînements et ne songea qu'à fortifier son parti avant d'essayer ses forces dispersées. Engagé, comme le sera Turenne pendant cette longue crise, dans des voies contraires que chacun d'eux abandonna plus tard, il trouva ses amis disposés à suivre sa fortune. La rupture si souvent prédite entre lui et le cardinal Mazarin, mais accomplie seulement en 1649, fut le signal d'une défection qu'il avait dissimulée longtemps. Ce retard avait fait que, jusqu'à cette époque, la Bourgogne était demeurée calme, malgré les tendances de son Parlement à se prononcer pour les mécontents. Telle fut la situation politique de cette province lorsqu'arriva le mois de janvier 1650, époque à laquelle un événement inattendu vint y changer la face des choses.

La nouvelle de l'arrestation de Condé et des princes de Conti et de Longueville au Palais-Royal, le 18 de ce mois, devint le coup de foudre qui mit à Dijon ses partisans en rumeur, en même temps qu'il fit éclater la fidélité des habitants. Le Premier Président Bouchu, le président Perreau, de la Chambre des Comptes de Paris, Bourguignon de naissance, Lenet, ancien procureur-général dans cette province, Guillon, son successeur, étaient les principaux instruments de ce complot en faveur des princes, complot qu'ils avaient préparé de longue main. Plus d'un an auparavant et quand l'orage était loin encore, des bruits qu'on accusa un habitant de la Bourgogne, Claude Lorenchet, bourgeois de Beaune, d'avoir répandus, d'une grande émotion arrivée à Paris au sujet de ces princes, avaient mis la ville en mouvement et montré dès ce temps la présence d'un parti prêt à s'y déclarer. Lorenchet, interrogé par des commissaires du Parlement, nia ces propos qui lui avaient été prêtés par des ennemis du Cardinal, et l'affaire n'eut pas d'autre suite (1).

De tels bruits coïncidaient avec deux des plus graves événements de cette première époque des troubles. Nous voulons dire la translation du Parlement de Paris à Montargis et la fuite de la Cour de la capitale; événements dont le Roi fit connaître les causes au Parlement de Dijon par des lettres patentes du 8 janvier 1649, qu'on peut lire encore (2) et qui devinrent un manifeste pour tout le royaume. Condé, jusque-là fidèle, avait écrit, le 6 janvier de la même année, au Premier Président Bouchu qui en rendit compte à sa Compagnie le surlendemain, « qu'il était parti avec le Roi et qu'il le suivrait partout où il jugerait à propos de se rendre. » Cette lettre, qui détrompait le Parlement sur des desseins supposés, était à peine reçue, qu'il avait, le premier de tous en France, ordonné des prières publiques, fait fermer les spectacles et député au Roi pour l'assurer de son dévoûment. Avant que le prince se fût déclaré lui-même, cette Compagnie était ainsi demeurée dans le devoir; la Cour, feignant de croire sa protestation sincère, accueillit avec

(1) Voir les délibérations du Parlement des 29 et 30 décembre 1648.
(2) Voir cette lettre au Registre du Parlement du 13 janvier 1649 et les lettres patentes du Roi à la suite.

la plus grande joie la députation qu'elle avait envoyée [à] Paris, et qui fut présentée au Roi par Condé lui-mêm[e] qu'on avait alors tant d'intérêt à ménager (1).

Mais la conduite de ce prince dans son gouverneme[nt] de Bourgogne, depuis deux ans qu'il en avait pris po[s]session, eût suffi pour rendre ces témoignages suspect[s]. La haine qu'on lui attribuait contre la politique [de] Mazarin avait déjà attaché à son parti cette foule de ge[ns] avides de fortune qui n'attendaient que la faveur po[ur] faire un choix au début d'une guerre civile. A des nom[i]nations nombreuses dans la robe et dans l'épée, Cond[é] venait d'ajouter des bienfaits plus durables et qui tou[r]chaient en particulier le Parlement. Par son crédit il l[ui] avait fait accorder la noblesse à première vie, et la posse[ssion]

---

(1) Voir au Registre du mois de février 1649 le compte qui fut rend[u] de cette députation par les commissaires du Parlement, les lettr[es] patentes du Roi à ce Parlement, qui s'indigne que celui de Paris a[it] accepté un secours de 20,000 hommes de l'Autriche, ainsi qu'une le[t]tre du prince de Condé adressée dans ce sens à la même Compagni[e]. Documents précieux qui prouvent que dans cette guerre, Condé, d'abo[rd] fidèle au Roi, entraîna seul plus tard la Bourgogne dans son par[ti]. Bouchu, lui-même, avait en premier lieu secondé une politique q[ui] répondait au bon esprit des populations. Il disait au Parlement da[ns] la séance tenue le 26 du même mois : « Vous voyez maintenant, Me[s]sieurs, combien nous sommes obligés d'être plus fortement unis a[u] service du Roi, et de travailler à détromper le peuple, particulière[ment] en cette ville, de croire que les Parisiens aient entrepris aucu[ne] chose en cette occasion pour le bien public, appelant le roi d'Espagn[e] à leur secours et à la ruine du royaume..... » Déjà Condé lui ava[it] écrit cette lettre qu'il communiqua à sa Compagnie, et qui régla [sa] conduite : « Vous verrez par la dépêche du Roi l'excès de l'entreprise d[e] *Messieurs de Paris*, et ne serez pas, je m'assure, moins étonnés qu[e] nous l'avons été ici d'une si prodigieuse audace. » Les lettres du Par[le]ment de Dijon au Roi répondirent à cet exemple inattendu et sor[t] pleines des témoignages de sa fidélité. (Voir les Registres précités.)

sion des charges héréditaire (1). Il avait de plus mis un terme aux différends entre le Premier Président et l'Intendant de Machault, en même temps qu'il rétablissait l'union entre les avocats généraux, ainsi qu'entre ceux-ci

(1) Suivant des lettres qu'il fit accorder à tous les membres de cette Compagnie et sans qu'il leur fût nécessaire, comme auparavant, d'avoir un père et aïeul qui y eussent demeuré chacun vingt ans en exercice ou qui y fussent morts.

Nous donnons ici, à cause de son intérêt pour les familles, la déclaration du Roi qui fixa définitivement les conditions de transmission de la noblesse aux membres du Parlement et à leur descendance, un tel acte étant resté le titre irréfragable de cette distinction :

« Louis, etc... Le rang que tient notre Cour de Parlement de Dijon, dans le nombre des Compagnies souveraines de ce Royaume, étant considérable par les grands et nobles services qu'elle a rendus de tout temps aux Rois nos prédécesseurs, dont elle a maintenu l'autorité et la puissance légitime, et fait régner leurs lois parmi les sujets de son ressort, avec tout l'avantage que le bien de leur service le pouvait requérir, aussi avons-nous été porté, dès notre avénement à la couronne, d'un désir particulier de lui donner des preuves de l'estime que nous faisons de ses services, quand par la rencontre des mouvements excités l'année dernière dans notre bonne ville de Paris et autres endroits du Royaume, nous nous sommes vu comme obligé de lui faire paraître par quelque favorable traitement combien sa prudente et respectueuse conduite en cette occurrence, de laquelle nous avons été informé par notre très cher et très amé cousin le prince de Condé, nous avait été agréable. Depuis, la suite de ces mouvements étant venue à un tel excès de témérité que notre dignité et autorité ont été jetées dans le mépris par ceux dont la principale fonction consistait à les relever et faire valoir en réprimant par la rigueur de la justice les desseins de ceux qui auraient osé les choquer et profaner la majesté royale en lui déniant les soumissions et respects qui lui sont dus, notre dite Cour de Parlement de Dijon s'est portée avec tant de zèle et de promptitude à nous témoigner ses justes ressentiments de l'entreprise qui était faite contre nous, et la constance de sa fidélité et affection à notre service, que la continuation de sa bonne conduite nous a fait redoubler le désir et former la résolution que nous avions déjà prise de gratifier les officiers qui la composent de quelque marque particulière d'honneur et de notre bienveillance, par le moyen de laquelle nous fassions paraître à la postérité la satisfaction que nous avons de sa fidélité enet le procureur général longtemps divisés. Ces services, accompagnés de faveurs personnelles, allaient lui assurer l'appui d'un Corps si prompt à s'abandonner quand on flattait son orgueil ou ses intérêts.

vers nous, et de son zèle au bien et grandeur de notre couronne et à la conservation et manutention de notre autorité royale.

A ces causes, de l'avis de la Reine régente, notre très honorée dame et mère, de notre très cher et très amé oncle le duc d'Orléans, de notre très cher et très amé cousin le prince de Condé, et de notre certaine science, et pleine puissance, et autorité royale, nous avons dit et déclaré, disons et déclarons que nos présidents, conseillers, avocats et procureur généraux, le greffier en chef, les huit notaires et secrétaires de notre dite Cour, présentement pourvus desdits offices, et qui le seront après, soyent nobles et les tenons pour tels. Voulons et nous plait qu'ils jouissent eux et leurs veuves demeurant en viduité, leur postérité et lignée, tant mâles que femelles, nés et à naître, des mêmes droits, priviléges, franchises, immunités, rang, séance et préséance que les autres nobles de race, barons et gentilshommes de notre royaume; soyent capables de parvenir à tous honneurs, charges et dignités, pourvu que lesdits officiers ayent servi vingt années, ou qu'ils décèdent révétus desdits offices, nonobstant qu'ils ne fussent issus de noble et ancienne race. Et pour le regard de ceux desdits officiers qui sont nobles d'extraction et par leur naissance, nous voulons que ces présentes leur servent d'accroissement d'honneur. Et pour les mêmes causes et considérations, avons affranchi, quitté et exempté, affranchissons, quittons et exemptons de notre grâce spéciale lesdits présidents, conseillers, greffiers et autres officiers de notre dite Cour de Parlement, présents et à venir, du droit de gabelle du sel qu'ils prendront au grenier à sel de notre ville de Dijon. Voulons et nous plait qu'ils, et chacun d'eux, leurs successeurs et leurs veuves demeurant en viduité, ayent et puissent avoir et prendre, par les mains des greneters et contrôleurs du grenier de sel de Dijon présent et à venir, par leurs simples quittances sans qu'ils soient tenus en prendre ni lever décharge ni autres mandements ou acquits, la quantité de sel pour la provision et dépense de leur maison, suivant l'état qui en sera arrêté en notre conseil..... Voulons en outre et ordonnons que nos dits présidents, conseillers, avocats et procureurs généraux, ledit greffier en chef, les huit notaires et secrétaires de notre dite Cour, et leurs veuves demeurant en viduité soyent exempts à l'avenir, tant en aliénant, acquérant qu'à toutes mutations, soit en ligne directe ou collatérale de

Un homme rare par le mérite, plus grand par le caractère, l'avocat général Millotet, était devenu, de sa part, mais sans succès, l'objet d'avances non dissimulées. On savait que rien d'important n'arriverait dans la province qu'il ne fût appelé à y jouer un rôle. Il répondit à ces avances avec la réserve d'un sujet fidèle « qu'il ne supposait pas qu'on *lui demandât jamais rien de contraire au service du Roi.* » Cette réponse, qui fit grand bruit, fut considérée comme un conseil et presque comme une accusation indirecte, que les efforts faits par Condé pour se créer un parti en Bourgogne venaient justifier dès ce moment. Les événements allaient prouver bientôt combien ces suppositions étaient fondées et le danger pressant.

A la nouvelle de l'arrestation du prince, deux de ses nouvelles créatures, le Premier Président Bouchu et l'intendant de Machault, s'étaient réunis et avaient fait armer et approvisionner le Château, tout prêt à foudroyer la ville si elle osait se déclarer pour le Roi. L'avocat général Millotet dénonça ces faits à sa Compagnie, qui, penchant du côté des princes, feignit d'ignorer

---

tous profits de fiefs, droits seigneuriaux, lots et ventes, rachats, reliefs et généralement de tous droits seigneuriaux et féodaux, afin que ce soit chose ferme à toujours, car tel est notre plaisir.... Donné à Compiègne au mois de juin l'an de grâce mil six cent quarante-neuf, et dans le règne le sixième. Signé: Louis; et sur le repli, pour le Roi, la Reine régente sa mère présente, et Philippeaux au bout dudit repli. » On voit par les termes de cette déclaration du Roi, enregistrée au Parlement de Dijon le 21 juin 1649 en présence du prince de Condé, et publiée à la Chambre des Comptes le 30 du même mois, qu'il ne fut dérogé en rien aux priviléges et prérogatives dont chacune des charges auparavant existantes était déjà gratifiée, et auxquels cas ceux-ci furent ajoutés.

des armements dont son chef était l'auteur, si elle n'os[ait]
pas les avouer encore. Tel fut le premier acte qui de s[a]
part commença à éclairer une situation déjà plein[e]
d'orages. Les réquisitions que Millotet menaça d[e]
prendre à cette occasion, et qui avaient attiré au Palai[s]
une foule nombreuse, furent taxées de *ridicules* par l[e]
Parlement, et peu s'en fallut que ce Corps ne l'accusâ[t]
de compromettre par sa sollicitude l'autorité du Roi
dont il était l'organe. Bouchu, chef de cette Compagnie,
l'homme le plus habile, mais le plus violent, n'en avait
pas moins, dans une colère mal contenue, laissé percer
des sympathies qui n'étaient plus un secret. La prétention soulevée par l'avocat général de faire rendre compte
à la barre du Parlement, par le commandant du Château,
des armements de cette forteresse dont les canons
étaient braqués sur la ville et qui venait d'être munie
d'une garnison nombreuse, fut qualifiée par lui d'*empiétement* ou de *nouveauté*. Une telle sortie avait amené
Millotet à lui répondre « que c'était lui-même qui avait,
la veille, dans une conférence aux Chartreux de Dijon,
provoqué ces mesures. » Accusation hardie et qui devint
entre ces deux hommes le signal d'une guerre qui allait
les diviser à jamais. Cette imputation n'était que trop
fondée, et, à moins de rompre avec la Cour, il n'y avait
pas à se méprendre sur une pareille conduite. La séance
des Chambres assemblées qui eut lieu à cette occasion,
sans aboutir à rien, vint donc, malgré le Parlement,
éclairer l'opinion sur le parti que cette Compagnie se disposait à suivre dans une guerre qui se fomentait sous ses
yeux.

Dans le même temps, le comte de Tavannes (1) allait, accompagné de Lenet, pérorant dans les rues en faveur du prince arrêté par ordre de Mazarin, *et qu'il ne fallait pas*, disait-il, *laisser enchaîner*. Il avait tenté, mais en vain, de s'emparer du commandement du château de Dijon. Millotet le dénonça pour ces faits au Parlement dans une autre assemblée des Chambres, et cette fois sans plus de succès; le Premier Président lui répondit par de nouvelles défaites, d'où on en vint aux plus violentes apostrophes. Au milieu de ces luttes animées, l'avocat général avait osé conclure *à ce que la voix de Bouchu ne fût plus comptée, comme étant la créature du prince par les bienfaits qu'il en avait reçus; ayant été élevé par ses bontés d'une condition médiocre à une place aussi auguste*. Paroles outrageantes bien que justifiées, mais qui jamais n'avaient été adressées par un inférieur au chef d'une cour souveraine dans l'exercice de sa charge. Celui-ci, de son côté, s'était emporté jusqu'aux injures, ce qui fit que l'assemblée se sépara sans rien résoudre.

Ainsi fut déclarée la guerre entre les deux partis. Millotet, qui était pour le Roi, avait, à défaut du Parlement et malgré la résistance du maire Mongey, lequel venait de succéder à Bossuet (2) dans l'administration de

---

(1) Capitaine d'ordonnance du prince de Condé; le même qui, avec d'autres officiers, avait tenté d'enlever les nièces du cardinal Mazarin au Val-de-Grâce. Il était neveu du marquis de Tavannes, un des lieutenants généraux pour le Roi en Bourgogne, et qui suivit un drapeau contraire.

(2) Claude Bossuet, oncle du célèbre évêque de Meaux. Fidèle au Roi dès les premiers symptômes des troubles manifestés en 1649, époque

la ville, rencontré dans les populations des esprits disposés à le seconder. Il avait, en montrant aux bourgeo[is] effrayés la ville abandonnée aux violences et aux dilapi[-]dations des gens de guerre si Condé l'emportait sur l[a] Cour, ranimé le patriotisme municipal toujours jalou[x] de ses libertés. Son énergie avait passé dans les âmes. Ce fut par ses excitations que le comte de Tavannes, dont nous venons de parler, poursuivi en plein jour pa[r] une multitude irritée, se vit obligé de chercher so[n] salut dans le Château, où le même Millotet, qui marchai[t] à la tête de la foule pour l'arrêter, le força de se réfugier. Cette retraite fut publiée comme un triomphe par les partisans du Roi, qu'on nommait ici les *Frondeurs*, comme ceux des princes arrêtés étaient appelés les *Principions* ou les *Albions* (1). A partir de ce momen[t] l'organisation d'un parti nombreux à Dijon en faveur de la Cour devint assurée. On vit, de plus, et sans que le Parlement osât y mettre obstacle, l'hôtel de Millotet devenir le rendez-vous d'hommes de tout rang, unis par un devoir égal et d'où partirent des résolutions courageuses, si elles ne furent pas souvent téméraires.

Dans le même temps la division éclatait au Château entre les commandants de cette forteresse. Comeau, l'un

---

de sa magistrature municipale, il écrivit au prince de Condé pour protester de la fidélité des habitants à la cause royale. (Registres du Parlement des 26 janvier, 3 et 14 février et 16 avril 1650.)

(1) Mémoires de Claude Millotet. — La qualification de *frondeurs* eut donc en Bourgogne un tout autre sens que dans le reste du royaume. Ainsi, *la Fronde*, sous la figure d'un mannequin, fut enterrée à Dijon au milieu des malédictions de la foule après la délivrance du prince de Condé. (Voir le même auteur.)

d'eux, refusait d'y recevoir des soldats étrangers envoyés par l'abbé de Bèze et le commandant de Seurre alors surnommée Bellegarde. Il donnait pour excuse qu'il n'était pas sûr de leur fidélité, tandis que la ville, qui était le point de mire de ces démonstrations, prenait des mesures contre les événements, en faisant construire des barricades, comme en gardant à titre d'otages la mère et le frère de ce même Comeau qui, par ses préparatifs nombreux, semblait préparer sa ruine. Presqu'en même temps et dans le parti du prince on s'emparait des places de la province en son nom. Saint-Micault s'était jeté dans Seurre avec les garnisons, entraînées par lui, de Chalon, Mâcon et autres villes; tandis que le comte de Tavannes battait la campagne pour en débaucher les soldats au profit de Condé.

Dans ces conjonctures périlleuses, Millotet fit assembler le Parlement et obtint cette fois, à force de prières, un arrêt par lequel il fut défendu aux soldats de s'attrouper. Mesure qu'il eût fallu prendre trois mois plus tôt, mais qui, lorsque le mal était fait, ne remédiait pas à des désordres qui annonçaient l'approche de la guerre civile. La ville de Seurre, entraînée par cet appel d'une cour souveraine, manifesta sur-le-champ l'intention de chasser sa garnison, comme l'avait fait Verdun peu auparavant. Mais ce n'était pas ce que le Parlement avait voulu ; il refusa d'y envoyer des commissaires qu'elle venait de faire demander, et cette entreprise avorta. Bouchu, comme en toute occasion semblable, s'était montré l'organe de ces résistances, en faisant observer hypocritement « que le pouvoir de la Compagnie ne s'étendait pas jusqu'à donner des instructions pour prendre des villes; qu'il n'avait reçu du Roi aucun ordre de ce genre ni même de déclaration contre M. le Prince, et qu'il ne voulait pas être l'organe d'un arrêt qui serait la cause de la mort de M. Millotet, en lui confiant la mission de s'y rendre qu'il venait de solliciter avec tant de zèle de la Compagnie. » A cet ironique langage celui-ci de répondre « qu'il ne demandait pas mieux que d'exposer ainsi sa vie. » Après lui le conseiller Maillard s'était offert à partager le même danger. Vains efforts : leurs propositions furent repoussées, et ceux des habitants de Seurre qui s'étaient compromis par une demande rendue publique en éprouvèrent mille persécutions.

Avec l'adhésion secrète du Parlement, les garnisons disséminées dans la province furent la cause de ces désordres, et il n'y avait pas lieu de s'en étonner. Le nom de Condé était tout-puissant sur l'esprit des soldats, pour la plupart compagnons de sa gloire et de sa fortune. Tous, à la nouvelle de son arrestation, s'étaient montrés tristes et indignés. A Beaune, au cœur de la Bourgogne, on avait vu les officiers du régiment de *Persan* (1) jurer, sur la pointe de leur épée trempée dans leur propre sang, de mourir pour obtenir la liberté de celui qu'ils appelaient leur père et leur général. Ce mécontentement des troupes allait devenir, après les partis fatigués, la cause des pro-

---

(1) Nom du marquis son colonel. Ce régiment, fort attaché à Condé, avait été ramené à son parti par les intrigues de Lenet, qui débaucha ses officiers. Peu s'en fallut que ce corps, fort de seize cents hommes et qui avait été disséminé dans la province, ne s'emparât de la ville de Dijon et de son Château. On peut lire dans les Mémoires de Millotet que le Parlement l'avait fait avancer dans ce but jusqu'à Talant.

longations d'une guerre dans laquelle la force sembla manquer partout à l'autorité, et qui ne devait finir que par la politique habile du Cardinal. Mazarin, pour y mettre un terme, allait, plus tard, en appelant Turenne à son aide, balancer ces influences par d'autres semblables, où cette fois le génie serait mis d'accord avec le devoir.

L'intendant de Machault trahissait en même temps la Cour à sa manière. Sous prétexte qu'il ne pouvait rien ordonner à l'égard de l'armée sans la participation de la Compagnie, il assistait aux assemblées des Chambres. Dans une séance concertée d'avance, il proposa de députer au Roi, à l'exemple des Parlements de Provence et de Normandie, en faveur des princes, « qui, suivant ses paroles, n'étaient détenus que par l'ambition du premier ministre. » L'avocat général Millotet répondit à ces propositions « que ce serait demander compte au Roi de ses actions et fournir aux séditieux l'occasion de se révolter contre lui, sous prétexte du bien public. » Mais l'affaire n'en fut pas moins mise aux voix par le Premier Président, qui eut cette fois le déboire de voir rejeter la motion de l'intendant par la Compagnie, celle-ci ayant craint de se compromettre par un acte aussi éclatant.

La connivence de Bouchu dans ces intrigues déjà si patentes se manifesta encore par un incident aussi curieux qu'imprévu. Il reçut, par un inconnu (1), une lettre du vicomte de Turenne, datée de Stenay, en Barrois, où il rassemblait des forces nombreuses, et qui lui

---

(1) Déguisé en moine mendiant, mais qui fut reconnu plus tard.

annonçait son arrivée à Dijon, à la tête de plusieurs régiments. Dans cette lettre, saisie par surprise, la maréchal protestait contre le bruit répandu de ses accommodements avec la Cour, « s'adressant, ajoutait-il, au chef du Parlement comme à l'homme le plus dévoué à la fortune des princes et auquel il pouvait se fier davantage. » Or, il arriva que l'exprès, porteur d'une dépêche si importante, s'était trompé d'adresse en se présentant à la demeure du président Brulart (1), dont le fils la remit à Millotet lui-même, qui fit arrêter l'espion, nanti d'autres lettres, après l'avoir interrogé avec soin. Bouchu, surpris, mais non confondu, prit texte de cette méprise pour demander aux Chambres assemblées protection contre son adversaire, qu'il accusa de vouloir le perdre par l'envoi de ces pièces à la Cour. Là, et avec une ruse qui ne lui fit jamais défaut, il exposa « que les gens du Roi, en faisant arrêter avec bruit un jeune homme chargé pour lui d'une lettre de la part de Turenne, l'avaient privé de l'occasion la plus heureuse de témoigner au Roi sa fidélité en représentant, ainsi qu'il l'eût fait, à sa Compagnie, cette lettre toute fermée afin d'être par elle envoyée à Sa Majesté; » transformant en faute de leur part, « ce qui devait, disait-il, lui tourner à honneur et louange..... » Mais personne ne pouvait être dupe d'un tel langage. Les gens du Roi furent mandés, et le Parlement, pour mettre un terme aux débats violents qui s'en étaient suivis, ordonna, séance tenante, que ces

(1) Denis Brulart, père du grand Nicolas Brulart, qui le remplaça le 15 juillet 1650 dans sa charge de président à mortier, qu'il remplit sept ans avant de devenir Premier Président du Parlement.

lettres seraient déposées sur le bureau jusqu'à ce qu'on en eût délibéré (1); mesure préalable qui saisissait cette Compagnie, quand on avait voulu étouffer l'affaire.

De son côté Millotet n'avait pas craint de divulguer les soupçons qu'on devait concevoir contre le Premier Président et contre le comte de Tavannes, que ces lettres ne compromettaient pas moins, puisqu'il en avait reçu une semblable (2). Il avait demandé, chose impossible, quand déjà Bouchu lui-même l'avait fait élargir, « que le porteur fût interrogé devant tout le Parlement, que ce magistrat, comme *partie*, fût tenu de s'abstenir, et que les lettres fussent envoyées à la Cour par l'entremise du Chancelier. » De ces réquisitions, la dernière fut seule

(1) Voir aux Registres la délibération du 4 février 1650. — Aux plaintes si prématurées de Bouchu, Millotet avait répondu « qu'ayant interrogé le porteur des dépêches, il lui avait avoué qu'il venait de Stenay, que c'était M. de Chamilly dont il était soldat qui lui avait donné ces lettres; que l'ayant mandé pour cet effet en la chambre de M. de Turenne, celui-ci lui avait dit : C'est donc toi, mon ami, qui va en Bourgogne; tiens, voilà un écu d'or pour boire à ma santé....; que comme ces lettres venaient de la part des ennemis en un temps périlleux et qu'elles s'adressaient à des personnes affectionnées à M. le Prince, le château de Dijon étant tenu par gens qui sont à lui, il avait jugé que ces lettres étaient de créance..... » Nous reproduisons ces détails familiers à cause d'un personnage comme Turenne qu'ils mettent personnellement en scène, et dont le magistrat célèbre auquel nous les empruntons nous a conservé le souvenir. Le même nous apprend qu'on finit par découvrir que cet espion se nommait Cousin dit Lorange, et qu'il était de Beaune. — (Registre du Parlement par ordre de matières. *Collection Brulart*, manuscrit qui contient d'ailleurs en très petit nombre des faits historiques.)

(2) La lettre adressée au Premier Président était conçue ainsi : « Ayant su comme vous êtes dans les intérêts de M. le Prince, et d'autre part comme étant le premier de votre Compagnie qui ait droit de remontrer à Sa Majesté comme sa détention la plus longue apportera apparemment beaucoup de maux à la France, j'ai cru que je pouvais m'a-

accueillie (1) et ne pouvait manquer de l'être, à moins d'une rupture complète du Parlement avec le Souverain. C'était ainsi, et par cet avis important reçu d'un Corps qui n'en donnait guère de ce genre, que le gouvernement avait été informé des projets de Turenne sur la Bourgogne. Aussi s'empressa-t-il de lui en couper le chemin par l'envoi de forces entre Langres et Chaumont, de même qu'à Gemeaux, près de Dijon, où une partie du régiment de *Persan*, commandé cette fois par un officier dévoué, vint s'établir. Ces précautions suffirent pour détourner ce maréchal de ses desseins, car un projet dévoilé ne réussit guère.

Bouchu, si habile en toute occasion, accommoda sa conduite à ces conjonctures, sans avoir, malgré les efforts de Millotet, cessé d'occuper son siége au Parlement, où

dresser à vous pour vous assurer qu'ayant promis amitié à M. le Prince, je le servirai jusqu'à la fin dans cette rencontre. Les places de Stenay, Claremont et d'Anvilliers sont en bon état, et il y a déjà trois régiments d'infanterie qui me sont venus joindre, qui sont *Turenne, la Couronne et le Passage*. On n'a en ceci d'autres intentions que le service du Roi et la liberté de M. le Prince. Si l'on faisait courir le bruit de la Cour que je suis raccommodé, n'y ajoutez nulle créance. Je suis véritablement votre très humble serviteur. Signé : Turenne. A Stenay, le 26 janvier 1650. (Voir la délibération sus-énoncée du 4 février 1650.)

La lettre au comte de Tavannes disait: « Monsieur, outre le fils de M. de Chamilly que je vous ai envoyé, j'ai cru être obligé de vous dire, comme l'on fera courir le bruit que je suis raccommodé, que je n'entendrai parler de rien que M. le Prince ne soit mis en liberté; faites fondement assuré là-dessus. Mes régiments d'infanterie *la Couronne* et *le Passage* me son tvenus joindre ainsi que le régiment de cavalerie de M. le prince de Conti. Je ne puis vous nommer force troupes que je ne doute pas qui viennent me joindre. Je vous prie que nous ayons de vos nouvelles le plus promptement qu'il se pourra. Votre très humble serviteur. Signé : Turenne. De Stenay, le 26 janvier 1650. » (Même délibération du 4 février 1650.)

(1) Voir la délibération du 5 du mois de février 1650.

ses intérêts allaient le retenir au détriment de sa dignité. Interpellé de s'expliquer, il répondit aux gens du Roi « que cette lettre lui avait été écrite par Turenne qu'il n'avait jamais vu, à cause de sa charge de Premier Président, et comme pouvant s'employer vers la Reine pour mettre les Princes en liberté pour le bien de la France ; que tel était son crime, et qu'il suppliait la Cour de pourvoir à cette injure, et principalement parce que chacun savait sa conduite et de quel cœur il s'était toujours prêté à servir le Roi et tout autrement que ses ennemis. » Sur quoi le président Robelin, les voix prises, prononça ces paroles amères : « Avocats généraux, la Cour ordonne qu'il vous sera dit qu'elle a approuvé le zèle et le soin que vous avez apportés à la recherche des lettres ; mais que pour avoir requis que M. le Premier Président et ses parents fussent tenus de sortir de leurs places par la considération des choses que vous aviez à dire, la Compagnie s'est trouvée offensée, et déclare en conséquence que vous en seriez blâmés et aigrement repris, et de n'y plus retomber (1). » Ainsi se termina cette affaire dont le parti du Roi attendait tant d'avantages.

Un événement nouveau qui pouvait changer la disposition des esprits en Bourgogne, et principalement dans sa capitale, y laissa les partis en présence sans décourager celui du Roi, contre lequel la fortune des armes venait de se déclarer. Nous voulons parler du combat livré près d'Arc-sur-Tille le 8 février 1650, où le marquis de Tavannes, attaqué par le comte du même nom, son

---

(1) Délibération du 5 février 1650.

neveu, fut, par la défection d'un régiment qui passa du côté des princes (1), obligé de fuir et de se cacher après une déroute complète (2). Le vainqueur avait espéré qu'à la suite d'un coup de main si heureux, Dijon allait lui ouvrir ses portes; mais il n'en fut rien, grâce à l'énergie de Millotet, qui avait fait prendre les armes à tous les habitants (3).

Cette démonstration si imposante se trouvait aussi favorisée par la prudente réserve du Premier Président, qui jugea qu'en présence d'autres forces que le Cardinal dirigeait vers la Bourgogne, le moment n'était pas venu d'éclater. Ajoutons que, par un hasard inouï, Comeau lui-même, bien que commandant le Château pour Condé, avait refusé d'y recevoir Tavannes, dont il redoutait, pour la place qui lui avait été confiée, la bouillante ardeur. Grâce à ces heureuses coïncidences, le combat d'Arc-sur-Tille, qui pouvait changer la fortune des partis dans la province, était demeuré un événement sans portée, où le spectacle de deux Tavannes suivant, comme

---

(1) Ce corps était le régiment de *Persan*, le même qui avait été envoyé pour s'opposer à l'entrée de Turenne en Bourgogne. Chose étrange et par une contradiction de conduite fort ordinaire de sa part, le Parlement, après le résultat de cette affaire, fit arrêter comme traîtres au Roi ceux des officiers du même régiment qui s'étaient réfugiés à Dijon. (Voir la délibération du 12 février 1650.)

(2) On lit dans un ouvrage du temps « qu'après le combat, le comte de Tavannes s'étant présenté chez sa mère qui était à Is-sur-Tille, celle-ci, indignée de la conduite de son fils qui commandait une troupe de rebelles, lui fit fermer sa porte. » De son côté, le marquis de ce nom avait refusé de reprendre ses équipages enlevés pendant la déroute, et que son neveu lui renvoyait; même il jeta de colère au feu le testament qu'il avait fait en sa faveur. (Mémoires de Tavannes.)

(3) Voire même à tous les ordres religieux, les capucins compris. (Registres de la ville.)

au temps de la Ligue, des drapeaux différents, vint de nouveau montrer aux populations ce qu'elles avaient à attendre de la guerre civile.

A travers ces vicissitudes, le Parlement, qui encourageait sous main la rébellion, avait un conseil de guerre choisi dans son sein et qui était composé des membres les plus ardents. Depuis l'incident fameux des lettres de Turenne à Bouchu saisies et dévoilées, ce dernier se vengeait des réquisitions de Millotet en contestant aux avocats généraux le droit d'entrer aux Chambres assemblées et d'y faire des propositions. En dépit de ces tracasseries, ceux-ci n'en servirent pas moins la Cour par les avis qu'ils continuèrent à donner et dont la Compagnie ne leur fournit que trop l'occasion. Malheureusement, par un abandon déloyal, le Cardinal rendit cette résistance inutile. Une lettre qu'il adressa au Premier Président, par laquelle il s'excusait d'avoir pris part à l'arrestation des princes, eut pour effet d'enhardir la défection et d'abattre le courage des habitants les plus dévoués à l'autorité royale et qui s'étaient sacrifiés pour elle.

Forts de cette protestation, les partisans de Condé la montrèrent partout. Le Parlement en particulier, avec l'habileté qu'on lui savait, en tira un parti d'autant plus grand qu'il y trouvait la justification de sa conduite et de ces résistances que dans d'autres temps le même ministre lui avait si amèrement reprochées. L'abbé de Cîteaux, frère de Bouchu, auquel une lettre semblable avait été adressée par Mazarin, en fit, le premier, grand bruit et la répandit à profusion dans les couvents de son ordre. Mazarin y disait entr'autres choses « qu'il était aussi bon serviteur qu'ils pouvaient l'être du prince de Condé; qu'il n'avait nullement contribué à sa prison; qu'elle était un pur effet des volontés de la Reine, auxquelles il s'était opposé autant que pouvait le permettre l'obéissance qu'il lui devait. » Ainsi, par un machiavélisme indigne, l'agitation se trouvait entretenue par ceux qui devaient l'apaiser par leur secours. De son côté, le même Tavannes, auquel Comeau avait refusé l'entrée du Château après le combat d'Arc-sur-Tille, profita de ces désordres pour venger ses propres griefs en incendiant une maison que ce commandant avait à Longvic, ce qui amena la ruine presque entière du village, bien que l'un et l'autre de ces adversaires appartinssent au même parti. On peut juger par cet exemple des violences auxquelles les serviteurs du Roi furent exposés à leur tour. Il suffira de dire qu'à défaut de toute protection, chacun d'eux dut veiller à sa sûreté, sans que le Parlement, leur ennemi, eût protesté contre des actes qui servaient si bien ses ressentiments.

Tous ces attentats contre les personnes et l'autorité souveraine s'étaient multipliés en Bourgogne jusqu'à l'arrivée du duc de Vendôme, nouveau gouverneur, qui entra à l'improviste à Dijon, le 16 février 1650, avec des forces imposantes qui l'avaient rejoint à Auxerre et dans d'autres villes. Fils légitimé de Henri IV et de Gabrielle d'Estrées, brave et de bonne mine comme son père, constant dans ses amitiés, doué d'une éloquence naturelle et abondante, il devait procurer beaucoup de bien à la province et réaliser l'espoir que sa présence avait inspiré.

Bien qu'il n'en soit point fait mention dans les actes contemporains, tout donne lieu de croire qu'à défaut d'autres courages, Millotet avait porté à la Cour les doléances d'une ville persécutée pour des actes d'un dévoûment incomparable et qui devaient faire glorifier son nom. La venue d'un prince du sang royal en Bourgogne, où l'ingratitude de la Cour s'était montrée si à découvert, s'expliquerait par cette protection tardive accordée à un peuple sacrifié.

Ce secours tendu à la détresse des habitants était en même temps une réparation nécessaire de la lettre si malencontreuse de Mazarin au Premier Président de la Compagnie et dont celui-ci avait si fort abusé. Lorsque le Parlement vint saluer en corps le duc de Vendôme, ce prince demanda les gens du Roi et leur donna, en présence de tous, des éloges qui étaient la censure des actes de la Compagnie. Son premier soin fut de rassurer les habitants par la reddition du Château, qui lui ouvrit presque sur-le-champ ses portes, moyennant dix mille livres que les commandants, par une trahison déguisée, reçurent « pour les provisions qu'ils y avaient faites. » Puis son attention se porta sur le Parlement, où il obtint, à force de peines, une majorité de quelques voix composée d'esprits flottants ou irrésolus. Ce succès avait son prix, mais il n'était rien moins qu'assuré tant que Bouchu demeurerait à la tête d'un Corps accoutumé à lui obéir. Malgré les déférences du gouverneur à son égard, il tenait toujours du côté contraire, choquait celui-ci en chaque occasion, poussait l'irrévérence jusqu'à l'injure et avait fini par lui causer de tels chagrins, que

Vendôme s'était vu obligé de lui défendre sa porte (1). De plus, il écrivit au Roi pour en être délivré comme du seul obstacle qui s'opposât à la pacification de la province.

Par cet acte de vigueur, le Parlement décapité fût devenu soumis et la guerre civile terminée dans un pays dont l'agitation ne tenait qu'aux influences d'un seul homme. Mazarin ne le voulut pas ou le voulut mal. Millotet, conseil et ami du duc, avait proposé en même temps de faire revenir de Grenoble, pour être remis à la tête du Parlement, ce même Legoux de La Berchère si longtemps disgracié sous le précédent règne, et d'envoyer Bouchu à sa place. Mais ce retour, qui eût été un démenti trop manifeste du passé, ne plut pas au premier ministre. Il ajourna au plus prochain voyage du Roi en Bourgogne, où il devait arriver bientôt, une solution urgente, mais qui allait perdre son importance par l'habileté de celui qui en était l'objet.

A défaut de cette mesure si ardemment sollicitée, Vendôme venait de tourner ses soins vers le Parlement en corps, où des promesses de pensions jointes à quelques présents ne manquèrent pas d'accroître son parti, en lui assurant des créatures. Les mêmes efforts suivis du même succès furent dirigés vers les gens de guerre. Il parvint à en détacher un grand nombre du parti du prince à force de prières, comme par les grades qu'il leur accorda dans deux régiments formés par ses soins. Outre le château de Dijon, qui en avait donné l'exemple,

---

(1) Voir au Registre du Parlement du mois d'août 1650 les vains efforts que fit cette Compagnie pour apaiser l'affaire.

Chalon et Bletterans se rendirent par l'entremise de Millotet. Saint-Jean-de-Losne et Verdun furent contraints par les habitants d'ouvrir leurs portes. Il ne restait plus que Seurre ou Bellegarde, défendue par de vieux soldats accoutumés à vaincre sous Condé, et que commandaient Saint-Micault et après lui Tavannes, qui s'étaient retirés dans cette place. Il faudra, comme pendant la Ligue, et au temps près, une armée et la présence du Roi pour triompher de cette poignée de braves.

A la vue de telles défections, Bouchu, pour éviter sa perte, fit plier son caractère en demandant la paix, dont la disgrâce d'un adversaire devenait la condition. Il déclara en pleine séance « qu'il était le très humble serviteur du gouverneur et qu'il n'eût jamais cessé de l'être si Millotet ne se fût emparé de son esprit ; priant la Compagnie de s'ingérer dans cette réconciliation et dans l'offre qu'il faisait dès ce jour à M. de Vendôme de le servir désormais avec plus d'affection qu'il ne l'avait fait jusqu'à présent pour MM. les Princes, pourvu qu'il consentît à éloigner de sa personne ce même Millotet, son plus mortel ennemi. »

Mais c'était mettre à un trop haut prix sa propre importance que de la faire dépendre d'une indignité où les services seraient, ainsi que le devoir, sacrifiés à une intrigue. L'expédient ne réussit pas, et valut à son auteur un affront qu'il eût été plus sage pour lui de prévenir en restant dans ses premiers torts. On avait chargé le conseiller Arviset, doyen du Parlement, oncle du Premier Président, ainsi que deux autres membres de cette Compagnie, de porter ces propositions à Vendôme. Les députés arrivés au Logis-du-Roi rencontrèrent Millotet dans le cabinet du gouverneur. Après avoir exposé à ce dernier l'objet de leur message, ils en essuyèrent un refus amer auquel un peu de réflexion aurait dû les préparer, et qu'ils se hâtèrent de reporter à Bouchu qui voulut, mais trop tard, dissimuler un pareil affront. Vendôme ne lui en laissa pas le temps, et, en ébruitant cette démarche, il se vengea d'un adversaire qui venait de se compromettre ainsi aux yeux de ses partisans.

Sa réponse aux commissaires de la Compagnie passa de bouche en bouche et fut jugée comme un modèle d'à-propos et de dignité : « qu'il ne croyait pas (s'adressant au doyen) qu'un homme de son âge et de son mérite eût pu se charger d'un si mauvais discours; qu'il priait les députés de croire que dans l'âge où il était et ayant vieilli à la Cour, il n'avait pas besoin de tuteur; qu'il faisait plus d'honneur à M. Millotet qu'il ne lui en appartenait, et qu'on ne s'emparait pas de son esprit aussi facilement; que si le Premier Président était mal avec lui, c'était sa mauvaise conduite qui en avait été la cause; qu'il avait fait pour bien vivre avec lui des démarches au-delà de sa condition et de sa naissance, malgré les injures qu'il en avait reçues jusque dans la Grand'-Chambre; que, pour le surplus, il avait peine à croire qu'il eût donné charge de l'assurer qu'il le servirait avec plus d'affection qu'il n'avait fait pour MM. les Princes; car ce serait la marque du plus ingrat qui fût au monde s'il oubliait leurs bienfaits, et qu'il n'était pas si facile pour le croire; que s'il avait des abbayes comme Cîteaux à lui donner, des charges de Premier Président et d'autres bénéfices pour ses enfants et pour ses frères, il aurait sujet de croire qu'il aimerait sa personne et ses bienfaits (faisant ainsi allusion à ceux que Condé avait répandus sur Bouchu et sa famille); mais qu'il eût de l'affection pour lui qui lui avait fait ôter, par les habitants de la Franche-Comté, les contributions qu'il en recevait et qui s'était plaint au Roi de sa conduite, le croyait-il assez facile pour se laisser persuader qu'il voulût bien être avec lui? Dites-lui cependant, ajouta-t-il, que s'il veut changer, nous vivrons ensemble autant bien que le service du Roi l'exigera. » Cela dit, il les congédia. Ainsi s'était terminée cette affaire, dont l'odieux joint au ridicule avait porté en Bourgogne, au parti des princes, un de ces coups funestes que la fortune des armes ne leur eût pas ménagé de sitôt (1).

Malgré ces querelles avec le gouverneur de la province, le Parlement, par une politique captieuse si commune dans les temps de troubles, continuait à rester uni en apparence avec la Cour, dont il semblait exécuter les ordres pour ne pas rompre avec elle. Le 25 février 1650, il enregistrait, non sans douleur, la déclaration du Roi rendue contre le duc de Bouillon, les maréchaux de Brézé et de Turenne et contre Marillac, prévenus de haute trahison. Dans le même temps on le vit, par la Tournelle appelée en aide à la Grand'Chambre, faire informer

---

(1) Le nom d'Antoine Bossuet, frère de l'évêque de Meaux, *homme de condition et très intelligent*, disent les chroniques du temps, et qui était attaché à la personne du gouverneur, fut prononcé plus d'une fois dans cette affaire, où il avait été chargé de plusieurs messages importants. (Voir Registres du Parlement.)

contre les seigneurs de Chamilly, le comte de Tavannes et d'autres qui avaient pris les armes contre le Roi; poursuites qui devaient être anéanties par des lettres d'abolition que le Parlement vérifiera bientôt (1). Enfin, le même Corps instruisit le procès de Berthot, grand-maître des eaux et forêts en Bourgogne, venu à Dijon, où il conspirait ouvertement en faveur des princes (2), et que le duc de Vendôme avait fait arrêter. Mais il usa de ménagements qui ne trahissaient que trop ses sympathies.

A la même époque (3), Louis XIV vint à Dijon pour la première fois et se porta devant Seurre, où sa présence était attendue pour la soumission de cette place, dernier retranchement de la révolte. La Reine et le cardinal Mazarin l'accompagnèrent dans ce voyage. Vendôme commanda le siége, entrepris avec des forces insuffisantes, ce qui donna lieu à une résistance dont une circonstance inattendue allait faire triompher, après que la garnison avait osé tirer sur le Roi, dont un des officiers eut, à ses côtés (4), le bras emporté par un boulet. La révolte des soldats contre leurs chefs amena cette capitulation, qui fut suivie d'une amnistie enregistrée par le Parlement de Dijon, contraint de consacrer ainsi sa propre défaite. Saint-Micault défendit Seurre jusqu'à l'arrivée du Roi, époque à laquelle il en avait remis le commandement au comte de Tavannes. Ce changement,

---

(1) Le 20 avril 1650. (Voir le Registre du Parlement dudit jour.)
(2) Après avoir été auparavant mis à la Bastille puis exilé à trente lieues de Paris. (Voir le Registre du même corps du 9 août 1650.)
(3) 16 mars 1650.
(4) Le vicomte de Saint-Mathieu.

qui venait d'avoir lieu, empêcha le succès d'une négociation que le duc de Vendôme avait essayé de lier avec le même Saint-Micault par l'entremise de sa sœur, envoyée pour rappeler son frère à ses devoirs.

Pendant que la Cour séjournait dans la capitale de la province, de nouvelles démarches étaient faites près du Cardinal pour obtenir l'éloignement de Bouchu de la Compagnie par l'échange de sa charge qu'on avait proposée à un autre. Mais déjà le rusé magistrat venait de conjurer ce péril en faisant avec la Reine régente et le Cardinal une paix secrète, dont la remise de deux lettres qui lui avaient été adressées par le prince de Condé était le gage (1). Une avance si peu attendue changea la disgrâce du Premier Président en la plus haute faveur, de même qu'elle fit oublier les services de Millotet, qui fut sacrifié à une intrigue. Le garde des sceaux Châteauneuf, présent à Dijon avec la Cour, mit le comble à ce scandale. Réglant sa conduite sur cette complaisance, il ne craignit pas d'accabler Millotet de reproches; étant allé jusqu'à l'accuser d'avoir fait naître et fomenté des aversions entre le Premier Président et le gouverneur. Chose plus triste à dire, la Reine régente elle-même, dans sa joie d'avoir en main des pièces qui donnaient raison à sa politique, avait joué son rôle dans cet abandon d'un sujet dévoué, en adressant au Parlement, qui dût en être bien surpris, des félicitations sur sa fidélité. De tels témoignages confondirent ceux qui n'é-

(1) On peut voir dans les Mémoires de Millotet que la Reine ne craignit pas d'avouer depuis comme motif de la rentrée de Bouchu en grâce la remise qu'il avait faite de ces lettres.

taient pas accoutumés à ces retours de faveur dont, à défaut de la justice, un machiavélisme de cour fut le mobile (1).

Avec les causes que nous savons, cette réconciliation si brusque de Bouchu avec le Cardinal, dont la politique offre plus d'un exemple, avait été favorisée par le besoin que Mazarin allait avoir de son appui pour traverser le duc de Vendôme dans ses projets, jusqu'à ce qu'il eût consenti à un mariage qui intéressait sa famille (2). Tels furent les motifs ignorés longtemps d'un succès où l'habileté du chef du Parlement fut servie par l'intérêt de ses adversaires et au prix d'un abus de confiance indigne qu'il n'avait pas hésité à commettre pour se sauver.

Durant le séjour du Roi dans cette ville, il se passa un événement peu connu, mais qui, à cause de la fermentation à peine calmée des esprits en Bourgogne, mérite de trouver ici sa place. Trois hommes déguisés forcèrent la porte d'un arsenal établi au Petit-Clairvaux, où avaient été déposées cent cinquante tonnes de poudre prises sur Galas plusieurs années auparavant. Déjà ils étaient parvenus à mettre le feu à l'une d'elles, lorsque l'humidité du lieu et de la poudre, causée par l'inondation du torrent de Suzon qui coulait près de cet endroit, fit qu'on eut le temps d'éteindre l'incendie. Sans cet heureux hasard, la moitié de la ville eût sauté, et avec elle le *Logis-du-Roi* où étaient alors Louis XIV et toute sa Cour. Le

---

(1) Registre du 18 mars 1650.
(2) L'union du duc de Candale avec une nièce du Cardinal.

Parlement fit informer sur cette affaire, à laquelle les passions du temps ne parurent pas avoir été étrangères, malgré les dangers d'une catastrophe qui n'eût épargné personne, à commencer par ses auteurs.

La ville de Seurre était à peine réduite et la pacification de la province achevée, que le parti du duc de Vendôme, qui avait été celui du Roi lui-même, allait en s'affaiblissant. Au contraire, celui du Premier Président, appuyé maintenant sur la Cour par les intrigues que nous avons fait connaître, se grossit du nombre de ceux qui, dans les troubles civils, ne règlent leur préférence que sur la fortune. Ainsi, ces hommes d'action que le dévoûment avait suscités se trouvèrent encore une fois abandonnés au milieu de défaillances dont une politique honteuse fut la cause.

L'élection du maire arrivée dans ce temps devint l'occasion d'excès nombreux entre les partis. Grâce aux influences du gouverneur, Millotet avait été choisi par le peuple malgré ses fonctions d'avocat général au Parlement, que le Conseil du Roi avait jugées compatibles. Le procureur général Guillon, créature de Condé, s'était pourvu, mais en vain, contre cette élection, bien que justifiée par l'exemple du président Fremiot, nommé maire de Dijon après la Ligue, et par celui des avocats et procureurs généraux du Parlement de Paris, qui avaient toujours, pendant la vacance, rempli les fonctions de prévôts des marchands. Toutefois, cette nomination, tant désirée par Vendôme, ne s'était pas accomplie sans efforts. L'usage, pratiqué de tout temps en pareille occasion, de faire des présents aux électeurs, avait été cette fois poussé de la part des deux partis jusqu'au plus criants abus. Les chroniques du temps apprennent que du côté du gouverneur on avait fait servir les caisses publiques aux besoins de cette élection; tandis que Bouchu lui-même, avec les trésors d'une maison puissante, venait de donner le premier exemple de ces scandales, auxquels il n'avait pas craint d'ajouter l'intimidation, qui, dans la bouche du chef de la justice pouvait passer pour une forfaiture.

Resté vaincu dans cette lutte nouvelle, Bouchu se vengea d'une autre manière. Pour accuser la vigilance municipale, on le vit, alléguant des menaces contre sa personne, faire garder son hôtel par des gens armés de toutes pièces et qui n'étaient eux-mêmes que les acteurs d'une comédie que le duc de Vendôme fit bientôt cesser. Les actes du Parlement témoignent encore du soin qu'il prit de se justifier de ces mesures dans une allocution qu'il prononça devant les Chambres assemblées, le 27 juin 1650, et qui se trouve transcrite au Registre de cette époque. Discours plein d'aigreur dans lequel il résuma tous ses griefs, dont le principal fut d'accuser le maire lui-même d'avoir été l'auteur de ce prétendu complot.

Pendant sa magistrature municipale, où la popularité de Millotet alla toujours croissant, les attributions du Parlement ne pouvaient manquer de dégénérer, tandis que les empiétements de la Chambre de ville devinrent chaque jour plus nombreuses. Ces déviations respectives furent la faute des circonstances. Le temps de la justice se passait dans de vaines luttes aux Chambres assemblées; celui de l'administration à se protéger elle-même contre les attaques de la Cour et du Parlement. Situation sans exemple, où l'héroïsme du devoir soutint seul des habitants fidèles qui n'eurent plus de ressource que dans leur courage. Au sein de cette situation désespérée, Millotet sauva seul la ville contre l'ingratitude et la vengeance. Il fit plus encore et, dans le peu de loisirs que lui laissa l'exercice de ses fonctions de maire et d'avocat général, il réprima les concussions et réforma les mœurs de l'édilité, en faisant cesser des abus qui s'étaient perpétués depuis des siècles.

La conduite du Premier Président, qui, bien que tenant le parti du prince, recevait, depuis sa remise des lettres, des pensions énormes de la Cour, était un scandale qui prouvait chez lui une grande souplesse, où l'honnêteté publique restait sacrifiée. Pour lui, néanmoins, la fortune couronna ces calculs. Vendôme, qui avait proposé de changer la première présidence de Bouchu contre celle de Grenoble, eut le déboire de se voir appliquer à lui-même le conseil qu'il avait donné pour un autre dans des circonstances où la fidélité au Roi n'eût pas reçu l'éloignement pour récompense. Il fut nommé gouverneur de la Guienne, en échange avec le duc d'Epernon rappelé de cette province en Bourgogne avec le même titre. Mais de la part de ce dernier ce changement ne s'accomplira que plus tard; Condé ayant été auparavant rétabli dans son gouvernement de Bourgogne, où il se trouvera supplanté à son tour par le même d'Epernon, après les actes qu'on va lire et qui formeront la seconde période de la Fronde dans cette province.

On était arrivé au mois de février 1651. Le rétablissement de Condé dans son gouvernement de Bourgogne et l'éloignement du Cardinal forcé de se réfugier à Cologne devinrent à Dijon le signal d'une révolte violente contre les Frondeurs. Bouchu, qui avait été averti le premier de ces événements par un courrier (1) que lui expédia l'abbé de Cîteaux, fit prendre les armes à tous ses amis, commandés par les officiers de la milice bourgeoise destitués auparavant de leurs emplois, et se para de rubans *Isabelle*, qui était la couleur des princes de la maison de Condé. Dans la joie de cette nouvelle, on vit sa fille et plusieurs dames du Parlement portant les mêmes parures descendre dans la rue (2), où, précédées d'une troupe de musiciens, elles allèrent donner des aubades à leurs amis, sans oublier de faire insulter leurs ennemis et principalement Millotet, à la porte duquel on osa tirer des coups d'arquebuse. Mais celui-ci, sortant de sa demeure armé d'une pertuisane, en imposa par sa contenance aux plus audacieux (3).

Ces hommes étaient pour la plupart de ces gens tarés qui, dans les troubles civils, forment le bagage obligé des partis violents et les entraînent à leur suite quand ils ne les dépassent pas. Des femmes honnêtes et de haute

---

(1) Les partisans des princes se servaient alors, comme on l'a vu encore de nos jours pendant les troubles civils, démissaires secrets qui se relayaient en certains villages et marchaient nuit et jour. (Mémoires de Millotet.)

(2) L'hôtel habité par le Premier Président Bouchu était celui situé rue *Bassano*, connu de nos jours sous le nom d'*hôtel d'Esterno*, et qui fut rebâti par Bouchu lui-même en 1643.

(3) *Venez, canailles,* leur avait-il dit, *vous ne tuerez pas votre maire au coin de son feu.* Ces paroles énergiques firent reculer les plus hardis. (Mémoires de Millotet.)

condition n'avaient pas craint de se mêler à eux, et à leur tête le propre fils de Bouchu, instigateur de ces désordres, « que Bénigne Legouz, conseiller au Parlement, fut accusé d'avoir encouragés sous main (1). » Mais ce n'était point par des scènes qui ressemblaient à des saturnales que la cause d'un prince tel que Condé devait être servie. Dans une visite que Bouchu vint lui faire à Paris après qu'il eut obtenu sa liberté, ce prince, instruit de tout ce qui s'était passé en Bourgogne, au lieu de lui donner des louanges, le reçut assez mal. Même il alla jusqu'à lui adresser le reproche « d'avoir attendu l'événement pour se déclarer, quand un homme comme Millotet, si inférieur à lui en pouvoir et en richesse, et qui ne devait point au Roi de reconnaissance, lui avait donné, par son énergie dans le parti de la Cour, l'exemple de ce qu'il avait à faire. » L'attitude de Bouchu à cette apostrophe fut celle d'un homme qui, dans toute sa conduite, avait préféré sa fortune à ses bienfaiteurs. Cela dit, le besoin qu'on allait avoir de ses services dans les mouvements qui se préparaient encore devait lui faire, faute d'estime, obtenir grâce.

La résolution prise, dès l'origine, par les habitants de conserver Dijon au Roi, au péril de leur vie, et qu'on ne leur pardonnait pas, était la cause des réactions que nous venons de raconter. Condé tout le premier, et nous éprouvons quelque honte à le dire, céda à ces emportements du jour. Demeuré à Paris où le retenait l'intérêt de son parti, il avait fait fermer ses portes à Millotet, bien qu'il

---

(1) Mémoires de Millotet.

lui eût été envoyé en députation par la ville de Dijon Dans cet oubli de toute bienséance, ce prince venait de donner à ses propres gens l'exemple de ressentiments peu dignes de son nom. Un tel affront ne resta pas sans fruit, car ayant rencontré peu de jours après le même Millotet sur le Pont-Neuf, ils menacèrent de le jeter dans la Seine en présence de Condé lui-même, qui eut mille peines à le protéger contre de telles violences (1).

Cette politique de haine allait aussi trouver de l'écho en Bourgogne. Des désordres dignes des temps révolutionnaires s'y manifestèrent presqu'aussitôt. Le fils du Premier Président Bouchu se mit à parcourir en poste la province, faisant briser partout les armes du duc de Vendôme et insulter ses gardes, au milieu des imprécations de la populace contre ce gouverneur. A Saint-Etienne de Dijon, on chanta le *Te Deum* en l'honneur de la délivrance des princes, en ayant soin d'en supprimer l'*Exaudiat* (prière pour le Roi), pendant qu'un mannequin représentant la *Fronde* était enterré après avoir été suivi d'un long cortége uniquement composé de femmes. Dans la même ville, enfin, la milice licenciée s'était reformée d'elle seule, en rappelant ses officiers tombés dans la disgrâce du parti vaincu, qui était l'autorité royale aux abois. Condé, de retour à Dijon, n'avait pas craint de confirmer cette entreprise par son autorité. Enfin, l'intendant Laisné de La Marguerie, homme de résolution, mais qui s'était fort compromis par ses lettres

---

(1) Condé avait eu l'imprudence de faire arrêter son carrosse pour le montrer aux princes qui l'accompagnaient, en leur disant : *Voilà ce maire de Dijon !* (Mémoires de Millotet.)

avec le Parlement, venait de prendre la fuite pour éviter sa perte dans une province où le nom du Souverain restait méconnu. Les villes elles-mêmes, à commencer par Chalon, d'abord fidèle au Roi, avaient suivi ce mouvement qui, sous une forme sympathique à la liberté d'un prince, était plutôt une manifestation *libérale,* ainsi qu'on le dirait de nos jours, contre la Royauté (1).

De pareils actes étaient peu faits pour rapprocher les esprits en Bourgogne. Condé, qui eût pu prévenir ce mal, fit une nouvelle faute en ressuscitant une ancienne prétention de son père dans la nomination d'un capitaine de ville et du Château, ce qui anéantissait l'autorité du maire. La ville, blessée dans un de ses priviléges les plus anciens, résista, et Millotet, en le défendant, fortifia sa popularité menacée.

Tandis que les choses se passaient de la sorte, le Parlement avait rendu, le 8 mars 1651, un arrêt portant que, « dûment averti qu'il avait plu au Roi et à la Reine régente sa mère d'éloigner de leurs personnes et de leurs conseils le ministre Mazarin, avec ordre de sortir du Royaume, il faisait inhibition et défense aux maires, échevins et habitants des villes du ressort, et à tous les gouverneurs, capitaines et commandants dans les places fortes et frontières de ce pays, de l'y recevoir ni donner retraite, à peine d'être procédé contre eux

---

(1) Un fait qui se passa à Chalon à cette occasion le prouverait assez si, pour les esprits attentifs, cette vérité ne ressortait de toutes les péripéties de la Fronde. « Des jeunes gens, dit Courtépée, parcourant la ville dans le carrosse de l'évêque, forçaient tous les passants de boire à la santé du prince, criant que *la liberté alloit ramener le siècle d'or.* » (Voir description du Chalonnais.)

extraordinairement. » Décision tardive, qui n'était qu'une pâle imitation de celle déjà rendue par le Parlement de Paris, lequel avait forcé la Cour à consentir à cet exil pour procurer la liberté des princes. Comme si cet acte eût été l'effet des propres remontrances de cette Compagnie, le Premier Président Bouchu et les conseillers Millière (1) et Jaquot furent députés par elle pour porter ses remerciements au Roi et à la Reine. Mais personne à la Cour ne fut dupe d'une telle comédie.

Déjà auparavant le même Parlement avait enregistré les lettres portant déclaration d'innocence en faveur des princes et l'aveu du Roi qu'il s'était trompé en les faisant arrêter, aveu qu'on n'avait jamais vu dans des actes de ce genre. Cette Compagnie était allée plus loin : elle ordonna que la lettre de cachet lancée contre eux serait biffée. Des débats fort irritants avaient accompagné la délibération qui fut prise sur cette nouveauté et dans laquelle le Premier Président, par une raillerie amère, avait osé dire « qu'il ne se fallait mettre tant en peine d'ôter mémoire de la lettre de cachet; qu'il la trouvait autant avantageuse à M. le prince que cette déclaration qui était sur le bureau. » Des hommes exaltés ou maladroits avaient soulevé une pareille prétention, qui blessait toutes les traditions du Corps et pouvait donner le change sur la portée des votes opposés. Qu'arriva-t-il? Cette exagération de zèle

---

(1) Michel Millière, l'un des commissaires si habile dans le procès Giroux, dont le malicieux Malteste n'a pas craint d'écrire dans sa Chronique déjà citée : « Millière *dixit ineptissime...* »

fit que l'arrêt qui consacrait l'insulte ne passa qu'à une voix, bien qu'un plus grand nombre d'amis des princes l'emportât dans le Parlement, mais dont plusieurs avaient voulu qu'on respectât la règle.

L'arrêt rendu contre Mazarin et qui n'avait point passé non plus sans de violents débats, avait été sollicité par le prince de Condé lui-même qui envoya, pour l'obtenir, plusieurs courriers en Bourgogne. Dans ses lettres adressées au Premier Président les 23 et 26 février 1651, il disait avec hauteur « qu'il était bien aise de la joie qu'on avait témoignée dans Dijon de sa liberté, mais qu'il s'étonnait que le Parlement tardât tant à faire arrêt pareil à celui du Parlement de Paris; qu'il était important de l'avoir; que M. d'Orléans et lui le désiraient; que le Parlement de Paris avait entrepris cette affaire avec chaleur et qu'il croyait que M. le Premier Président emploierait son influence pour faire passer cette opinion en sa Compagnie; que si celle-ci ne faisait point d'arrêt, il ne fallait pas que les députés vinssent en Cour, parce qu'autrement ils seraient mal reçus; en un mot, que cette affaire importait à l'État et qu'il l'obligerait beaucoup de le faire donner... » Mais ce langage ne réussit pas vis-à-vis d'un Corps qui, tout dévoué qu'il fût, ne souffrait pas de domination.

Dans une lettre du 1ᵉʳ mars de la même année (1),

---

(1) « La déclaration qu'il a plu au Roi de faire expédier pour mon innocence et mon rétablissement en toutes mes charges, places et gouvernement a été vérifiée et enregistrée au Parlement de Paris ; je vous envoie celle qui vous est adressée pour le même sujet, pour être pareillement enregistrée au vôtre, et vous prie de me donner en cette occasion des preuves de votre affection. J'ajouterai que l'arrêt pour

on vit le prince employer des formes cette fois suppliantes, au lieu des premières dont le Parlement s'était trouvé offensé. Les gens clairvoyants avaient remarqué que dans ces lettres comme dans l'arrêt, il n'était question ni du Roi ni de la Reine et qu'on n'y avait pas inséré cette formule banale : *que la mesure était nécessaire pour le service du Roi*. Preuve assez claire que dans ce triomphe d'un parti, Condé ne l'emportait qu'au détriment de l'autorité du Souverain, ainsi que le montraient assez les paroles de Bouchu que nous avons rapportées. Toutefois, malgré les affections connues du Parlement pour les princes, cet enregistrement ne laissa pas de surprendre, après que la Compagnie avait jusqu'à trois fois pris des délibérations contraires. La cause en fut qu'à côté des créatures que Condé comptait en majorité dans la Compagnie, quelques magistrats dévoués à la cause royale, et à eux joint un certain nombre d'hommes prudents ou timides, ne voulurent s'engager qu'au dernier moment ; calcul qui ne leur profita guère, par l'habileté de Mazarin, qui l'allait bientôt confondre.

Dans un temps voisin de ces actes, était consommé l'échange du gouvernement de cette province contre celui de Guienne entre le prince de Condé et le duc

la sortie du cardinal Mazarin du royaume ayant été donné avec beaucoup de chaleur pour le bien du royaume, j'ai sujet de croire que vous n'en apporterez pas moins pour en ordonner un pareil ; vous assurant de mon affection et suppliant de croire que je n'ai pas de plus forte passion que de vous en donner des preuves en toute occasion. Signé : Louis de Bourbon. Paris, le 1ᵉʳ mars 1651. » (Voir aux Registres du Parlement la délibération du 8 mars de la même année.)

d'Epernon, échange arrêté par la Cour et que la conduite imprudente qu'avait suivie Condé en rentrant en Bourgogne avait rendu indispensable. Condé partit, mais ne s'éloigna pas de cette province sans y tripler ses forces et laisser des semences d'une diversion dont il allait bientôt profiter. « Ses amis, ainsi que le dit Millotet dans ses Mémoires, devaient devenir ceux de son successeur, comme il devait accepter à son tour ceux que ce dernier avait laissés en Guyenne. » Toutefois avec ce faible appui de sa part et des places de guerre qui ne reconnaissaient que Condé pour chef, la position du nouveau gouverneur n'était pas tenable s'il ne s'appuyait sur le parti qui avait constamment défendu la Royauté contre les entreprises des princes.

Une des conditions de ce changement de province avait été la révocation de Millotet de sa magistrature comme maire par le même Conseil du Roi qui, peu de temps auparavant, l'avait déclarée compatible avec sa charge d'avocat général au Parlement. Ce Conseil n'hésita pas à y souscrire en se déjugeant par une complaisance qui n'avait pas même la légalité pour excuse, puisque de tout temps, comme nous l'avons montré, des membres de cette Compagnie avaient été élus en cette qualité. Qu'arriva-t-il? Millotet, d'un caractère ardent et opiniâtre, bien qu'il eût pu lutter avec avantage, ne le voulut pas. A peine instruit de cette nouvelle, il entre aux Chambres assemblées du Parlement et dépose sur le bureau les insignes de sa dignité municipale. Les paroles qu'il prononça dans cette circonstance mémorable resteront comme exemple de ce que doit faire l'homme de cœur et qui sait céder à propos : « que plusieurs le blâmeraient de précipitation, sitôt qu'il aurait fait connaître son dessein de se démettre de ses fonctions sur l'avis qu'il a eu par le bruit commun que c'était la volonté du Roi; que l'on dira qu'il devait attendre qu'elle lui fût connue par les formes ordinaires et que l'arrêt du Conseil qui la contient lui fût signifié; mais que, sans craindre ce blâme, il avait cru qu'étant assuré par divers moyens que le Roi voulait qu'il se démît de cette magistrature..., il devait sans hésiter se dépouiller gaiement d'un pesant fardeau qu'il n'avait point recherché, qui lui avait été procuré par le suffrage de treize cents habitants et qu'il avait accepté pour le service du Roi, pour le soulagement du peuple et pour le bien de tous les particuliers; que chacun sait combien cette élection fut solennelle, libre et innocente, et par conséquent l'appellation injuste et mal fondée; qu'il lui eût été facile de le faire voir au Conseil, s'il y eût eu accès; qu'il ne voulait pas combattre ni défendre sa place...; qu'il voulait bien obéir aveuglément à la volonté du Roi, du moins à cet arrêt qui en porte les marques, pour signaler son obéissance à tout ce qui vient de sa part et faire connaître que l'attachement qu'il a à cette charge ne vient pas de son intérêt....; qu'il l'avait acceptée dans un temps d'orage et de division à l'exemple de ces excellents hommes du Parlement qui l'avaient portée si dignement pendant les troubles des guerres civiles; qu'il ne s'en était pas acquitté si dignement qu'eux, mais qu'ayant apporté une bonne et droite intention, des mains nettes et un esprit sans intérêt, il avait employé son industrie et ses forces dans toutes les rencontres pour servir le Roi et le public; qu'il avait cette satisfaction entière qu'il n'en était pas expulsé pour avoir failli contre le service du Roi, ni pour avoir mal répondu aux espérances des habitants qui lui avaient donné leurs voix; qu'il était certain de l'un et de l'autre et qu'il pourrait en donner des preuves, s'il ne réservait de les dire en un autre lieu plus public; qu'il dirait seulement à la Compagnie que dans le peu de temps qu'il avait été dans la magistrature, il avait diminué les charges de la ville de six mille livres de rente; qu'il avait reconnu les abus et malversations qui s'y commettaient pendant les magistratures précédentes; que M. de Vendôme lui ayant fait un présent considérable, il avait remis à la ville les effets de cette libéralité de M. le gouverneur en son endroit; qu'il était contraint de se louer en cette occasion, non point pour en tirer vanité, mais pour se conserver en son honneur, et devait ce discours véritable à sa réputation...; qu'il doit à la Cour cette déférence de lui remettre sa magistrature, ayant su qu'elle avait ordre de tenir la main à l'exécution de l'arrêt du Conseil; qu'à la vérité, il avait prêté serment de ne la rendre qu'à ceux qui la lui avaient donnée, et qu'il aurait pu demander qu'il lui fût permis de la déposer au lieu où il l'avait reçue, mais qu'il avait préféré la gloire de l'obéissance qui ne peut subsister qu'elle ne s'accorde avec le devoir, et que pour le lieu, il ne pouvait en désirer un plus auguste ni plus rempli de majesté... »

Une telle modération dont ce grand citoyen donnait ici l'exemple, ne fut pas imitée par un Corps jaloux de célébrer son triomphe sur un adversaire désarmé. L'arrêt du Conseil fut affiché dans tous les carrefours et publié à l'audience, où il souleva un incident sans exemple. Au moment où cette publication était faite en présence de Millotet, qui avait voulu y assister malgré les prières du Parlement, un avocat nommé Calon s'écria d'une voix tonnante : *Messieurs, la Cour recevra, s'il lui plaît, l'opposition que je fais, au nom du peuple, à l'exécution de l'arrêt dont la lecture vient d'être faite.* Jamais paroles plus hardies n'avaient été proférées en face d'une cour souveraine. Le Premier Président interrompit Calon en lui disant : *Quoi! le peuple contre le Roi! — Ce n'est pas contre le Roi que je parle,* répartit-il vivement, *mais pour la défense des priviléges de la ville.* Sur quoi, l'audience suspendue, l'avocat avait été décrété d'ajournement pour crime de lèse-majesté. Traîné à la barre, en vain voulut-on lui faire lever la main pour prêter serment, il s'y refusa, protestant contre cette forme injurieuse à sa profession. Interpellé de montrer sa commission, il répondit « qu'on n'avait nul droit de l'exiger et qu'il lui suffirait au besoin de s'opposer en son propre nom. » Puis, et de son plein mouvement, il fit voir les signatures de personnes en grand nombre qui lui avaient donné charge. Affaire énorme dans un temps si agité ; mais qui, par la crainte d'une sédition, alla s'absorber dans une interdiction de plaider prononcée en secret par le Parlement contre l'avocat rebelle. Par cette crainte, comme pour prévenir un nouvel éclat de sa part, cet arrêt lui fut signifié par commissaires auxquels il osa répliquer : *Et moi, je vous interdis de m'entendre;* propos audacieux qu'une erreur vulgaire a fait attribuer à un avocat célèbre de ce Parlement, suspendu au XVIII° siècle de ses fonctions pour des torts moins graves (1).

Cette sortie nouvelle après un acte d'indulgence forcée indiquait assez l'appui que Calon espérait de la multitude et peut-être du Parlement lui-même, où Millotet comptait de nombreux amis. Pour montrer que sa cause n'était pas abandonnée, on l'avait vu faire adhérer mille habitants à l'opposition déclarée à l'audience contre l'arrêt du Conseil. Sans cette démonstration, trente-six personnes des plus notables de la ville, qui l'avaient favorisée, eussent été décrétées d'arrestation, ce qu'on n'osa entreprendre. L'argent recueilli par des dons volontaires pour faire face à la poursuite dont elles étaient menacées, s'était élevé en peu de jours à des sommes si considérables, qu'on avait été obligé de suspendre la souscription, qui fut ici l'expression du sentiment public blessé. Quelques membres du Parlement s'étaient aussi montrés sympathiques à cette protestation. L'un des meilleurs amis de Millotet, le président Robelin, avait eu à son sujet avec le Premier Président une querelle tellement violente, qu'ils en étaient venus aux mains jusque dans le Palais. Cette affaire qui fit grand bruit par toute la ville faillit y causer une sédition. Cinq

(1) L'avocat Lacoste, vers le milieu du XVIII° siècle. Un fait analogue est rapporté par M. le vicomte de Bastard dans son *Histoire du Parlement de Toulouse*, mais postérieur en date à celui que nous citons auquel il pourrait bien, dans l'ignorance de l'auteur, avoir été emprunté ; les mémoires manuscrits de Millotet où on le trouve ayant été dédiés à l'archevêque de cette ville, son ami, qui les y répandit.

cents hommes, Millotet en tête, se présentèrent en grande pompe chez le président Robelin pour lui offrir leurs services. Le Parlement, au sein duquel existait un parti important contre Bouchu, n'osa sévir; Millotet lui-même eut peine à calmer l'agitation, qui était devenue des plus menaçantes. Jamais, même durant la Ligue, on n'avait vu un tel oubli des bienséances, par lequel la magistrature suprême donnait au peuple, quand elle eût dû l'apaiser, l'exemple de ses emportements.

En ce temps-là fut déclarée la majorité de Louis XIV. Mais Condé ne renonça pas à ses desseins sur la Bourgogne, et, quoique gouverneur d'une autre province, envoya à Dijon un sieur d'Arnaud pour y commander le Château et disposer les esprits en sa faveur. Le même officier était chargé d'un manifeste contre la Cour, adressé par ce prince au Parlement et qui excita dans cette Compagnie une grande rumeur (1). Dans une conférence tenue chez les pères Jésuites, où cet envoyé entretint Millotet pendant trois heures, il avait cherché à l'entraîner, comme avocat général au Parlement, dans le parti de son maître, joignant à des paroles captieuses des offres considérables que celui-ci avait repoussées avec cette dignité calme qui faisait le fond de son caractère. Il répondit à ces propositions « qu'étant l'homme du Roi dans la province, il était obligé de veiller à la sûreté publique....; qu'à l'égard des récompenses qu'on lui offrait, M. le Prince l'estimait peu s'il

---

(1) Juillet 1651. Journal de Claude Malteste.

croyait qu'il fût à vendre; que, quand il serait persuadé de la justice de ses desseins, il le servirait par devoir et par distinction comme l'un des plus grands princes du monde; mais qu'il ne se promît rien de lui jusqu'alors....» Ainsi s'était rompu un entretien dont Millotet recueillit tout l'honneur, et dans lequel, du côté du prince, on avait commis une grave imprudence.

L'approche d'une nouvelle guerre civile semblait donc inévitable. Condé venait, par cette conférence tentée en son nom, de jeter le masque d'une réconciliation qui de son côté n'avait jamais été sérieuse. La demande qu'il avait faite depuis la majorité du Roi du renvoi de trois ministres, Servien, Le Tellier et Lionne, devint le prélude de nouveaux troubles; machine de guerre dont l'exemple ne sera pas perdu, et se retrouvera, dès la fin du XVIII° siècle, employée contre la Royauté elle-même. Dans une lettre qu'il adressa au Parlement de Dijon le 4 septembre 1651, il protestait par un long discours, dont il envoyait une copie à cette Compagnie, contre les remontrances que le Roi et la Reine avaient faites aux députés du Parlement de Paris, Cour des aides et Corps de ville, le 17 août précédent. Malgré son dévouement à sa cause, le Parlement n'osa approuver une telle conduite et répondit au prince dans des termes qui semblaient lui rappeler son devoir, en même temps qu'il envoyait au Roi copie de cette lettre comme un témoignage nouveau de sa fidélité (1). Mais la fortune

(1) Voir le Registre dudit mois, où sont transcrites toutes ces lettres. Celle de cette Compagnie écrite au Prince le 4 septembre disait : «Monseigneur, nous avons reçu le paquet qu'il vous a plu nous

des armes, des intrigues ménagées partout et le retour du Parlement de Dijon à ses premiers sentiments allaient faire taire ces scrupules sous un chef habile qui n'en cherchait que l'occasion.

Jusque-là cette Compagnie avait fait exécuter l'ordre du Roi, transmis dans des lettres patentes, de se retrancher contre le Château, dont le commandant La Planchette était un partisan dévoué du prince. Dans le même temps elle pourvut à la sûreté de la province et fit arrêter des gens suspects qui entretenaient l'agitation. Mais une telle condescendance de sa part cessa quand il fallut enregistrer la proclamation royale, qui déclarait les princes de Condé et de Conti criminels de lèse-majesté s'ils ne reconnaissaient leur faute dans le délai d'un mois. Dès le 3 janvier 1652, cet acte de vigueur avait été présenté par les gens du Roi au Parlement, et, le 27 du mois suivant, ce Corps n'obtempérait pas encore aux lettres de jussion qu'il avait reçues. Vains efforts que la Cour fut obligée de renouveler jusqu'à trois fois dans des termes menaçants (1) et devant lesquels il s'inclina en rendant,

---

adresser, et ayant fait lecture de vos lettres nous les avons trouvées si considérables, que nous avons jugé convenable de les envoyer au Roi pour recevoir sur ce ses ordres et commandements, espérant que les bonnes intentions que vous marquez par vos lettres aux bien et service de l'Etat, et vos respects et soumission envers Leurs Majestés, leur donneront satisfaction, ce que nous souhaitons, et de pouvoir vous témoigner l'affection que nous avons de demeurer vos très humbles et obéissants serviteurs. »

(1) Voir au Registre du 20 avril 1652 la dernière de ces lettres dans laquelle on lit : « Nous faisons cette lettre pour vous ordonner très expressément sans plus de remise, ni sans vous arrêter à aucun motif ni prétexte que ce soit, vous ayez incontinent la présente reçue à procéder à l'enregistrement pur et simple de ladite déclaration, sous peine d'en-

non sans douleur, l'arrêt qui en prononça, le 12 mai, l'enregistrement. Un tel acte disputé pied à pied durant quatre mois et qui ne laissait plus de place aux ambiguités de conduite, avait donné lieu à des délibérations violentes, où les mœurs se réfléchissent ainsi que les caractères (1).

Avant ce refus si manifeste, le duc d'Epernon averti était arrivé à Dijon où il avait fait son entrée le 3 octobre 1651 à la tête du régiment de Navarre et de quelque cavalerie (2). « C'était, dit Claude Malteste dans ses Mémoires, un homme de soixante ans, de belle taille et bien fait, d'un visage majestueux, et sachant de belles choses pour un cavalier. Prompt et glorieux, mais civil

---

courir notre indignation et de nous déplaire, vous assurant que faute d'accomplir notre intention nous saurons y pourvoir par les voies de notre autorité et vous faire ressentir les effets du mécontentement que nous en avons. Donné à Melun, le 23 avril 1652. Signé : Louis. »

Dès le 19 du même mois, le Parlement avait envoyé à Paris, mais sans succès, une députation pour conjurer le Roi de rapporter cette mesure.

(1) Tous les détails en ont été conservés par un magistrat de l'époque, le conseiller Claude Malteste, déjà cité, esprit mordant, écrivain habile, peintre sans pitié dans ces temps de transformation politique, où on eut tant de portraits à faire, même le sien. « Claude Malteste, dit avec raison Louis Malteste, son descendant, dans un écrit communiqué que nous indiquerons plus tard, était un homme du plus rare mérite. Son récit sur ce qui s'est passé aux chambres assemblées du Parlement de Bourgogne et dans cette province pendant les troubles de la Fronde, est plein de feu et de vérité... Il fut, ajoute le même, un des premiers qui mit la musique en vogue à Dijon, et depuis ce goût a été héréditaire dans sa famille. Le grand Condé ne manquait jamais d'assister aux deux concerts qu'il donnait par semaine chez lui durant la tenue des Etats. »

« Dans la maison patrimoniale des Malteste, était né Rameau, nous apprend encore l'écrit que nous citons, émané d'un contemporain.

(2) Registres municipaux.

pour qui lui rendait honneur, embarrassé des affaires, bien qu'il les entendît, discrédité par sa paresse qui le faisait peu estimer des gens de guerre, et nullement craint du Parlement; joignant à cela la vanité d'un gentilhomme qui voulait être traité d'altesse et de prince. »

La position du nouveau gouverneur était des plus critiques. Il se trouvait dans la province sans créatures et sans amis, et voyait, outre les places de guerre tenues par les gens du prince, la ville divisée en deux factions, dont l'une avait pour chef un Premier Président habile qui ne tarda pas à affecter pour lui les mêmes dédains dont il avait accablé le duc de Vendôme. Dans ces conjonctures difficiles, tous ses soins se portèrent sur le château de Dijon, dont il voulut obtenir la reddition, comme il avait gagné celle du château d'Auxonne, à prix d'argent. Mais ses efforts n'aboutirent pas à ce but, bien que déjà, par les intelligences de Millotet dans la place, plus du quart de la garnison en fût sortie par embauchage. La Planchette, qui la commandait depuis la mort d'Arnaud, demeura inébranlable, et avec lui quelques braves qui devaient y soutenir un siége en règle.

Nous avons dit dans le Discours préliminaire de cet ouvrage ce que fut l'attaque de cette forteresse et les maux de tout genre qui en résultèrent pour la ville pendant qu'elle fut assiégée par des troupes réglées et pourvues d'une artillerie nombreuse. La place était à peine rendue et les brèches ouvertes, que le peuple, par les excitations du Premier Président, se précipita pour s'en emparer et démolir une citadelle dont on l'avait menacé à toutes les époques. Au milieu de ces perfidies, comme au risque de perdre son crédit, Millotet courut au devant du danger et obtint, à force de prières, qu'on ne se livrât point à sa destruction sans la permission du Roi. Déjà auparavant, il avait obtenu du duc d'Epernon « qu'il n'allât pas s'exposer dans une place démantelée ; promettant d'y mourir avec lui s'il ne parvenait à apaiser la sédition, » et en vint à bout. C'est ainsi que, par des transformations de conduite puisées dans la différence des caractères, les rôles venaient de changer de face. C'était Bouchu qui, resté à la discrétion de ses ennemis, poursuivait, au nom des libertés municipales menacées, la ruine d'un fort qui avait pendant trois ans défendu son parti ; tandis que Millotet, homme de devoir en toute occasion, voulut qu'on le respectât et le fit à lui seul respecter par une multitude égarée. Jamais, il faut le dire, le courage civil inspiré par le devoir ne s'était montré plus grand.

De son côté, le Premier Président, irrité de ce nouveau triomphe de son adversaire dans une conjoncture si périlleuse et où il avait usé de toutes ses influences, essaya d'obtenir par les formes ordinaires ce que le peuple, plus sage, n'avait pas accompli dans le tumulte qui avait suivi la capitulation. Sur sa demande, une députation des trois ordres fut envoyée jusqu'à Poitiers, où la Cour était réunie en ce moment, pour demander au Roi la destruction de cette forteresse. Mais les députés s'étaient vus mal accueillis, et Bouchu, l'auteur de cette proposition, fut rendu responsable de ce qui en pourrai résulter de funeste. Disgrâce menaçante et qui sans son habileté l'eût infailliblement perdu.

Millotet, qui avait rendu de si grands services, devint pour la seconde fois maire par l'élection (1), en dépit des défenses antérieures sacrifiées comme toujours aux convenances du temps. Cette magistrature municipale, la dernière qu'il devait remplir, put être proposée pour modèle; mais aucune ne fut plus éprouvée. Par ses soins, les lettres qui avaient été adressées par le duc d'Orléans et le Parlement de Paris à celui de Dijon pour faire proscrire le Cardinal, furent saisies et supprimées sans bruit; acte de prudence auquel il immolait ses propres griefs et dont il ne craignit pas d'assumer la garantie. Déjà et dans la même affaire il avait contribué longtemps à empêcher sa Compagnie de rendre ce qu'on nommait *un arrêt de conformité* à l'exemple des autres Cours souveraines; étant allé jusqu'à désavouer en pleine audience le procureur général Guillon, quand ce dernier avait voulu en invoquer de semblables. L'interception des lettres fut découverte et l'interdiction dont Millotet fut frappé ainsi que Quarré, son collègue, comme avocats généraux au Parlement, devint la suite d'une précaution dont l'intérêt de la paix publique avait été le motif et qui fut si mal récompensée. Chose étrange, ce fut le Parlement lui-même qui prononça cette interdiction sur le refus qu'avaient fait ces magistrats de promettre à l'avance qu'ils subiraient derrière le bureau et

---

(1) En remplacement de François Malteste, « avocat fort célèbre (Palliot), » père du conseiller Claude Malteste, auteur de la chronique sur la Fronde; « nullement favorable à Bouchu, bien qu'élu à la place de Malteste, exclu par ordre du Roi, ainsi que Frasans, lesquels étaient du parti des princes. » (Journal de Claude Malteste.)

LE PARLEMENT OPPRIME LES LIBERTÉS. 57

sans mot dire une simple admonestation de la Compagnie. L'arrêt est du 9 mars 1652 et porte : « Sur quoi lesdites Chambres assemblées, l'affaire mise en délibération, a été dit que les avocats généraux demeurent interdits de la fonction de leurs charges jusqu'à ce qu'ils aient satisfait auxdits commandements, et que les pièces et procès qu'ils ont pour y conclure seront retirés de leurs mains pour être portés au plus ancien substitut, afin que la justice ne soit retardée ; ce qui leur a été fait savoir à l'instant au parquet par le greffier. » Toutefois, ceux-ci ne s'étaient pas tenus pour suspendus de leurs fonctions, et, comme ils étaient venus le 22 avril suivant pour en reprendre l'exercice, le Parlement les fit sortir du Palais par un greffier chargé de cette mission humiliante. Un tel scandale, dans lequel des deux parts l'irritation avait été poussée fort loin, se termina, suivant l'usage, par un arrêt du Conseil qui rétablit ces magistrats dans leurs fonctions. L'acte en fut présenté au Parlement pour y être enregistré ; mais cette Compagnie n'y consentit que « sous la réserve de ses remontrances au Souverain et après que les avocats généraux auraient affirmé sur leur honneur qu'ils ne l'avaient pas sollicité (1) ; » ce qu'ils n'hésitèrent pas à accomplir.

Dans le même temps, Condé, réfugié dans son gouvernement de Guienne, n'en poursuivait pas moins Millotet de ses rancunes. Le duc d'Epernon lui-même, pour avoir protégé ce dernier, n'y échappa pas. A

---

(1) Voir aux Registres du Corps les délibérations des 9 mars, 22 et 24 avril 1652.

défaut d'autres moyens, les partisans du prince répandirent des libelles où la haine supposée des Bourguignons contre lui servit de texte à des outrages dans lesquels rien ne fut épargné, ni les personnes, ni les rangs, ni les caractères. L'attaque vigoureuse et la prise, en juin 1653, de Seurre, révoltée pour la seconde fois depuis les troubles de la Fronde, mirent fin à ces intrigues déloyales. Condé avait encouragé sous main sa résistance. Mais les dissentiments n'en continuèrent pas moins entre le gouverneur et le Premier Président, et la violence du Parlement contre la Chambre de ville s'aggrava d'autant plus que la fortune des armes venait de favoriser les vœux des habitants. Au mépris des priviléges les plus constants, le prince avait voulu (chose qui ne s'était vue à aucune époque), faire nommer, pour avoir des hommes à sa main, le syndic et le secrétaire de la ville et attribuer sans élection au premier échevin les pouvoirs de la magistrature municipale : révolution radicale qui eût bouleversé dans ses fondements la constitution de la commune. Le Parlement osa plus encore en insultant à l'autorité des échevins, jusqu'à s'en prendre aux professions qu'ils exerçaient comme avocats et procureurs, voire même à leurs serviteurs, qu'il fit emprisonner. La cause en fut que leurs maîtres n'avaient pas craint de réclamer contre la forme injurieuse qui les faisait assigner à la barre de la Grand'Chambre.

A côté de ces outrages dont l'orgueil était le mobile, cette Compagnie joignait à l'autorité de ses arrêts (1) ses

(1) On peut citer dans le nombre ceux par lesquels elle entreprit

propres antipathies. Elle ne voulut pas contribuer avec les autres citoyens aux frais de réception du duc d'Epernon dans l'entrée triomphale qui lui fut offerte par la ville après la prise de Seurre dont nous venons de parler (1). Bouchu avait osé soutenir, au nom du Parlement, que ses membres n'étaient pas habitants de la ville, et que c'était à ceux-ci à supporter une telle dépense. La prétention était étrange autant qu'impolitique. Dans l'émotion qui s'en suivit, la mémoire du peuple ne manqua pas de rapprocher ce refus de s'associer à la joie d'un évènement qui mettait fin à la guerre civile en Bourgogne, à celui qu'avait fait la même Compagnie de contribuer contre Galas à la défense commune; refus qu'on ne lui pardonna jamais, ainsi que tout ce qui brave le sentiment public dans les jours de malheur. Ajoutez à cette faute de non moins importants griefs, comme ceux résultant des insultes que l'on se permettait envers la Chambre de ville en pleine audience, où les appellations contre ses jugements retentissaient chaque jour et étaient suivies d'autant de succès. A tort ou à raison le Parlement était accusé d'avoir encouragé ces humiliations, et plusieurs

de nommer elle-même le Procureur et le Syndic de la ville contre *l'usance*, la coutume et les priviléges des habitants, arrêts qui furent cassés par le Conseil du Roi. Cette usurpation de la part de la justice souveraine s'étendit jusqu'aux actes du gouverneur dans l'exercice de son autorité. On voit par un arrêt du mois de novembre 1652 que des lettres saisies chez le procureur de Requeleine et qui accusaient sa connivence avec les ennemis de l'Etat, lui furent rendues malgré les réclamations du duc d'Epernon, qui se plaignit aux Chambres assemblées qu'on l'empêchât ainsi de veiller à la sûreté de la province.

(1) Ni aux présents qui furent faits à cette occasion, parmi lesquels on remarquait un service en or massif à l'achat duquel les villes de la province contribuèrent sans distinction. (Chronique de Gaudelet.)

de ses membres s'en étaient vantés. Mais Millotet ne se borna pas à protester; il écrivit au Roi, au nom de l'édilité municipale, pour lui demander d'autres juges que ceux qui se montraient en toute occasion ses persécuteurs, de même que le pouvoir pour la Chambre de ville de juger sans appel jusqu'à concurrence de cinquante livres. Vaines et inutiles prières (car la Cour n'y répondit pas), et qui furent les derniers échos de tout ce bruit qui, la raison politique épuisée, s'en allait déjà mourant et dont Dijon, comme au temps de la Ligue, devait être le dernier théâtre.

La paix des Pyrénées et le mariage de Louis XIV avec une princesse d'Espagne avaient amené la réconciliation de Condé avec la Cour et sa réintégration dans son gouvernement de Bourgogne. Il arriva à Dijon le 11 avril 1660, au milieu d'une pompe inaccoutumée, et fit quelques jours après son entrée au Parlement, accompagné du duc d'Enghien, son fils. L'avocat Févret présenta les lettres de son rétablissement et prononça la harangue d'usage (1). Deux autres avocats de cette époque, Jehannin et Bourrelier, eurent l'honneur de plaider devant le prince et de célébrer un retour qui ressemblait à un triomphe, mais où la politique fut plutôt consultée que le sentiment. Le Premier Président Brulart, qui avait succédé à Laisné de la Marguerie, mit le comble à cette solennité, en adressant, dans un majestueux langage, à Condé ces paroles délicates qui faisaient allusion aux mauvais jours que la Compagnie venait de traverser à la suite du

(1) Agé alors de 78 ans; il mourut une année après, le 12 août 1661.

lit de justice de 1658, que nous raconterons bientôt, paroles que ce prince put prendre aussi pour une flatterie : *Si vous avez été longtemps absent, nous avons été longtemps malheureux.* Condé, après cette entrée, séjourna six semaines à Dijon, pendant lesquelles le Parlement fut comblé de ses faveurs comme il en avait été reçu magnifiquement (1).

Mazarin mourut, et avec lui cessèrent les causes ou les prétextes qui avaient si longtemps excité des troubles en Bourgogne, et pendant lesquels le Parlement de cette province, désormais pacifiée, avait joué un rôle politique que chacun peut juger maintenant. Les fautes qu'il avait commises pendant ce peu d'années de troubles et la défaveur qui s'attache aux partis vaincus firent qu'une nation mobile et fatiguée d'intrigues écouta sans s'en émouvoir ces paroles transcrites dans les lettres patentes qui devinrent le manifeste du nouveau règne : « Les fonctionnaires de la justice, des armes et des finances doivent toujours être séparés ; les officiers des Parlements n'ont d'autre pouvoir que celui de rendre la justice à nos sujets. » Ce langage superbe, mais nécessaire, fut la sentence de mort de l'autorité politique des cours souveraines. Le Parlement de Dijon, qui avait si bien mérité de l'entendre, n'osa protester contre, ou, s'il le fit, ce fut sans bruit, comme par un reste d'habitude, et pour l'honneur de ce qu'il appelait encore ses *prérogatives méconnues.*

---

(1) Traité par le Premier Président Brulart dans un repas splendide à cent écus par tête. (Chronique de Gaudelet.)

Quelques mots, en finissant, sur les personnages qui, dans ces diverses périodes de la guerre civile en Bourgogne, y occupèrent le premier rang. Millotet trouva, pour son caractère et dans les épreuves qu'il eut à supporter, l'occasion qui fait les hommes ou les abaisse. Bouchu, cet antagoniste infatigable, et qui résuma si bien en lui l'esprit frondeur des Parlements, put puiser dans les bienfaits dont l'avaient comblé les princes de Condé une excuse, sinon la justification de sa conduite. Outre la dignité de Premier Président qui lui avait été conférée par le Roi, à leur demande, il avait obtenu l'abbaye de Cîteaux et le doyenné d'Autun pour ses frères, l'abbaye de Septfonds pour un de ses fils, et pour les autres des emplois dans les armées ; puis enfin, pour lui-même, on ne sait pour quelle cause, une pension de dix mille livres que lui payaient les Comtois, peuple séparé de la France et qui obéissait alors à l'Espagne. Tant de biens à la fois et sur un seul homme avaient été, de la part de Condé, l'effet d'une politique aussi profonde qu'avisée. Bouchu était digne de ces avances par son habileté qui l'avait rendu si puissant dans sa Compagnie (1). Mais ces bienfaits ne le relèvent pas du reproche de s'être montré infidèle au Roi dont il représentait l'autorité à la tête du Parlement. Esprit souple et fertile, malheureusement sans retenue, homme d'expédients plutôt que de résolution, politique plutôt que magistrat, peu sûr dans son commerce et dans ses amitiés, on a vu qu'il ne se piqua pas non plus de bonne foi envers le

---

(1) Issu de Jean Bouchu, grenetier (officier du grenier à sel) à Montbard. (Voir aux archives de Bourgogne.)

parti de Condé, quand son intérêt ou son salut lui conseillèrent de le sacrifier. Au contraire Millotet, son antagoniste, par des vertus mêlées à quelques travers, demeura toujours égal à lui-même dans sa conduite, comme il resta inébranlable après que la Cour l'avait sacrifié à des intrigues.

A côté de ces traits divers qui font voir dans Bouchu l'homme de parti mêlé à l'homme d'Etat, la prévoyance lui vint toujours en aide; nous en citerons un dernier, qui ne fut pas le moins habile et qui peint le mieux son auteur.

Parmi les luttes que nous avons décrites, dont le bien public fut le but apparent, et l'ambition le seul qu'on n'avoua pas, les dissentiments religieux sur des questions de controverse dogmatique ou d'entreprises rivales avaient cessé comme par enchantement. La paix la plus profonde sembla rétablie entre Rome et les Parlements, qui cette fois la laissèrent respirer, engagés dans une guerre inextricable de leur puissance avec un roi mineur. En Bourgogne, la politique du chef du Parlement allait lui assurer le repos de ce côté, tandis qu'il entreprendrait ailleurs une guerre à mort qui lui permettrait de concentrer sans diversion les forces d'un Corps dont il était l'âme. Dès 1648, sur sa demande et par ses influences, quand vingt-six années à peine s'étaient écoulées depuis la mort de François de Sales, évêque de Genève, le Parlement de Dijon en corps venait, par un acte de dévotion éclatant, en demander la canonisation au Souverain-Pontife. Le point d'appui, sinon le prétexte de cette démarche était la prédication que le saint évêque, dont la juridiction s'étendait jusque dans le Bugey, annexe du Parlement, avait faite à Dijon, et dont nous avons parlé dans l'introduction de cet ouvrage (1). Un tel acte, jusqu'alors sans exemple de la part d'une Cour de justice, avait été reçu à Rome avec une grande faveur. Il avait, de plus, rallié à la cause du

---

(1) « Très saint Père, disait cette Compagnie dans une supplique adressée à Innocent X, Sa Majesté très chrétienne nous ayant confié sa justice souveraine en ses États de Bourgogne, Bresse et Bugey, et ensuite la connaissance des besoins et nécessités de ses peuples pour y apporter les remèdes que nous croirions convenables, nous avons reconnu que l'un des plus grands qu'ils attendent est aux prières et intercessions, auprès de sa divine Majesté, d'un de ses grands serviteurs, le révérend François de Salle, d'heureuse mémoire, très digne évêque de Genève, que tous vénèrent et estiment, et que plusieurs particuliers ont reçu des grâces et faveurs très signalées et en reçoivent tous les jours du ciel par ses intercessions, et demandent instamment à Votre Sainteté qu'il lui plaise de procéder à sa canonisation. Ils croyent et nous aussi que c'est un très bon moyen pour voir renouveler la piété et la religion chrétienne en ces provinces, en une partie desquelles de son diocèse, il l'avait si parfaitement et saintement établie par ses livres et bons exemples et particulièrement en cette ville par ses très doctes et très pieuses prédications, desquelles plusieurs de notre Corps ont été témoins et conservent soigneusement le souvenir, ensemble des très rares qualités de ce très digne prélat, ce qui nous persuade que nous faisons un service agréable à Dieu, utile à l'Église et à tout le peuple, en rendant les témoignages à Votre Sainteté que nous devons à la vérité et nous oblige dans les intérêts que nous prenons à la gloire de Dieu et au bien du public de joindre nos prières très humbles à celles de toute la chrétienté pour conjurer Votre Sainteté de faire mettre au catalogue des saints ce vénérable serviteur de Dieu, afin que nous soyons tous en liberté de l'invoquer publiquement et reconnaître les grandeurs du Maître à la personne de son serviteur. C'est ce que nous attendons de Votre Sainteté après nous être jetés à ses pieds pour lui demander sa bénédiction et assurer que nous sommes avec tout respect de Votre Sainteté les très humbles et obéissants serviteurs, les gens tenant la Cour du Parlement de Bourgogne, signé : Joly, greffier en chef. A Dijon, le 14 août 1648. » (Registre de la Grand'Chambre, le seul de cette série sauvé de la destruction.)

Parlement en Bourgogne l'ordre du clergé, où cette Compagnie comptait de nombreuses alliances. On a vu, dans le récit des évènements de la Fronde, de quel secours ses principaux membres, à commencer par les chefs d'ordre, furent à la politique du Premier Président, le plus souvent tortueuse, mais toujours prévoyante. Ainsi peut s'expliquer la tendance que manifesta le clergé pendant les troubles de cette époque, où il pencha constamment du côté des princes, qui était le parti le plus fort et qui vainqueur lui eût pardonné le moins.

La mort de Bouchu, arrivée le 28 décembre 1653, mit fin à tant de désordres, et la paix publique fut assurée dès ce moment. « Cette tête abattue, dit justement Millotet dans ses Mémoires, tout le Corps demeura sans mouvement et le parti du prince resta sans force et sans vigueur. » De ce jour aussi l'étoile de Millotet lui-même vint à pâlir. Sans importance politique, il devint aussi sans amis, et le retour de Condé dans son gouvernement de Bourgogne mit le comble à sa défaveur. Resté presque abandonné après la plus grande popularité qui fut jamais, il supporta l'ingratitude avec le calme qu'il avait montré au temps des luttes et des séditions. Dans une lettre qu'il écrivit au prince après son retour et qui eût mérité un meilleur accueil, il lui avait demandé avec instance à l'entretenir. Condé, nous en éprouvons quelque regret pour sa gloire, lui fit un accueil qui ressemblait plutôt à une insulte (1). Interdit de nouveau de ses

---

(1) « Le prince avait à peine entendu son compliment, que se tournant

fonctions d'avocat général, Millotet eut pour dernier courage celui de refuser sa réintégration jusqu'à ce que les expressions blessantes contenues dans les lettres patentes du Roi qui la prononçaient eussent été effacées (1). C'est ainsi que son existence fut un combat et qu'il devait lutter jusqu'au dernier jour. Accablé de peines et d'années, il s'était retiré du monde, qui déjà l'avait abandonné, pour se réfugier dans la religion, qui demeura sa consolation vers sa fin, comme elle avait fait sa force dans les diverses phases de sa vie. En butte à des inimitiés nouvelles, la calomnie le poursuivit jusque dans sa retraite. On voulut compulser ses actes les plus intimes dans l'espérance de le perdre. Cette vengeance fit éclater un désintéressement dont lui seul possédait le secret. On apprit qu'il avait employé sa fortune et tous les profits de sa dignité à racheter les dettes municipales, à soulager ses amis malheureux, et fait don à la ville de toutes les libéralités qu'il avait reçues de la munificence des gouverneurs. C'est ainsi que la vengeance devait être confondue et qu'elle le fut à la honte de ses persécuteurs. Condé lui-même s'inclina devant ces preuves qui furent pour lui un reproche de conduite, quand le mal était fait et qu'à sa gloire avait manqué celle de pardonner à l'homme qui lui avait donné l'exemple au rang

du côté de Coligny, un de ses gentilshommes, il lui dit : *Allons dîner, Coligny*, et passa outre. (Mémoires de Millotet.) »

(1) On y lisait entre autres choses ces excuses, qui étaient faussement attribuées à Millotet : *Après avoir témoigné au Roi le déplaisir qu'il avait des réquisitions qu'il avait faites et promis de tenir une meilleure conduite à l'avenir.* A quoi il répondit fièrement *qu'il demandait justice et non pas grâce.*

où sa naissance l'avait placé. Les services de Millotet, si injustement méconnus dans le temps et qui restent oubliés de nos jours, sont résumés dans ces trois légendes qui furent gravées sur les jetons de sa magistrature municipale :

1. Scopulus piratorum. (Pétrone.)
2. Non ego perfidum dixi sacramentum. (Horace.)
3. Liberatemque tueri ausus. (Lucain.)

Elles demeureront dans l'histoire des luttes de la Fronde en Bourgogne les éternels témoignages de la *vertu*, de la *fidélité* et du *courage* de ce grand citoyen.

Après la mort de Bouchu, l'intendant de justice Laisné de La Marguerie (1), adversaire du Parlement à cause de sa charge qui, pendant longtemps, l'avait mis aux prises avec cette Compagnie, avait été choisi pour lui succéder. Cette faute politique ne profita à personne, pas même au nouvel élu. Au bout de trois ans d'exercice, il fut contraint de se démettre d'une telle dignité, repoussé par un Corps qui, ne pardonnant pas les blessures faites à ses priviléges, lui suscita mille chagrins. Le duc d'Epernon, en faisant nommer Laisné, jusqu'alors son ami le plus dévoué, à la Première Présidence du Parlement, avait compté disposer de lui par ses influences; mais il en arriva autrement. Ce magistrat, pour faire oublier ses griefs, ne tarda pas à renchérir sur les prétentions les plus inouïes de la Compagnie, et de sa part

---

(1) Fils et petit-fils de premiers présidents du Parlement d'Aix.

la guerre recommença contre le gouverneur plus violente qu'elle n'avait été sous Bouchu, son prédécesseur. Toutefois, la politique s'en trouvait exclue par la cessation des troubles dans le royaume. A défaut d'un semblable motif, les questions de préséance et d'autorité ne firent que s'accroître au milieu d'esprits accoutumés de longue date aux querelles d'amour-propre. A elles s'en joignirent d'autres suscitées contre le nouvel intendant de la province, par lesquelles on prit plaisir à mortifier jusque dans ses souvenirs le Premier Président, qui avait été intendant lui-même. Telle fut, au moyen de ces haines domestiques ravivées depuis le mois de janvier 1654 jusqu'en avril 1657, la situation la plus pénible qu'il fut jamais donné à un homme de ce rang d'endurer, et qui n'était plus supportable pour les magistrats en petit nombre qui préféraient leurs devoirs à des représailles.

A côté de ces insultes, le Parlement avait, par l'entreprise la plus hardie, introduit dans son règlement une innovation capitale qui, en augmentant les pouvoirs du syndicat, faisait disparaître sous la pression du plus grand nombre l'autorité du Premier Président. On verra bientôt qu'il ne fallut pas moins que la main ferme de Louis XIV pour arracher à la Compagnie une usurpation si patente et dont la haine d'un chef avait été le seul mobile.

En butte à ces persécutions et par les conseils de ses proches, Laisné avait renoncé en faveur de Nicolas Brulart à une dignité que celui-ci ambitionnait depuis longtemps comme héréditaire dans sa famille. Elle devint le prix d'une alliance qu'on lui fit contracter avec la nièce du Premier Président, qui retira de sa démission la somme considérable de cent mille écus. En même temps que la valeur lui en était comptée, il obtenait le poste de conseiller d'État, pour lequel il avait été proposé auparavant. Le duc d'Epernon, tout-puissant alors à la Cour par le mariage projeté, mais qui échoua plus tard, du duc de Candale, son fils, avec la nièce du Cardinal, avait été l'âme de toutes ces intrigues dont il ne devait pas tarder à se repentir. Chose plus scandaleuse et qui fit grand bruit, on vit, par les mêmes influences, Bouchu, fils du Premier Président de ce nom, adversaire si déclaré des intendants dans leurs luttes contre le Parlement, devenir intendant à son tour à la place restée vacante de Laisné, l'ennemi juré de sa famille. Le même, dirigé par Colbert, sera bientôt en Bourgogne l'instrument de la guerre que ce ministre allait engager contre le Parlement et qui prépara la ruine de ce Corps par l'asservissement.

Il y avait dans ces apostasies de noms et de races, nées du mépris des souvenirs, de quoi confondre les moins scrupuleux des hommes d'État. Avec les intrigues dont nous venons de parler, et si l'on en croit la chronique de Millotet, l'or et les richesses seraient venus en aide à cette recherche des plus hautes dignités de la province. Pour n'en citer que deux exemples, ce même Bouchu, fils du Premier Président et l'un des personnages les plus éminents d'une époque qui en compta un si grand nombre, venait solliciter, et y réussit, l'intendance moyennant 800 livres données par lui à la demoiselle Dartigues, qui passait pour avoir un grand crédit sur l'esprit du duc d'Epernon (1). On rapporte que l'illustre Brulart avait cédé lui-même à cette humiliante condition (2) pour l'obtention de la Première Présidence, qui ne lui échut qu'après la démission de Laisné. Si ces faits sont vrais, et nous voudrions en douter, on peut juger de ce qu'étaient devenues en Bourgogne, au milieu du XVIIe siècle, les mœurs parlementaires ainsi corrompues, dans la poursuite de fonctions suprêmes que la vénalité avait respectées pour faire place à un trafic de faveurs.

Depuis cette époque des guerres de la Fronde qui avaient bouleversé cette province dans les derniers temps, son Parlement cessa d'être agité par les révolutions du royaume, désormais gouverné par un seul maître. Le premier acte du Roi devenu libre avait été la défense faite au Parlement de Paris de prendre connaissance des affaires générales de l'État et de la direction des finances à peine de désobéissance; ce qui ramenait ces Compagnies à l'observation de l'édit de 1641 rendu par Louis XIII avant la mort de Richelieu. « Ce grand acte d'autorité, a dit justement M. de Barante, n'avait rencontré ni résistance ni contradiction. Le Tiers-État, la bourgeoisie et le peuple ne réclamèrent pas. C'est, ajoute cet auteur, que tout ce qui s'était passé depuis deux ans avait témoigné de l'impuissance de ce Corps à maintenir l'ordre public; il s'y était laissé pénétrer par les intrigues des princes, il n'avait pas su leur résister, il s'était courbé sous leur tyrannie... Ainsi, le réduire à ses

---

(1) Fille d'un avocat d'Agen. Il l'avait amenée en Bourgogne de la province de Guienne dont il avait été gouverneur.

(2) Mémoires de Millotet.

attributions judiciaires, ce n'était pas dans ces circonstances priver la nation d'une garantie politique... » (*Vie de Matthieu Molé.*) A Dijon, particulièrement, les partis, restés sans chef et fatigués de luttes, s'apaisèrent sans se donner la main. Chacun conserva le souvenir d'une guerre civile qui s'était développée sur un plus grand théâtre, mais dont la Bourgogne fut, après Paris, le principal centre, où les rebelles furent comblés d'honneurs et la fidélité au Roi traitée en ennemie.

Le temps passé de ces séditions et au milieu des adulations du jour qui allaient fasciner les mœurs publiques sans les transformer, l'épisode le plus important pour cette époque sera le lit de justice tenu à Dijon par Louis XIV en 1658. Nous allons rendre compte de cet événement, qui devint en Bourgogne le premier symptôme des atteintes que la puissance des cours souveraines venait de subir dans le royaume par la main de fer qui allait les assujettir pendant plus d'un demi-siècle sans les corriger de leurs fautes.

CHAPITRE X.

SOMMAIRE.

Louis XIV vient en Bourgogne avec sa Cour. — Raisons politiques de ce voyage. — Le Parlement envoie une députation au Roi jusqu'à Chanceaux. — Entrée de ce Prince à Dijon. — Il donne audience au Parlement. — Appareil militaire de cette entrée. — Le Roi se rend au Parlement. — Pompe et magnificence royales. — Lit de justice de 1658. — Harangue de Brulart à Louis XIV. — Caractère de ce discours. — L'enregistrement des édits est prononcé. — La même mesure est ordonnée par la Chambre des Comptes en présence du frère du Roi — Louis XIV et la Cour se rendent à Lyon. — L'enregistrement des édits est expédié avant la signature. — Le greffier Joly en est accusé injustement. — On lui fait son procès en règle. — Les enregistrements sont annulés. — Le chancelier demande compte de ces violences. — Les Etats de la Province les avaient encouragées. — Brulart est mandé à Lyon. — Il est reçu par le Roi. — Fière réponse de sa part. — Son exil à Perpignan. — Le Parlement approuve sa conduite. — Vengeance de la Cour. — Joly est rétabli dans sa charge. — Conduite de Brulart dans ces conjonctures. — Le Parlement est interdit. — Brulart se réconcilie avec la Cour. — Rétablissement du Parlement et retour de Brulart. — Ingratitude du Parlement, désordres dans ce Corps. — La compagnie des Indes orientales, le Parlement est contraint d'y souscrire. — Brulart est député au Roi après la conquête de la Franche-Comté. — Discours prononcés à cette occasion. — Belle réponse de Brulart touchant les édits. — Réponse du même à l'intendant Bouchu. — Réponse du même à M. d'Amanzé. — Portrait de Brulart. — La bulle contre Jansénius. — Le Parlement l'enregistre après de nombreux refus. — Sympathies secrètes du Parlement pour la nouvelle doctrine. — Le *quillotisme* à Dijon. — Scandales et abominations. — La justice informe. — Des prêtres sont condamnés. — Monitoire à cette occasion. — Procès de Quillot. — Libelle répandu à ce sujet. — L'évêque de Langres intervient. — Bossuet avait prévu ces scandales. — Transition historique.

En reprenant les événements au point de vue où les derniers troubles de la Fronde les avaient laissés, nous trouvons l'autorité royale s'élevant à mesure que celle des *cours souveraines* (1) va en s'affaiblissant. La liberté, après les grandes commotions, profite au pouvoir lorsqu'elle a été inutilement tentée et mal assise, ou que son temps n'est pas venu. Ce développement de la puissance d'un seul à côté des soumissions nouvelles qui arrivaient de toutes parts, se ressentait de la main puissante qui avait saisi le gouvernement de l'État prêt à s'abîmer dans de vaines disputes. Des considérations politiques dont nous allons dire les causes, avaient amené en Bourgogne Louis XIV et toute sa cour, après la victoire des Dunes remportée par Turenne et les heureux succès qui l'avaient suivie. Cette défaite de Espagnols forçait leur roi à accepter la paix ou à se voir enlever la Flandre et le Milanais. Échappé à une maladie qui l'avait mis aux portes du tombeau, le Roi de France n'avait pas obtenu d'un ennemi vaincu les concessions qu'il en attendait. La perspective d'une lutte prolongée exigeait des provinces de nouveaux sacrifices sans lesquels le prix des victoires allait être perdu. La politique de Mazarin de faire accroire à la cour d'Espagne un projet de mariage du Roi avec une princesse de Savoie, pendant qu'on pensait sérieusement à lui faire épouser l'Infante demandée par l'empereur d'Allemagne, était, avec le besoin d'argent, la raison véritable de ce voyage.

(1) Cette dénomination dans les actes avait blessé en tout temps la puissance royale, comme s'il pouvait y avoir en France d'autre souverain que le Roi. En 1671 Louis XIV décida qu'elle serait biffée des édits et déclarations. A partir de cette époque on ne désigna plus les Parlements que par le titre de *Compagnies supérieures*, que ces corps repoussèrent sous les successeurs impuissants de ce Roi, pour reprendre leur ancien titre.

Une rencontre ménagée à Lyon des deux maisons de France et de Savoie, après la restitution faite à cette dernière par le Roi de la citadelle de Turin, en devint le prétexte. Ce fut pour réaliser cette entrevu et faire rentrer son Parlement dans l'obéissance que le Roi de France allait traverser la Bourgogne.

Louis XIV venait à peine d'atteindre sa vingtième année, et la trêve des combats, sinon la paix, le remettait en face de ces Parlements qui avaient pendant si longtemps fomenté des troubles dans le royaume et rendu l'époque de sa minorité si périlleuse. Celui de Dijon avait, comme nous l'avons montré, donné, sous de vains dehors de respect, l'exemple de l'insubordination pendant toute la Fronde. Son refus d'enregistrer certains édits bursaux venait de ranimer des griefs qui, pour ne pas avoir encore été vengés, n'en restaient pas moins sentis.

De leur côté, les États de cette province, dispensateurs réguliers de l'impôt, venaient, après des luttes soutenues sans succès, d'accorder au Roi de nombreux subsides, ce qui rendait plus frappantes les résistances prolongées du Parlement. L'argent, si rare alors, était le fond de toutes ces querelles, et les finances de l'État, obérées par une guerre ruineuse, ne permettaient pas de s'en passer. Vainement la paix tant désirée avait-elle été la récompense promise des derniers sacrifices : le Parlement n'en avait tenu compte, et, avec un magistrat comme celui qu'il avait à sa tête, tout annonçait qu'il ne céderait pas dans la lutte qu'il allait soutenir contre un prince jeune et victorieux.

Dans le séjour qu'il fit en Bourgogne avant de se rendre à Lyon, le Roi était accompagné de la Reine-mère, du duc d'Anjou, son frère; de Mademoiselle, fille du duc d'Orléans, son oncle; du cardinal Mazarin, premier ministre; du chancelier Séguier; du secrétaire d'État de la Vrillière; du comte d'Harcourt (1) et des maréchaux du Plessis et de Villeroi. La ville avait envoyé une députation à sa rencontre et ordonné des réjouissances magnifiques dont le récit, consigné dans nos actes municipaux, montre ce qu'étaient à cette époque le génie des arts et l'amour du peuple pour ses souverains. Le Parlement, que ce voyage avait en vue, en avait été prévenu dès le 19 octobre par lettres patentes (2). Il députa au Roi sept de ses membres, le président Fyot en tête, qui le rencontrèrent à Chanceaux (3).

(1) « Père du prince abbé d'Harcourt qui, âgé de douze ans, prêcha devant le Roi, pendant ce voyage, à la Sainte-Chapelle de Dijon et ravit d'admiration toute la Cour. » (Chronique de Gaudelet.)

(2) Elles étaient conçues ainsi : Nos amés et féaux, ayant résolu, par des considérations importantes à notre service et aux besoins de nos sujets de notre province de Bourgogne, de nous y acheminer au plus tôt pour pourvoir aux affaires d'icelle, nous vous avons bien voulu donner avis et vous mander et ordonner par cette lettre qu'incontinent après l'avoir reçue, vous ayez à vous assembler en corps en notre ville de Dijon, où nous nous rendrons sur la fin du présent mois, pour entrer le lendemain de la fête de la Toussaint prochaine en votre Compagnie, afin de vous faire entendre nos intentions sur plusieurs choses, et nous promettant que vous ne manquerez de satisfaire à ce que nous désirons. Nous vous en faisons le plus exprès commandement.

Donné à Paris le 15 octobre 1658. Signé : Louis. Et plus bas : Phelipeaux.

Superscrit : *A nos amés et féaux les gens tenant notre Cour de Parlement de Dijon.* (Voir Registre de ce corps et une seconde lettre du Roi à Brulart dans la correspondance de ce magistrat, tome Ier, lettre LXXII.)

(3) Le Roi coucha à Saint-Seine, et entra à Dijon le 5 novembre 1658,

Dans l'audience qui fut accordée par Louis XIV à cette Compagnie le surlendemain de son arrivée à Dijon, le Premier Président Brulart, à peine investi de cette dignité qu'il devait illustrer si longtemps, lui adressa le compliment d'usage (1). Son discours, que nous avons sous les yeux, pourrait passer pour de la flatterie, si les actes qui suivirent ne devaient prouver que, de sa part, la fermeté n'était point incompatible avec des formes obligées de respect où l'étiquette eut la plus grande part. En parlant au Roi « de ses triomphes et du bonheur pour tous de l'avoir vu sauvé de la mort et du hasard des batailles, de ses ennemis tremblants et abattus, de la France heureuse de le posséder et de lui offrir ses vœux, » Brulart cédait à cet entraînement général qui emportait la foule vers un prince victorieux qui venait de faire ses premières armes sous Turenne et qui, après des révolutions dont l'intérêt de l'État avait été le prétexte, venait de proclamer qu'il voulait gouverner lui-même. Cette harangue est la seule que nous connaissions de ce magistrat, où les formes adulatrices semblent avoir été épuisées. Le Roi y répondit en peu de mots; mais le temps n'était pas loin où tout allait se montrer à découvert dans une situation que l'habileté du langage ne pourrait plus dissimuler.

Déjà la pompe militaire qui avait été déployée à l'arrivée du Souverain semblait avertir les esprits d'événe-

à quatre heures du soir. Il descendit à son logis, ainsi que la reine et le duc d'Anjou; deux ministres, Mazarin et Séguier, l'accompagnaient.

(1) Le Parlement harangua le Roi, debout et découvert. La députation envoyée par le Parlement de Dôle en fit de même. (Gaudelet.)

ments inattendus. Louis XIV était entré à Dijon escorté de nombreux gentilhommes, de plusieurs régiments de ses gardes, et précédé d'une musique guerrière. Le maire, à genoux, lui avait présenté les clefs de la ville, dont les priviléges, par la présence dans ses murs d'une force imposante, étaient ouvertement violés. Les réponses du Roi aux compliments d'usage avaient été empreintes d'une dignité froide et affectée. Tout marchait dès le début vers un dénouement où la force devait être au besoin mise en œuvre et la volonté d'en finir préférée à de vaines formules. Il eût fallu fermer les yeux à la lumière pour ne pas être frappé de cette situation, et Brulart ne s'y méprit pas, non plus que le Parlement qui l'avait pour chef. Un incident digne de remarque s'était passé la veille du lit de justice et montra ce qu'il fallait penser des dispositions de cette Compagnie. Elle refusa de recevoir, sous prétexte qu'il était en armes, de Saintot, officier de la Cour, député par le Roi aux Chambres assemblées pour les instruire de son entrée au Palais. Prétention inouïe, condamnée par des exemples nombreux du Parlement de Paris, où jamais pareil refus n'avait été fait aux envoyés du Prince demandant à parler en son nom.

Le jour du 18 novembre 1658 brillait à peine, que des précautions prises selon l'usage annonçaient la visite du Souverain à son Parlement. Dès le matin un lieutenant des gardes, accompagné de quelques exempts, s'était rendu au Palais, où il avait fait changer les serrures des portes en présence des syndics de la Compagnie; coutume observée dans ces grandes solennités dès les temps les plus reculés, et comme pour montrer, par une précaution qui n'était qu'un symbole, que là où était le Roi il ne pouvait y avoir d'autre maître. De plus, et par son ordre, des sentinelles avaient été placées au dehors occupé par les régiments des gardes et des Suisses chargés de former la haie jusqu'au Logis-du-Roi, lieu de départ du cortége. Une foule immense, des troupes magnifiques en tête desquelles les mousquetaires chamarrés d'or et montés sur de beaux coursiers, et, au-dessus de toutes ces pompes, la Cour entière de Louis XIV réunie à Dijon pour cette solennité, ajoutaient à l'importance de ce qui allait se passer l'éclat d'un spectacle aussi nouveau qu'imposant.

A neuf heures précises, au bruit du canon des remparts, le Roi approchant du Palais était reçu au bas des degrés du grand perron par une députation composée de quatre présidents à mortier et de six conseillers, d'où il s'achemina dans l'intérieur suivant le cérémonial accoutumé. En avant, les archers du grand prévôt, puis une partie des Cent-Suisses, la noblesse du Roi, plusieurs gentilshommes servants, les écuyers et seigneurs ordinaires, le hérault vêtu de sa cotte d'armes de velours violet surmontée de fleurs de lis d'or, de La Meilleraye, grand-maître de l'artillerie, ensemble les maréchaux de Grammont, de Clérambault et le duc d'Epernon, le premier huissier du Parlement vêtu de sa robe rouge, précédé des huissiers ordinaires ayant leurs verges cachées. Venaient après Saintot, maître des cérémonies, les huissiers et massiers de la Chambre un peu avant le Roi, et immédiatement devant sa personne le duc de Bouillon, grand chambellan ; à ses côtés, les présidents revêtus de leurs robes et manteaux fourrés, ayant le mortier dans la main gauche, et les conseillers à la suite en robes et chaperons d'écarlate; derrière la personne du Prince, enfin, de Gesvres et de Noailles, capitaines des gardes, et après eux les gardes de la manche et les gardes du corps en grand uniforme, mousquet au poing et leurs étendards déployés.

Ce fut au milieu de ce cortége de grands, de magistrats et de chefs militaires que Louis XIV monta, l'épée au côté, au trône surmonté d'un dais de drap d'or qui lui avait été préparé à l'angle de la grande salle. Il prit séance, ayant ses grands officiers placés près de lui d'après leur rang de préséance, fit signe, au sein d'un profond silence, au Parlement de se couvrir, et annonça d'une voix ferme que son chancelier allait expliquer sa volonté. Sur quoi Séguier, debout, et après avoir pris à genoux les ordres du Roi, exposa à la Compagnie les motifs que le Souverain avait eus de venir en personne pour y faire enregistrer des édits « dont il espérait, ajouta-t-il, un grand secours pour la conclusion de la paix à laquelle il travaillait sans relâche. » Ces édits, combinés pour les besoins du fisc après nos guerres prolongées avec l'Espagne, atteignaient la noblesse et le peuple, et en particulier le Parlement par la création de charges nombreuses et inutiles. De là, par la dépréciation des anciens titres, l'ardeur qu'il mettra à les repousser, appuyée sur les misères du temps.

Cette harangue achevée, Brulart se leva et avec lui tout le Parlement composé de quatre-vingts membres, lesquels étant découverts et inclinés, il prononça, au nom de cette Compagnie, le discours que nous allons rapporter. On jugera par son ensemble que, sous des dehors de respect, se manifestait clairement la volonté d'un Corps résolu à persévérer dans ses résistances.

« Sire,

« Si votre Parlement a jamais eu sujet d'être glorieux,
« c'est de l'honneur extraordinaire qu'il reçoit aujour-
« d'hui de voir Votre Majesté sur le trône de la justice.
« Mais si cet éclat et cette pompe le saisissent d'étonne-
« ment, pardonnez, Sire, à ses profonds respects et à sa
« parfaite soumission, qui ne lui laissent que la seule
« fonction de voir et d'admirer. C'est encore beaucoup
« qu'il puisse soutenir la vue de son Roi, d'un conqué-
« rant qui vient de faire trembler la terre et d'abattre
« dans une campagne l'orgueil de la plus fière nation du
« monde. Nous ne sommes donc en ce lieu, Sire, que
« comme les spectateurs de Votre Majesté et ses sup-
« pliants. Notre dépôt est actuellement entre vos mains
« royales, et tout notre pouvoir ne consiste qu'à vous
« représenter que ce Parlement et toute cette province,
« à qui Votre Majesté a daigné, depuis les derniers
« troubles, faire des éloges qui seront le gage immortel
« de leur amour et de leur fidélité, se sont encore for-
« tifiés de plus en plus dans ce légitime devoir. Leurs
« pères, Sire, leur ont laissé d'illustres exemples qui ne
« se trouvent chez aucun peuple. La disgrâce, ni le con-
« sentement de François Ier ne purent les obliger à quit-
« ter sa domination, et ils préférèrent courageusement

« obéir à ce Prince malheureux qu'à l'empereur de la
« moitié de l'Europe. C'est, Sire, cette héroïque fidélité
« qui les a conservés à votre couronne, et c'est l'extrême
« amour de vos sujets qui les avait si fortement intéressés
« dans vos dernières victoires et dans le danger de votre
« grande maladie, qu'il semblait alors qu'ils se dussent
« beaucoup ressentir de vos triomphes, et que, ne res-
« pirant que pour vous, ils vivaient seulement en vous.
« Sire, ajoutait Brulart, ils croyaient que cet excès de
« zèle et d'amour ne pourrait qu'être agréable à Votre
« Majesté, et qu'ayant de son côté vaincu si glorieuse-
« ment les ennemis de l'Etat, ils auraient du moins
« quelque part dans ses prospérités. Ils savent qu'elles
« n'arrivent pas sans des dépenses excessives : ils les ont
« encore supportées avec un courage qui en a longtemps
« diminué la douleur. Mais à présent qu'ils succombent
« sous de continuels et trop fréquents efforts, ils sont
« enfin abattus et n'espèrent plus qu'en votre seule clé-
« mence. Ils ne sauraient s'imaginer, Sire, que tant de
« joies qu'ils ont eues de voir les bénédictions du ciel si
« abondamment répandues, et peut-être par leurs
« prières, sur la personne de Votre Majesté et sur votre
« Etat, puissent être si tôt changées; que tant de vic-
« toires qu'ils ont si ardemment souhaitées produisent
« aujourd'hui des effets si contraires à leurs désirs, et
« que la défaite de vos plus superbes ennemis ne soit
« pas plus avantageuse à vos plus fidèles sujets et offi-
« ciers. Mais ils doivent croire, Sire, que Votre Majesté
« voudra toujours régner par amour; que le plus auguste
« et le plus aimable de tous les Rois voudra toujours

« aussi être le plus doux et le plus aimé, et que la puis-
« sance d'un grand monarque sera toujours mesurée au
« pied de sa justice. »

Ce langage vigoureux pour le temps où il était tenu, et dans lequel la vérité se fait continuellement jour à travers les formes obligées de l'étiquette, avait été, suivant l'usage, communiqué d'avance à la Compagnie. Ce n'était plus, comme autrefois, de ces refus vaniteux colorés pour déguiser d'autres motifs sous les dehors du bien public. Un peuple écrasé d'impôts et de taxes de toute espèce, l'agriculture en souffrance et presque abandonnée, les routes parcourues par des bandes indisciplinées, restes des troubles de la Fronde, des maladies inconnues désignées par ignorance sous le nom de *peste*, laissant, faute de secours, les campagnes au désespoir; et, comme pour surpasser ces maux, des exactions commises par les seigneurs sur des vassaux sans protection, avaient fait de cette province un centre de désolation et de ruines. Brulart était témoin de tant de misères, et, à défaut des Etats de la province restés faibles et vacillants, il venait de faire entendre la vérité au Roi dans un discours respectueux, mais où l'esprit d'indépendance se montrait à découvert.

Louis XIV et ses ministres l'entendirent avec colère. Mais déjà l'épée était tirée du fourreau et le temps des demi-mesures passé comme celui des lenteurs. Seguier, sans y répondre, fit ouvrir les portes et ordonna au greffier de donner lecture de ces édits qui blessaient l'amour-propre aussi bien que les intérêts, en ajoutant à la perception de taxes vexatoires la création d'offices inutiles. Cette lecture achevée, le procureur général Languet (1) prit la parole. Dans une harangue étudiée, il fit ressortir l'état des misères publiques qu'il attribuait à l'infécondité du pays, à la rareté des habitations et à l'existence des anciennes charges dont la création de nouveaux subsides allait combler la mesure. Toutefois, par un devoir de sa place, il conclut à l'enregistrement, que la Cour ordonna, après que le chancelier eut, par ordre du Roi, recueilli les voix, à commencer par celles des ducs et pairs, maréchaux, ministres et évêques, conviés tout exprès à cette solennité et dont le nombre, joint à celui des hommes faibles ou irrésolus, fit pencher la balance du côté de la force. On rapporte qu'en descendant les degrés du trône, Louis XIV s'arrêta près de Brulart, qui en rendit compte au Parlement, et lui recommanda d'y faire enregistrer sans retard la bulle du Pape fulminée contre Jansénius. Mais cette Compagnie n'accomplira cet ordre que longtemps après, imbue qu'elle était déjà des erreurs condamnées.

L'enregistrement fut prononcé par le chancelier, suivant la formule consacrée (2). Cela fait, Louis XIV obéi,

---

(1) Denis Languet, père du célèbre curé de Saint-Sulpice de Paris, qui fit construire l'église de ce nom, et de François-Joseph Languet, archevêque de Sens, l'un des quarante de l'Académie française ; tous deux nés à Dijon, de la famille d'Hubert Languet, de Vitteaux, savant célèbre du XVIe siècle, dont nous avons parlé.

(2) Elle consistait dans ces mots qui ne laissaient nulle prise aux équivoques : « Le Roi séant en son lit de justice a ordonné et ordonne que sur le replis de ces édits et lettres patentes seront mis ces mots : *Lus et publiés et registrés, ouï et ce consentant le procureur général du Roi, et que copies collationnées aux originaux seront envoyées en tous les bail-*

mais non de plein gré, se leva et sortit du Palais, ému d'un pareil langage que l'exercice de la toute-puissance ne lui permettait plus d'entendre.

Le Parlement était vaincu ; mais il s'en fallait de beaucoup que les esprits fussent apaisés par une mesure où, dans la détresse des finances, la nécessité avait été plutôt consultée que le droit. Le même jour et au même instant où le Roi tenait le lit de justice que nous venons de décrire, le duc d'Anjou, son frère, accompagné du maréchal du Plessis-Praslin, son gouverneur, et de la compagnie de ses gardes, se rendait à la Chambre des Comptes, où ces formalités devaient être aussi accomplies. Malgré quelques protestations du Premier Président Dugay, l'arrêt d'enregistrement y fut prononcé, à défaut du chancelier, par Bouchu, intendant de la pro-

---

liages et lues et publiées et registrées, à ce qu'aucun n'en puisse prétendre faute d'ignorance. Cet enregistrement fut prononcé, après que le chancelier Seguier était allé, selon l'usage consacré, de banc en banc prendre les voix. (Collection de Brulart au titre *Entrée des rois*.)

Ces édits concernaient : « la création des trésoriers généraux des fermes et l'établissement des offices quatriennaux restant à lever et du *parisis* des droits de ferme du Roi, tant de celles dont il jouissait, que des aliénations et droits attribués aux officiers ; révocation de la déclaration du mois d'août 1649 portant décharge de l'imposition des quatre-vingt mille livres de l'augmentation du taillon, qui serait continué à l'avenir avec l'aliénation des droits des commissaires des tailles d'Auxerre et de Bar-sur-Seine ; un autre édit portant création au Parlement de deux conseillers clercs, six conseillers laïcs, deux secrétaires de la Cour, deux audienciers, deux contrôleurs, deux référendaires et un chauffe-cire en la chancellerie du Parlement, de plusieurs officiers de la Chambre des Comptes et du bureau des finances de cette ville, et moyennant ce confirmation auxdites Compagnies de l'union du pays de Bresse à leur ressort et juridiction, et attribution aux conseillers des bailliages du ressort de ce Parlement de juger les causes qui regardent les chancelleries ; un autre édit portant aliénation des droits

vince, chargé de cette mission, sans qu'il eût pris la peine de recueillir les voix, ainsi que Seguier l'avait fait au Parlement.

Le lendemain de ces actes, Louis XIV et toute sa Cour quittaient Dijon sans bruit, se dirigeant vers Lyon pour le rendez-vous donné à la maison de Savoie. Chose à laquelle on pouvait s'attendre, le Parlement ne fut pas admis à lui présenter ses adieux, bien que nous ayons le discours que Brulart avait préparé pour cette circonstance, et qu'il ne lui fut pas permis de prononcer malgré son insignifiance politique (1).

Ce départ précipité, ces hommages repoussés contre toute bienséance, accusaient assez les mécontentements de la Cour. Un incident intérieur des plus simples, mais qui devait avoir des suites funestes, les fit bientôt éclater

de francs-fiefs et décharges de toutes indemnités pour les biens tenus en fiefs et franc-aleu; un autre portant aliénation desdites seigneuries, et de droit de haute, moyenne et basse justice, et de fond, tréfond et superficie des bois et forêts ; un autre, portant qu'il serait payé des droits de lods et ventes pour les échanges ; un autre portant création des offices de commissaires des tailles dans les élections de Bourg et Belay ; un autre portant qu'il serait levé trois livres sur chaque charge de poisson qui se transporterait par terre et sur les rivières de Saône et d'Ain de la province de Bresse, Bugey et Valromey; et finalement, des lettres patentes portant la levée d'un octroi sur le bétail qui serait tué et débité à la ville et fauxbourgs de Dijon, à raison de vingt sols par bœuf et vache, et cinq sols par veau et mouton pendant cinq ans pour les payements des dettes de ladite ville. »

(1) Durant les quinze jours que le Roi séjourna à Dijon, on le vit chaque jour assister à la messe, puis rendre visite au Cardinal. Après le dîner, il se rendait au jeu de paumes et faisait faire l'exercice à la Compagnie des mousquetaires dans la cour de son *logis*. Enfin, et presque chaque soir, il donnait un bal aux trois demoiselles de Mancini, nièces de Mazarin, qui étaient à la suite de la Cour. (Chronique de Gaudelet.)

davantage. Le 12 novembre, le bruit courait à la Grand'-Chambre qu'un extrait des édits publiés en présence du Roi avait été délivré à l'insu du Corps avec la mention de leur enregistrement et la signature du greffier. Le Parlement prit feu à cette nouvelle pour crier à la violation de ses priviléges, prétendant que les édits n'avaient pas même été enregistrés et que ce greffier était un faussaire. C'était, par l'acte le plus téméraire, déclarer nul, pour cause de violence, un arrêt rendu en présence du Souverain et engager avec lui une lutte aussi dangereuse que disproportionnée. Le Parlement n'hésita pas néanmoins, et là commencèrent de sa part des torts qu'il allait aggraver sans fin.

Le même jour et sans désemparer, les Chambres ayant été assemblées, Joly et ses deux commis furent mandés pour être interrogés « sur ce qu'ils avaient, avant la transcription entière aux Registres des édits royaux, fait mention sur les copies que ces actes *avaient été lus et publiés*, tandis qu'ils ne l'étaient pas encore. »

La réponse de cet officier était facile : il exposa au Parlement qu'au sortir de l'audience royale, le chancelier lui avait ordonné de déposer les originaux de ces édits et d'en faire délivrer des copies. Il ajouta que « le même ordre lui avait été renouvelé le lendemain, jour auquel un huissier du Conseil avait été attaché à sa personne avec défense de la quitter que la mention de l'enregistrement n'eût été faite ; et que, loin de garder le secret sur ces injonctions, il en avait averti plusieurs membres du Parlement et le Premier Président, avant tous autres, dans l'antichambre de la Reine. » Il expliquait de plus, par le temps qu'il eût fallu employer pour la transcription entière de ces actes, le certificat précoce qu'il avait délivré d'un enregistrement d'ailleurs irréfragable en soi.

Il n'y avait rien à répondre à ces raisons, auxquelles Joly ajoutait la représentation de l'ordre écrit de délivrer ces expéditions avec leur *enregistrement*, ordre signé par le chancelier lui-même (1). Le Parlement ne s'en contenta pas et ne craignit pas d'engager une guerre acharnée sur une irrégularité pardonnable qui n'était qu'un prétexte et pour laquelle il allait sacrifier à des rancunes un de ses premiers officiers. On ne se borna pas à blâmer le greffier; on lui fit son procès en règle, bien qu'il appartînt par ses alliances aux magistrats de la Compagnie les plus élevés en dignités, outre le rang que lui donnait sa charge à côté des présidents à mortier, dont il était l'égal. Vainement invoquait-il pour sa défense le nom du Premier Président : celui-ci lui donna un démenti formel, ce qui amena entre eux des paroles irritantes et jusqu'à des gestes de violence de la part de Joly, qui forcèrent Brulart à se retirer du procès (2). Déjà les gens du Roi, mandés,

---

(1) Jamais ordre n'avait été plus précis; on y lisait : « Pierre Seguier, chancelier de France, avons ordonné et ordonnons au sieur Joly, greffier de la Cour de Parlement, de nous remettre entre les mains les copies des édits vérifiés en ladite Cour de Parlement, le Roi y séant, avec le registré au bas desdites copies ; et disons qu'en cas de refus après signification qui lui en sera faite par l'un des huissiers du Conseil, il y sera contraint par corps. Donné à Dijon le 19° de novembre 1658. Signé : SEGUIER. Et pour Monseigneur : CABERET. »

(2) On lit dans les Registres du Parlement : « Et comme Joly soutenait que le Premier Président lui avait donné cet ordre, le Premier

avaient refusé de conclure dans une affaire où le Souverain lui-même était intéressé et où, de la part du Corps, la bonne foi manquait en tout point. Telle était la situation des choses, la plus critique qu'eût pu se créer jamais une Cour de justice.

Ce fut en cet état que le Parlement rendit un arrêt par lequel il osa décider « que les édits n'avaient point été enregistrés, déclara les extraits délivrés par le greffier nuls et indûment expédiés, l'enregistrement de ces édits mentionné à faux, et, pour réparation des propos injurieux proférés aux Chambres assemblées, tant contre le Premier Président que contre la Cour, ordonna que dans trois jours Joly se déferait de sa charge, le condamna à dix mille livres d'amende, pour garantie de laquelle il garderait prison, et dit enfin qu'il ferait amende honorable, tête nue, derrière le bureau. » Chose étrange, cette Compagnie ne craignit pas de démentir jusqu'aux remontrances qu'elle avait faites depuis contre l'enregistrement des édits, et qui en étaient l'aveu le plus éclatant. Puis, par une contradiction de conduite, la sentence contre Joly était elle-même exécutée sans désemparer *avant sa signature*, et celui-ci saisi dans sa personne, malgré les prières de

---

Président dit à plusieurs membres du Parlement : « *Messieurs, allons, je vous prie, chez Monseigneur le Chancelier pour vérifier l'imposture qui m'est faite et lui demander justice.* » Sur quoi le greffier en chef, se levant de sa place avec un ton de colère et s'avançant vers le banc des présidents, dit en élevant la voix et jurant le saint nom de Dieu, les mains sur les côtés : « *Il est vrai, vous me l'avez commandé; je n'aurais pas délivré extrait des édits sans votre ordre, ma vie dépend de cette vérité, vous voulez me perdre, et je me défends.* »

Brulart, qui avait en vain supplié le Parlement de ne pas mêler aux intérêts du Corps la réparation de ses griefs.

En frappant Joly, c'était la Cour qu'on voulait atteindre, et celle-ci ne s'y trompa point. Le chancelier Seguier, qui était resté à Dijon par ordre du Roi, ne fut pas plutôt informé de ces rigueurs, que quatre huissiers du Conseil venaient de sa part en demander compte à la Compagnie. En même temps il dénonçait à Louis XIV, par un courrier, les actes qu'on vient de rapporter, et au sujet desquels la défense d'un officier public dont le seul tort avait été d'obéir ne pouvait se faire attendre.

Déjà, depuis la question des édits ressuscitée par cet incident, le Parlement ne gardait plus de mesure. Il se prit à discuter ces actes, comme si le lit de justice qui en avait vu prononcer l'enregistrement n'existait pas. Dès le 23 décembre il avait, sur la proposition de plusieurs membres, décidé qu'*il en aviserait de nouveau*. Quatre jours après il rendit un arrêt portant que l'exécution des édits était suspendue et que de nouvelles remontrances seraient adressées au Roi pour qu'il en fût décidé par lui *suivant son bon plaisir*, joignant, sous ces dehors de respect, la désobéissance à la raillerie. C'était, comme on le voit, par une détermination inattendue annuler le lit de justice et protester par la révolte contre l'acte le plus solennel. Cet épisode, inouï dans l'histoire des Parlements, sembla prendre sa source dans l'exemple donné par les Etats du pays, qui, après avoir voté un million de subsides au Roi pendant sa présence à Dijon, avaient, à la vue des nouveaux édits présentés à un autre Corps, menacé de retirer leur parole (1). Mais Louis XIV ne leur en avait pas donné le temps, en leur ordonnant de se séparer. La nouvelle de la conduite du Parlement lui parvint pendant son séjour à Lyon, et l'énergie des résolutions qui suivirent répondit à l'attente publique.

Il n'y avait pas huit jours que la délibération était prise, qu'un courrier envoyé par le Roi apportait à cette Compagnie une lettre de cachet (2) par laquelle il lui ordonnait d'envoyer à Lyon un président et quatre conseillers, de ceux qui avaient assisté à l'arrêt rendu contre Joly, pour en expliquer les causes. Ainsi demandé à quelques-uns seulement, ce compte devint l'affaire du Corps entier, où chacun prit à honneur de s'approprier l'arrêt ou d'en approuver les dispositions. Le Parlement, qui n'avait pas respecté le lit de justice, tint ferme cette fois jusqu'à prétendre qu'on s'inclinât devant un acte de sa part qu'il appelait *le bénéfice de la chose jugée*. On décida, par une délibération, que ce qui avait été fait par quelques-uns serait avoué par tous. A défaut de motifs que la législation n'admettait point alors dans les décisions des Cours souveraines, trois conseillers furent chargés de faire connaître ceux qui l'avaient déterminé dans cette affaire, motifs qui, comme on peut le supposer, ne devaient pas être les véritables. Mais, arrivée à Lyon, la

---

(1) Convoqués six mois avant leur ouverture ordinaire, ces Etats prirent séance le lendemain même de l'arrivée de Louis XIV à Dijon et votèrent le don gratuit ainsi réduit, au lieu de 1,800,000 livres qui leur avaient été demandées, mais sous la condition, qui fut repoussée, qu'on ne proposerait *aucune nouveauté*. (Chronique de Gaudelet.)

(2) Donnée à Lyon le 26 novembre 1658. Signé : LOUIS. Et plus bas : LE TELLIER. (Voir aux Registres du Corps.)

députation ne fut point reçue ; Louis XIV ayant exigé qu'elle fût composée en nombre égal à celui qu'il avait prescrit d'abord, et de plus, du Premier Président à sa tête (1).

A Lyon, en présence de Louis XIV, Brulart fléchit; mais ne s'humilia pas et négocia sans intercéder pour personne. Admis à l'audience du Roi, qui déjà le traitait en rebelle et voulait qu'il demandât grâce, il lui fit cette réponse que l'antiquité n'eût pas désavouée et que la tradition a maintenue jusqu'à nos jours : *Sire, je ne m'agenouille que devant Dieu, mon maître et le vôtre.* En butte à des reproches menaçants, sa conduite ne démentit pas son caractère, et son caractère se retrempa dans les dédains dont des courtisans avides de plaire voulurent l'accabler. Sa disgrâce et celle de plusieurs membres de la Compagnie devaient suivre ces premières rigueurs, où l'espoir de le voir fléchir avait eu la plus grande part. Mais Brulart confondit ces projets et resta inébranlable comme s'il eût été encore sur son siége au Parlement. Le 26 décembre, ce Corps apprenait l'ordre royal qui prescrivait à son chef de se rendre à Perpignan (2), lieu

(1) Voir la lettre de cachet (pièce très curieuse) donnée à Lyon le 7 décembre 1658. Elle contient rappel de celle du 26 novembre, avec un nouvel exposé des griefs du Roi contre le Parlement, parmi lesquels on remarque celui de voir ce Corps « oser présenter des remontrances au sujet d'édits publiés en sa présence, l'entreprise la plus téméraire qui fût jamais émanée d'une Cour souveraine. » (Délibérations secrètes.) Ne pas confondre cette lettre avec celle qui fut à la même date adressée à Brulart seul, et qu'on trouve dans sa Correspondance, tom. I*er*, lettre LXXVIII. (Voir cet ouvrage.)

(2) Le maréchal de Praslin avait ouvert l'avis de faire arrêter Brulart. Le Cardinal calma cet emportement en proposant un simple exil, que Louis XIV prononça *pour le plus lointain pays, de manière*, ajouta-

destiné pour son exil. Le lendemain du même jour, la première présidente Brulart partait pour rejoindre son mari, après avoir reçu les syndics chargés de lui exprimer, au nom de la Compagnie, la douleur qu'elle ressentait du coup qui la frappait entière.

Cette mesure rigoureuse ne devait point surprendre, si l'on considère qu'après les griefs que nous venons de rappeler, et qui pouvaient la justifier, la députation exigée par le Roi de son Parlement n'était point encore en marche pour Lyon un mois après qu'elle y avait été mandée (1). C'était donc un parti pris d'avance d'entasser faute sur faute et d'irriter un prince heureux chez lequel le génie protégeait les résolutions et qui, malgré sa jeunesse, avait déjà fait ses preuves d'énergie. Mais la ques-

t-il, *qu'on n'en entendît plus parler.* Cet ordre, qu'on peut lire dans la Correspondance de ce magistrat, tom. Ier, Lettre LXXXI, fut signifié au Premier Président le même jour, à neuf heures et demie du soir, par ce même Saintot que, la veille du lit de justice, le Parlement avait refusé, comme on l'a vu, d'admettre à son audience. Peu s'en fallut, par le retard que Brulart mit à obéir, que quatre archers ne se saisissent de sa personne pour l'enfermer, ainsi qu'ils en avaient déjà reçu l'ordre, à Pierre-Scize, fort situé à Lyon, et qui servait de prison d'Etat. Mais on se contenta de le faire accompagner jusqu'à Perpignan par un exempt des gardes, chargé de ne le pas quitter. (Chronique de Gaudelet.)

(1) La Cour ne manqua pas d'y ajouter d'autres reproches, tels que ceux d'avoir refusé de recevoir le conseiller d'Etat Balthasar, envoyé par le chancelier, avec deux huissiers de la chaîne, pendant le délibéré du Parlement sur le procès Joly, pour lui signifier l'ordre de surseoir, et celui plus grave encore d'avoir exécuté l'arrêt avant qu'il eût été signé; ce que plusieurs membres, et à leur tête le président Fyot qui présidait le Parlement, avaient, les premiers, refusé de faire. Ajoutons que les propres parents de Brulart s'étaient compromis jusqu'à demeurer juges, malgré une décision qui les excluait de la cause, et bien que celui-ci s'en fût retiré de lui-même comme partie. (Voir l'arrêt du Conseil.)

tion ainsi engagée, le Parlement ne pouvait plus abandonner son chef. Il protesta de son dévouement pour lui dans une délibération solennelle par laquelle il le remerciait du zèle qu'il avait montré, chargea une députation de demander son rappel au Roi (1), et décida qu'il serait tenu comme présent *à l'ordinaire* et défrayé par la Compagnie pendant la durée de son exil.

Ces témoignages éclatants étaient l'expression d'un sentiment profond qui, par la perte d'un homme aussi considérable et les épreuves qu'il avait encore à supporter, rendait, dans le veuvage de Brulart, le Parlement incertain et abandonné. C'était là le but que s'était proposé la Cour. Elle profita de l'abattement où cet exil avait jeté cette Compagnie pour aviser à l'anéantissement de ses actes. Le 9 janvier, Millotet et Languet, avocat et procureur généraux, présentaient à la Grand'Chambre un arrêt du Conseil, ainsi qu'une lettre de cachet du Roi qui en prescrivait l'exécution, avec l'ordre de le faire publier et d'en rendre compte. Les griefs de la Cour contre le Parlement s'y trouvaient exposés un à un; la procédure extraordinaire faite contre le greffier Joly, comme l'arrêt rendu à la suite et son exécution étaient qualifiés *d'attentat et entreprise sur l'autorité du Roi*, et annulés pour cette cause. Son emprisonnement fut déclaré injurieux et *tortionnaire,* le même Joly proclamé victime de son devoir par l'acte qui l'avait frappé, et rétabli dans

---

(1) Composée des conseillers Bernard, de Chaumèle, Perret, Malteste et de Thésut, pour le voyage desquels la Compagnie autorisa les syndics à faire un emprunt, à rente, constituée de 3,000 livres, remboursable par elle. (Registres du Parlement.)

l'exercice de sa charge avec défense à la Compagnie de l'y troubler à l'avenir. Puis, par un raffinement de précautions, tous les procès *qu'il pourrait avoir*, lui, sa femme et les siens, et jusqu'à ses serviteurs, voire même ses commis dans l'exercice du greffe, étaient évoqués dès ce moment et renvoyés de droit au Grand-Conseil, auquel le Roi en attribuait juridiction. Enfin le même arrêt (1) rendait le Parlement, le gouverneur de la province et ses officiers, le maire et les échevins, responsables de tous attentats qui pourraient être commis sur leurs personnes et sur leurs biens, avec ordre de leur prêter protection et main forte. Quant aux édits, pas un mot : car, l'acte qui avait annulé leur enregistrement cassé, le lit de justice reprenait son empire, favorisé de plus dans ses effets par le retour des esprits à la soumission.

La réparation des griefs dont le Roi avait eu à se plain-

(1) Daté de Lyon le 24 décembre 1658, signé : Louis, et contresigné : Le Tellier. Il est déposé aux archives du Parlement, sur le reçu de Pelletier, commis au greffe, après que l'arrêt rendu contre Joly eut été biffé. Ce fut ce même Pelletier qui, pendant le procès fait au greffier, avait eu le courage de désobéir au Parlement en refusant, malgré ses menaces, de signer, à cause qu'ils concernaient son supérieur, les actes relatifs à cette poursuite. Un dévouement si rare, qui était en même temps un acte de fidélité au Prince, fut récompensé par le Roi et devint plus tard la cause de la fortune de Pelletier et de l'élévation de sa famille. (Délibérations secrètes du Parlement.)
A côté de l'arrêt du Conseil que nous venons d'analyser, le Roi écrivit de sa main et à la même date, au duc d'Epernon, gouverneur, au président Fyot et à ses propres officiers au Parlement, des lettres qui les chargeaient de tenir la main à l'exécution de cet arrêt, *comme chose intéressant le plus son autorité*. Six jours après ces actes, entraient à Dijon, pour y tenir garnison, huit compagnies des gardes-françaises et deux des gardes-suisses, avec le régiment de l'*Estrade*-cavalerie. (Chronique de Gaudelet.)

dre ne pouvait être plus éclatante. Après les édits maintenus, chose naturelle, les emportements de Joly envers le Premier Président restés sans répression, et celui qui en était l'auteur subissant dans l'exil la peine d'une rébellion qu'il avait combattue en vain (1); ce spectacle était nouveau, s'il n'était pas imprévu.

Peut-être Brulart avait-il résisté trop tard à des attaques acharnées qui prirent bientôt l'aspect de la révolte, mais qui, si la raison ne les approuvait pas, flattaient chez lui l'indépendance, passion des grands caractères. La violence d'un lit de justice, chose inconnue jusqu'alors en Bourgogne, ne pouvait pallier des entraî-

(1) Une lettre écrite par Brulart au chancelier Le Tellier le 3 décembre 1658, c'est-à-dire au plus fort de la révolte, vient confirmer ce jugement. « ..... J'avais voulu obliger, dit-il, Messieurs du Parlement de vous donner avis de leur délibération sur les édits portant qu'il serait fait des remontrances au Roi, afin que vous leur pussiez faire savoir vos intentions là-dessus, et qu'ils ne fussent pas assurés d'avoir voulu arrêter l'exécution des édits, sans être seulement mis en état d'en représenter les raisons; mais je n'ai pu l'obtenir, et je suis honteux de vous dire que je n'ai été suivi que d'une personne. Je vous dirai à ce propos que je me trouve ici dans le plus mauvais poste qui se puisse imaginer. Les esprits sont si éloignés, que je ne saurais ni m'assurer sur mes meilleurs amis, ni mes plus proches parents pour soutenir les propositions que je fais... Je suis fâché de vous donner ce détail et de vous faire connaître qu'en l'état présent des choses il n'y a personne qui puisse s'opposer au torrent... Je serais bien heureux si vous me vouliez donner quelques règles pour ma conduite, afin d'agir suivant vos ordres, et ne laisser pas à mes ennemis le plaisir de m'imputer tout ce que le Parlement fait de désagréable, quand je suis dans le dernier déplaisir de voir qu'il ne s'aide pas comme il le pourrait. Je prends le plaisir de vous écrire toutes ces choses en secret, et de vous demander le secours de vos lumières dans des affaires si embarrassées, puisqu'il me sera très aisé de conformer mes sentiments à ceux que vous m'inspirerez... (Lettre LXXVII, tom. Ier. de la *Correspondance* de ce magistrat.)

Etait-ce là le langage d'un homme faible ou d'un complice, et s'énements où l'esprit d'opposition parlementaire vint s'abaisser dans de vaines chicanes dont la mauvaise foi fut la base. Nous avons dit de ce magistrat qu'il avait conjuré sa Compagnie de ne pas mêler la réparation de ses griefs avec l'affaire de l'enregistrement des édits; sa voix alla se perdre dans des débats dont la raison était bannie et où sa franchise ne laissa pas d'être soupçonnée.

Avec lui le Parlement avait été compris dans la disgrâce, c'est-à-dire puni d'une interdiction en masse (1), et plusieurs de ses membres exilés ou mis au château de Dijon dans lequel ils gardèrent prison. Par les soins du duc d'Epernon, gouverneur, et à force de démarches de sa part, cette interdiction fut levée le 9 juin 1659, c'est-à-dire six mois après qu'elle avait été prononcée. Mais il n'en fut pas de même des magistrats frappés d'exil ou incarcérés, et de Brulart avec eux, bien qu'auteur de ce rétablissement accordé après une audience que le Roi lui avait donnée à Bordeaux. Déjà auparavant, le même magistrat s'était rapproché de la Cour. A peine arrivé à Perpignan, ville indiquée pour sa résidence, il avait obtenu de se retirer en Anjou dans une

---

tonnera-t-on de lire dans une autre lettre qu'il écrivit plus tard du fond de son exil au cardinal Mazarin : « ... Mon rétablissement même, quand il arrivera, ne me réjouira que modérément, si je n'apprends pour lors que Votre Eminence aura su avec quelle vigueur j'ai porté les intérêts du service du Roi et avec quelle fermeté je me suis opposé hautement et en pleines assemblées des Chambres à de certaines délibérations que je dis plusieurs fois, dès lors et en ma place, qui attireraient une partie des mêmes disgrâces dont elles ont été suivies... Ma propre liberté me serait à charge si je la pouvais posséder avec le moindre reproche. (Du 17 juin 1659, Lettre XCVIII, tom. Ier de la même *Correspondance*.)

(1) Lettres patentes du 28 décembre 1658.

de ses terres. Alors les esprits étaient apaisés, les édits exécutés, le souvenir des résistances presque éteint et le Parlement rétabli, non tout entier, comme on vient de le dire. Mais Brulart avait protesté du fond de son exil contre une mesure dans laquelle il n'était point compris, ni plusieurs de sa Compagnie, acte qu'il ne craignit pas de nommer « une *flétrissure* en ce qui le touchait, et qui, pour d'autres, laissait selon lui cette Compagnie divisée, quand les fautes avaient été presque communes. »

Une députation envoyée au Roi par les États de Bourgogne et le Parlement vint en aide à ces plaintes. L'évêque d'Autun, pour l'Ordre du clergé, y parla avec une grande force, étant allé jusqu'à demander la révocation des édits à Louis XIV, qui ne s'en offensa pas, l'esprit rempli d'un grand événement. En effet, en ce moment la France épuisée, mais glorieuse, venait de conclure avec l'Espagne la *paix des Pyrénées*, qui, suivie du mariage du Roi avec une princesse de cette nation, comblait la joie publique. Ainsi, par un heureux concours de la clémence et de la fortune, se termina une affaire sans issue, qui avait duré une année entière.

Les lettres du Roi qui rétablirent le chef du Parlement dans ses fonctions effacèrent jusqu'au souvenir des fautes qui lui avaient été si amèrement reprochées, et dont, à peine rentrée en grâce, sa Compagnie par une révolte contre lui-même allait le justifier au besoin. « Monsieur Brulart, écrivait Louis XIV peu après, depuis le rétablissement que j'ai accordé aux officiers de ma Cour de Parlement de Dijon, vous ayant mandé de vous rendre près ma personne, j'ai été bien aise d'être particulièrement informé par votre bouche de tout ce qui se passa dans votre Compagnie sur la fin de l'année dernière. Et comme j'ai à présent connaissance de vos bonnes intentions et tout sujet de prendre une entière confiance en votre fidélité et affection à mon service, dont vous m'avez donné des preuves pendant votre éloignement, j'ai estimé à propos de vous rétablir en votre charge de Premier Président en ma dite Cour. A cette fin, je vous fais cette lettre pour vous dire que j'ai pour agréable que vous retourniez en ma ville de Dijon pour reprendre votre place dans ladite Compagnie, tout ainsi que vous faisiez avant votre interdiction en icelle, *ne doutant pas que vous ne continuiez à vous en acquitter à ma satisfaction et du public*. Ecrit à Toulouse le 3° jour de décembre 1659. Signé : LOUIS, et plus bas : PHELIPPEAUX. » D'autres lettres de rétablissement, mais pleines d'aigreur, furent adressées le 15 du même mois aux magistrats exilés ou incarcérés (1). Preuve nouvelle de la différence des causes qui avaient présidé à ces actes de prérogative du Prince envers des magistrats exceptés

---

(1) De la Boutière et Rigoley, les plus compromis, arrêtés par un exempt des gardes, avaient été conduits au château de Dijon. Demeuraient relégués : Valon l'aîné à Redon en Bretagne ; de Mongey à Vannes, en la même province ; Bretagne de Nansoutil à Angoulême ; Bretagne puîné à Cognac ; Potel à Langres ; de Mucie à Chaumont ; de Villers à Saint-Dizier ; Lantin à Vitry ; de Berbis et Belin, qui devaient être envoyés, le premier à Amiens, et le second à Béfort, en avaient été dispensés par la faveur du duc d'Epernon. Le Roi fit saisir les gages du Parlement pour payer les frais occasionnés par l'exempt et les deux huissiers du Conseil venus à Dijon pour l'exécution de ses ordres. (GAUDELET). Voir aussi sur tous ces faits la *Correspondance de Brulart*, tom. Ier, Lettres LXXV et suivantes.

avec leur chef d'un premier pardon. Quant au greffier Joly, réintégré dans sa charge avec honneur par l'arrêt du Conseil, il avait, dès le principe, refusé d'en reprendre l'exercice.

La rentrée de Brulart dans la capitale de la Bourgogne, après une conférence qu'il avait eue avec le Cardinal à Saint-Jean-de-Luz, fut un événement et presque un triomphe. Il arriva à Dijon le 1ᵉʳ janvier 1660, escorté par deux cents cavaliers, suivi de vingt-cinq voitures remplies de ses parents et amis venus à sa rencontre et salué par deux conseillers au nom du Corps. Seuls parmi tous les autres, les avocats avaient refusé de se rendre à cette cérémonie, ne voulant pas donner au chef du Parlement le titre de *Monseigneur*, qu'ils soutinrent, malgré les plus constants usages, ne lui être pas dû. Le lendemain de ce jour, Brulart entrait au Palais, où, dans une allocution intime, il rendit compte à sa Compagnie de son voyage à Saint-Jean-de-Luz près du ministre Mazarin, et de celui fait à Toulouse par ordre du Roi. Il y parla de ses sollicitations pour le rappel des exilés et l'élargissement des captifs, ainsi que des retours de bienveillance qu'il avait obtenus de la Cour pour lui et le Parlement entier. Le président Fyot, qui, en son absence, avait présidé ce Corps, lui répondit dans un discours plein d'emphase qui ressembla plutôt à un panégyrique qu'à de l'histoire.

La joie était grande dans toute la province, où il ne restait plus des anciennes disgrâces que l'institution de la Chambre de Bresse, juridiction nouvelle rétablie par vengeance pour abaisser celle du Parlement, et dont la suppression, sollicitée depuis, fut accordée sur les instantes prières du prince de Condé, mais moyennant finance et après des avances énormes de la Compagnie. Cette dette si lourde et sous le poids de laquelle disparaissait le bienfait d'un rétablissement, venait de lui être imposée, à cause de l'ingratitude qu'elle n'avait pas tardé à manifester (1). A peine, en effet, rendue à elle-même, des scènes violentes étaient venues troubler les assemblées des Chambres, comme pour démentir l'assurance que Brulart avait donnée au Roi de leur entière soumission. La question du règlement du Palais devint la cause de ce bruit, bien que les réformes proposées n'eussent, en réalité, pour but que de mettre le Parlement, dans ses rapports avec son chef, sur le même pied que celui de Paris. Brulart avait rendu compte au chancelier d'un tel désordre dans des lettres où le courage semble l'abandonner, lorsque sa parole avait été engagée envers le Prince et qu'il s'agissait pour le servir de ressaisir son autorité usurpée sur son prédécesseur par une majorité factieuse. Que sera-ce quand ces oppositions auront duré une année entière pour faire place à d'autres non moins bruyantes d'un Corps sans raison? Au milieu de ces luttes nouvelles, les conseillers Legouz, Berbis et

---

(1) Voir les lettres CXXIII et suivantes de la *Correspondance* de Brulart, qui montrent avec quelle peine ce magistrat avait obtenu la suppression de cette Chambre. On lit dans les Lettres CLX et autres que plusieurs membres, et à leur tête le président des Barres, avaient refusé d'acquitter leurs taxes, ce qu'on ne put obtenir qu'en fermant par arrêt aux récalcitrants l'entrée du Palais, sans préjudice des contraintes sur leurs biens. « Cette taxe, dit Gaudelet dans sa Chronique, s'élevait à la somme de 800,000 livres que les officiers de Bourgogne et de la province furent obligés de supporter. »

Malteste avaient été signalés comme les plus emportés et donnant l'exemple aux autres ; ce qui excita contre eux la colère du Roi, au point que Brulart eut besoin de prendre leur défense et qu'ils durent s'excuser eux-mêmes pour éviter les rigueurs dont ils furent menacés (1).

Dans un temps contemporain de ces actes, le Roi avait ordonné par un édit l'établissement de la Compagnie des Indes orientales et adressé au Parlement des lettres closes pour son enregistrement. Cette Compagnie fit publier sans résistance un acte qui ouvrait aux marchands français des voies nouvelles, en flattant le sentiment national excité contre l'Angleterre. Colbert, l'auteur de ce vaste dessein, étendu depuis par lui aux Indes

---

(1) Dans la lettre CXXV de la même *Correspondance* adressée à Brulart par le cardinal Mazarin, et datée d'Aix le 19 janvier 1660, ce ministre s'exprimait ainsi : « ... Je dois vous dire encore que le Roi est bien informé que quelques particuliers, et entre autres les sieurs Legouz, Berbis et Maleteste conservent du venin dans le cœur et n'oublient rien pour en infecter les autres ; et comme elle a eu la bonté de les épargner autrefois, sur les pressantes instances qui lui en furent faites par des personnes qu'elle considère, ils doivent craindre que s'ils retombent en de nouvelles fautes, ils ne s'attirent tout d'un coup la punition des uns et des autres. C'est pourquoi vous leur rendrez un bon service de les en avertir. »

Le 9 mars suivant, Brulart répond à Mazarin : « ..... Je n'ai pas manqué de faire savoir à MM. Berbis, Legouz et Maleste, conseillers en ce Parlement, le mécontentement que Votre Eminence témoigne avoir de leur conduite. Ils m'ont assuré qu'ils seraient toujours dans de si grands sentiments de respect et de soumission pour tout ce qui viendra de la part du Roi et de Votre Eminence, que je ne doute pas, comme ils sont gens d'honneur et des plus forts de la Compagnie, qu'ils ne soyent jaloux de leur parole et très exacts à tenir la promesse qu'ils m'ont dit en vouloir faire même par écrit à Votre Eminence... » Voir dans ladite *Correspondance* la lettre CXL.

occidentales et aux côtes d'Afrique, venait de faire un appel au crédit dans un temps où le crédit n'existait pas, mais où, par la réforme des dettes des communes, il en avait posé le fondement. Les grands Corps de l'Etat seuls pouvaient encourager la confiance par leurs exemples, c'est-à-dire, ce qui ne s'était jamais vu, en spéculant eux-mêmes. Le Roi fit, dans ce but, écrire à tous les Parlements de contribuer par leurs membres à une œuvre digne de son règne.

A Dijon, le Premier Président Brulart fut chargé de cette mission qui donna lieu à une correspondance curieuse de Louis XIV. Dans une lettre écrite de sa main que lui adressa ce Prince le 16 décembre 1661, on peut juger l'intérêt capital qu'il attachait au succès et combien la souscription eut besoin pour réussir d'être soutenue par des encouragements venus de si haut et qui ressemblaient plutôt à des menaces. « Le soin que vous avez pris, disait le Roi, d'exciter par vos exemples et par vos persuasions ceux de votre Compagnie à s'intéresser dans celle des Indes orientales, m'est une si bonne preuve de votre zèle pour mon service, que je n'ai pas voulu différer à vous témoigner par cette lettre le gré que je vous en sais. Et comme il est juste que je connaisse ceux qui cherchent à me plaire, pour les distinguer dans les rencontres d'avec ceux qui n'y apportent pas le même empressement, je désire avoir une liste des officiers de votre Corps où tant ceux qui ont signé pour entrer dans ce commerce si avantageux au public, que ceux qui n'y ont point pris part, soient marqués séparément et la somme aussi que chacun y aura mise. Ne manquez donc pas de la faire pour me l'envoyer incessamment; et, au surplus, tenez la main à ce que le tiers soit payé suivant ma déclaration. C'est ce que je me promets de votre ponctualité à exécuter mes ordres, de laquelle ne doutant point que vous ne me donniez sujet de me louer de plus en plus, je prie Dieu, Monsieur Brulart, qu'il vous ait en sa sainte garde. Signé : Louis.

« *P. S.* — Adressez-moi directement la liste que je vous demande, et soyez assuré de ma bienveillance. »

En présence d'un pareil ordre, il n'y avait plus à hésiter. Le 30 du même mois Brulart envoyait au Roi cette liste si attendue avec une lettre habile qui déguisait mal le mauvais vouloir, ce qu'on ne manqua pas d'appeler *le mauvais esprit* de sa Compagnie. « J'adresse directement à Votre Majesté, disait-il, suivant qu'il lui a plu me le commander, la liste des officiers de ce Parlement qui sont entrés au commerce des Indes orientales et une autre de ceux qui n'y ont pris aucune part. Mais, Sire, je dois dire à Votre Majesté que de ceux-ci il y en a quelques-uns d'absents qui n'ont pu être avertis assez tôt de ses derniers ordres, que d'autres se sont excusés sur leur impuissance et que le reste ne s'est pas encore laissé persuader. Elle trouvera plus grand le nombre de ceux qui s'y sont intéressés et il ne leur a manqué que des forces égales à leur bonne volonté pour se distinguer des autres officiers des Parlements, autant par la somme qu'ils auraient fournie, qu'ils croient l'avoir fait par la démonstration de leur zèle. Il a fallu que plusieurs se soient mis ensemble pour faire mille livres sous le nom d'un seul. Mais je n'ai pas laissé de comprendre ces associés dans la liste, pour faire connaître à Votre Majesté les noms de tous ceux qui ont pris part à ce commerce. Je les sollicite à présent de payer au plus tôt le premier tiers de ces sommes et, pour les exciter davantage, j'ai payé le premier, en ce qui me concernait, entre les mains d'un greffier..... »

Un tel résultat, qui cachait mal des résistances nombreuses, était loin de satisfaire la Cour, bien que Brulart eut donné l'exemple à tous par un don de dix mille livres. Nous lisons dans sa Correspondance qu'une liste d'autres souscripteurs fut envoyée bientôt au Roi par le chef du Parlement, ce qui peut faire supposer que les réfractaires avaient cédé à des injonctions menaçantes. A Dijon, pays railleur, où la verve n'épargna pas ce qu'elle nomma plaisamment *le don gratuit*, il arriva que le caissier de la Compagnie chargé de recevoir les souscriptions, fit banqueroute, emportant les fonds ; *naufrage de terre ferme*, comme l'écrivait Brulart dans une lettre où il donnait avis de cet événement au prince de Condé, souscripteur lui-même de cet emprunt, alors que la spéculation ne tentait personne. On peut juger par cet exemple qu'ailleurs, comme en Bourgogne, elle avait eu besoin de grands moyens pour réussir et d'un ministre tel que Colbert pour former des établissements dans les plus lointains pays, où la France pourrait lutter avec son éternelle rivale d'influence et de crédit.

Nous avons dit l'estime que Louis XIV avait conçue pour Brulart. Celui-ci devint à son tour l'ami du grand Roi, à la gloire duquel il rendit les armes, après avoir lutté contre lui de puissance (1). Appelé à le complimenter plus tard à Saint-Germain-en-Laye à la tête d'une députation de sa Compagnie, après la première conquête de la Franche-Comté, la harangue qu'il prononça dans cette occasion, ainsi que les discours qu'il adressa aux deux Reines, au Cardinal, à Monsieur et aux princes de Condé et de Conti, au duc d'Enghien et à Mademoiselle, sont des modèles d'à-propos, c'est-à-dire accommodés aux temps et aux personnages. Toute la Cour en fut frappée, et le Roi s'écria « qu'il n'avait jamais rien entendu de plus noble. »

« Nous avons été comme témoins, disait-il au Roi, de ce que la postérité aura peine à croire, et nous ne le pouvons presque pas comprendre en le voyant. En effet, est-il possible de penser sans étonnement à cette entreprise d'attaquer, dans un temps destiné partout au repos et au plaisir, tant de bonnes places qui pouvaient être puissamment défendues par la seule saison, à l'adresse merveilleuse avec laquelle a été conduit si secrètement ce grand dessein aussitôt exécuté que conçu, à cette glorieuse activité qui tout d'un coup fait paraître Votre Majesté où elle était le moins attendue, au pouvoir de votre renommée et à la grandeur de votre courage, qui ont étonné et soumis dans un moment des peuples opiniâtres et indomptés dans des murs bâtis par Charles-Quint pour leur servir de remparts éternels contre la

---

(1) Le Roi poussa la bienveillance jusqu'à lui accorder plus tard, sur la charge de Premier Président, un brevet de retenue de deux cent mille livres, reversible sur sa veuve et ses héritiers. (Voir ce que nous avons dit précédemment sur ces sortes de faveurs.)

bravoure des Français; et, enfin, à cette surprenante et presque incroyable conquête dont le dessein, la conduite et le succès sont dus à votre génie et à votre vigueur, et qui, en douze jours, a réuni à votre couronne une belle et importante province que plus de huit cents ans de successions continues depuis Charlemagne en avaient séparée?»

Il adressait en même temps au prince de Condé ces belles paroles : « De toutes les actions extraordinaires de votre vie qui ont attiré à Votre Altesse l'admiration de tous les esprits, il n'y a rien de plus surprenant que ce qu'elle vient de faire dans cette dernière conquête de la Franche-Comté. On n'a plus que faire de parler de la bravoure, sans laquelle les entreprises de la guerre ne sont que rarement suivies d'un heureux succès, parce que personne n'ignore que partout où paraît Votre Altesse, ce ne soit la valeur même qui commande. Mais il est étrange que, sans se servir presque de cet art qui fait changer les Etats de maître, mais qui les ruine d'ordinaire dans les changements, et sans négociation ni intelligence quelconque, vous ayez si délicatement conduit et ménagé ce grand dessein, qu'on peut dire que l'adresse du Roi et la vôtre ont conquis dans un moment, sans trouble ni désordre, une province entière que tant de puissantes armées n'avaient pu que très peu entamer en plusieurs siècles. Que la postérité sera étonnée d'apprendre que tant de troupes qui étaient éloignées les unes des autres et de ce champ de votre victoire s'y soient rendues un même jour malgré la plus rude saison, avant qu'on en ait su seulement la marche; que Sa Majesté, passant comme un éclair par des routes inconnues, se soit trouvée tout à coup à leur tête; que ce grand attirail d'une armée royale ait été préparé sans bruit ni défiance, et enfin que douze jours d'hiver aient vu commencer et finir la conquête d'un pays de si grande étendue et rempli de tant de fortes places! Mais, que dira-t-elle si elle sait jamais que dans le temps de votre plus grand travail pour pourvoir aux infinis détails de cette entreprise, vous vous chargeâtes encore, pour en mieux cacher le secret, de la discussion et des soins des affaires particulières et publiques d'une grande province assemblée en Corps d'Etats qui, ne voyant pas ce qui vous occupait le plus, ne pouvaient se lasser le plus d'admirer votre application ou votre patience? C'est, Monseigneur, cette adresse merveilleuse, c'est ce secret impénétrable, ce sont ces veilles, dans le temps qu'on vous croyait dans le repos, qui vous ont fait trouver l'entrée libre chez nos voisins, leurs maisons de campagne ouvertes et remplies de biens. Les peuples étonnés et les villes dépourvues et hors d'état de ménager aucun secours ont donné, par vos mains, cette riche province à la France pour n'en être jamais séparée...... Mais que peut offrir l'Etat à Votre Altesse pour un si auguste bienfait, et que pouvons-nous plutôt nous-mêmes qui voyons à présent, par l'éloignement de notre frontière, la crainte que nous donnait sa proximité changée en une agréable et solide quiétude?... »

Il disait au duc d'Enghien, qui avait accompagné son père dans cette campagne : « Il suffisait que vous fussiez du sang de Mars pour rendre la terre convaincue de votre valeur..., »

Il avait dit au Dauphin fils du Roi : « Parmi tant d'avantages et de prospérités qui font admirer la fortune de la France, tous les yeux s'attachent principalement sur votre personne...... qui est regardée comme la garde et l'espérance de sa durée et de sa félicité... C'est pour vous, Monseigneur, que le Roi vient de forcer dans un moment, malgré la saison, cette importante province de la Franche-Comté et de l'ajouter à la Couronne ; mais c'est par vous que cette surprenante et riche conquête lui sera conservée et même qu'elle deviendra pour toujours un membre de l'Etat. Le Parlement de Dijon, qui a vu de plus près qu'un autre les circonstances de cette merveille, vous en vient témoigner son admiration et sa joie....... et ne peut assez vous témoigner ses agréables transports... »

Les félicitations adressées à Monsieur, frère du Roi, qui avait pris sa part à cette conquête, à Le Tellier, qui l'avait conseillée, à Colbert, qui, de concert avec Louvois, en avait assuré les moyens, sont empreintes de cette même majesté de style qui confond notre admiration pour des succès si dignement célébrés.

Six ans plus tard et après la seconde conquête de la même province qu'il avait, par le traité d'Aix-la-Chapelle, rendue à l'Espagne en retour de la Flandre, il devait tenir à Louis XIV (1) ce beau langage : « Sire, être exposé à l'envie, avoir de grands ennemis et la guerre à soutenir, ce sont les effets naturels, mais glorieux, du

---

(1) Cette harangue ne fut pas prononcée, le Roi n'ayant point passé par Dijon, ni voulu qu'on lui envoyât de députation.

mérite, de la puissance et de la dernière grandeur. Mais être autant estimé que craint, modéré dans la prospérité, juste dans toutes ses résolutions, habile et secret dans ses desseins et devenir encore plus ferme par le nombre de ses ennemis, ce sont des qualités qui toutes ensemble ne conviennent qu'à votre seule Majesté comme au plus grand des Rois..... Pardonnez-nous, toutefois, si nous ne nous plaignons pas de l'Espagne, tout injuste qu'elle est d'avoir entrepris cette dernière guerre. Votre modération nous avait privés, il y a six ans, du fruit de vos travaux les plus glorieux, mais son inquiétude et sa jalousie nous ayant forcés de reprendre les armes, elle est cause, pour ainsi dire, que l'Etat reçoit une seconde fois par vos royales mains la même conquête. Et comme, si les propres ennemis de Votre Majesté n'avaient eu en vue que sa réputation et notre propre bonheur, ils ont fait paraître cette fois une opiniâtreté et une vigueur qui augmentent notre triomphe et qui avec les desseins qu'on sait qu'ils avaient formés d'une grande diversion dans cette province alors tout ouverte, convainquent tous les esprits de la nécessité qu'il y a de réunir pour jamais au Corps de l'Etat cet ancien et important membre dont les limites en ferment naturellement l'entrée... »

Toutefois ces louanges naturelles inspirées par les grandes actions de cette époque et la sûreté qu'obtenait la Bourgogne en particulier d'un tel événement, ne rabattirent rien de l'indépendance de Brulart. Nous en citerons comme dernier trait le fait suivant arrivé presque dans le même temps. Condé, gouverneur de la province, jugeant l'instant favorable pour l'enregistrement d'édits nouveaux présentés par la Cour au Parlement, avait voulu en entretenir le chef de cette Compagnie. Mais aux premiers mots sur cette affaire, celui-ci de l'interrompre par cette réponse si fière que la tradition a conservée jusqu'à nous : *Monseigneur, je vois d'ici les tours de Perpignan*. C'était dans l'antiquité grecque Philoxène demandant à Denis de retourner aux carrières. Les édits furent retirés et ne reparurent plus.

Ailleurs et comme en même temps, nous retrouvons la même vigueur de langage. Le 9 décembre 1669, lorsque l'intendant Bouchu, accompagné du lieutenant général dans la province, vint au Parlement pour faire enregistrer par ordre et en sa présence des édits qui détruisaient l'un de ses plus importants priviléges : « La Compagnie, disait Brulart, étant très soumise aux ordres du Roi, a quelque sujet de s'étonner qu'on prenne des voies d'autorité pour lui faire connaître ses intentions, et pour nous faire entendre de puissance absolue ce que notre seul désir de plaire à Sa Majesté nous eût fait accomplir de nous-mêmes plus agréablement pour les peuples et pour nous. Nous ne savons pas encore proprement ce que vous venez exiger de nos fonctions ; mais, comme elles sont de voir et de connaître avant que de commander et de défendre, nous croyons que si notre soumission nous porte à fermer présentement les yeux et à ordonner sans savoir ce que nous ordonnerons, Sa Majesté voudra bien que nous les ouvrions dans la suite, et que, si nous remarquons des inconvénients que notre précipitation à lui obéir nous empêche à cette heure de connaître, nous nous adressions à elle sans autre mouvement que celui que nous pourront inspirer l'amour de son service et l'obligation de nos charges. » On retrouve dans ces paroles le langage du lit de justice de 1658 ; mais déjà la puissance des Parlements n'était plus à craindre et de nouvelles rigueurs eussent été sans but, car cette fois celui de Bourgogne n'eût plus osé se démentir.

Enfin, dans la réponse préparée pour le même intendant quand cet officier vint au Palais le 26 mai 1671, après les luttes si longues qu'il avait soutenues contre le Parlement, la fierté de Brulart ne se démentit pas davantage. « Les grands Corps comme celui-ci, lui dit ce magistrat, ont cet avantage que, marchant toujours d'un pas ferme et égal et agissant dans toutes les affaires particulières et publiques par des mouvements justes et réguliers, on revient tôt ou tard à eux par une manière de nécessité ou par l'estime que naturellement on a pour leurs sentiments ou pour leur conduite; et ces retours, tout nécessaires qu'ils soient, ne laissent pas que d'être très honnêtes et bien reçus, particulièrement lorsqu'on est convaincu qu'ils sont sincères et qu'ils viennent d'un esprit de règle, de justice et de sagesse qui plaît à tous. C'est avec joie que nous apprenons la bonne disposition où vous êtes. Nous croyons que votre cœur nous parle par votre bouche et que vos sentiments d'à présent vous tiendront lieu de maximes. De notre part, nous demeurons fermes dans les nôtres, dont la première et plus essentielle partie consiste à servir et à faire obéir le Roi selon les règles qu'il nous a données. » Ces paroles si hautaines, et dont chaque mot semblait accabler un ennemi vaincu, ne furent pas prononcées, Bouchu, qui s'y attendait, étant entré au Parlement sans mot dire.

Deux ans plus tard, on retrouve le même langage dans une réponse que Brulart fait au même intendant venu le 3 mai 1673 au Parlement avec le comte d'Amanzé, pour y présenter plusieurs édits : « Messieurs, personne ne peut être aussi attaché aux volontés du Roi ni à sa véritable grandeur que ceux qui tiennent et conservent tout ce qu'ils ont de plus grand et de plus précieux par les seuls effets de sa bonté et de sa puissance. C'est pour cela que les Parlements, ces grands Corps si nécessaires et si utiles à l'Etat, ces naturelles et vivantes images de la majesté de son Prince, ont toujours le plus contribué au maintien de son autorité et employé leurs fonctions bienfaisantes à l'établir même jusque dans les cœurs ; de sorte qu'il est vrai de dire qu'ils ont toujours été des médiateurs agréables et accrédités pour le bien de l'Etat et la grandeur des rois ; qu'il a toujours été de leur devoir de représenter au Souverain avec les derniers respects les besoins de ses peuples ; qu'ils les ont souvent maintenus par ce secours dans son obéissance, et que l'ordre et la raison dont ils ont l'exercice continuel et public sont les innocents et seuls moyens qu'il leur a confiés et dont ils se servent pour soumettre les esprits et les convaincre de la justice de ses volontés. C'est par cette raison qu'il nous a toujours adressé ses édits. Mais comment persuader les autres à l'avenir et les convaincre, quand ils sauront qu'ils ne nous est plus permis de supplier, pas même de raisonner avant que d'ordonner ?

Que deviendront les sages précautions de toutes les ordonnances de nos rois, qui ont cru qu'il était autant de leur autorité que de leur justice d'écouter avant toutes choses les sentiments fidèles et incorruptibles de leurs Cours sur les inconvénients? Et que ne peut-il pas arriver de ce changement de formes qui ne permet pas seulement de les prévenir par de simples et respectueuses remontrances? Nous croyons bien que, tant que le royaume sera conduit par l'heureux et vaste génie de notre monarque, tout y sera grand, paisible et glorieux, et que toutes ses admirables qualités personnelles, qui forment sa principale grandeur, feront aussi l'affermissement comme la gloire de son règne. Mais tous les Césars n'ont pas été des Augustes; l'Etat demeure et sa sûreté ne peut être plus grande que dans la stabilité et la vigueur de ses anciennes lois, dont la longue exécution l'a affermi et rendu florissant depuis tant de siècles et a toujours concilié si fortement à ses rois l'amour de leurs peuples. Nous sommes plus soumis qu'aucune Compagnie à tout ce que peut désirer Sa Majesté; nous reconnaissons même qu'il est juste que, pour soutenir l'éclat de sa gloire, on fasse des choses extraordinaires. Mais pourquoi nous ôter le mérite de les faire agréablement? pourquoi en faire une loi expresse et préférer éternellement à des volontés si bien intentionnées la voix si peu persuasive et si délicate *du très exprès commandement?* »

Tel fut l'homme dont il nous a été donné, en le laissant parler lui-même, de retracer plus fidèlement l'image. Nommé Premier Président de ce Parlement à l'âge de trente ans, à la place de Louis Laisné de La Marguerie

Brulart fut le troisième de son nom qui, par descendance directe, avait eu l'honneur de présider cette Compagnie. Son discours de réception, qui est resté, a prouvé depuis s'il accomplit par sa conduite, pendant les trente-cinq années qu'il la gouverna, la promesse qu'il avait faite en recevant les marques de sa dignité. « Je l'accepte avec la pensée d'un homme attaché à ses intérêts ; je ne distinguerai point ses avantages d'avec les miens particuliers ; sa gloire sera la mienne, et le maintien de son autorité la mesure et la récompense de mes travaux (1). »

---

(1) Né à Dijon le 10 février 1627, reçu Premier Président le 17 avril 1657, mort en la même ville le 30 août 1692, après une profession de foi que rapporte le père Cénamy, son panégyriste, Brulart fut inhumé aux Cordeliers, en la chapelle de sa famille, au milieu d'un deuil public. « Il avait, dit Papillon, des traits nobles et accentués, un regard pénétrant, le geste digne et un air de grandeur et de majesté qui achevait de charmer son auditoire. » Son portrait existe (peinture remarquable sans nom d'auteur) dans une des salles de l'hôtel de ville de Dijon.

Marié deux fois, la première avec la fille de Cazet de Vautorte, maître des requêtes, et la deuxième à Paris, le 28 janvier 1669, avec Mlle de Bouthillier, fille d'un ministre secrétaire d'Etat, celle-ci remariée à César-Auguste duc de Choiseul, dont elle devint la seconde femme, ce grand magistrat ne laissa que des filles, dont l'aînée religieuse à la Visitation de Dijon, une autre mariée à Gaspard de Vichy, seigneur de Champrond, et la dernière à Louis-Joseph de Béthune, seigneur de Charost, et remariée à Charles-Philippe d'Albert, duc de Luynes. Ses fils moururent par accident ou furent tués dans les armées ; l'un d'eux servit comme chevalier de Malte. Parent aux Tavannes, Bouhier et Berbisey, il était de la famille des Brulart de Sillery, noble de race, originaire d'Anotz, en Artois, où l'on comptait un grand chambellan, un chancelier, des ambassadeurs et ministres d'Etat, et autres personnages célèbres, dont les services sont écrits dans l'histoire.

Chose étrange, la mémoire seule de Brulart était restée célèbre en Bourgogne, quand ses cendres à peine refroidies, et ses contemporains

Nicolas Brulart fut un des hommes les plus éminents de la magistrature au XVII⁰ siècle. Il eut la vigueur de Molé, sinon son désintéressement, la franchise de Harlay, moins son penchant pour l'épigramme, et les vues profondes de Lhóspital comprimées par les préjugés de sa caste et de son temps. Ses harangues, dont nous avons fait connaître les principaux fragments, portent la trempe de son génie et de son inébranlable volonté. Jurisconsulte habile, politique élevé, orateur sublime, il porta à un degré suprême le respect de sa profession, et ce n'est pas sans une admiration profonde qu'à la distance

morts, tout était presque oublié de ce qui avait fait sa gloire. L'abbé Papillon, infatigable biographe qui avait vécu de son temps, ne songe pas même à remplir ce devoir alors si facile. Cet auteur se contente de dire dans sa *Bibliothèque des auteurs de Bourgogne* : « On a peu de chose de ce grand magistrat; » puis il cite de lui trois phrases mal choisies, recueillies par le *Mercure galant* dans la harangue sur la *Vérité* qu'il prononça à l'ouverture du Parlement de la Saint-Martin 1678 ; et quatre lettres insignifiantes écrites à Bussy-Rabutin et imprimées dans la Correspondance de ce dernier. Le président Bouhier lui-même, devenu possesseur de ces belles harangues qui suffiraient à l'honneur d'une Compagnie, les garde ignorées et enfouies au milieu de ses deux mille manuscrits et ne dit mot de ce personnage dans les nombreux ouvrages qu'il a laissés. Restaient, pour égarer l'opinion, les jugements qu'en avaient portés ses contemporains Pierre Legouz, neveu de Brulart, dans ses *Essais sur les mœurs*, et Claude Malteste, dans ses écrits sur la Fronde, où la passion l'emporte avec les préjugés de Corps.

Outre sa Correspondance, dont nous avons publié deux volumes, Brulart avait laissé un recueil dans lequel se trouvait réuni de sa main tout ce que les Registres du Parlement contenaient de curieux et d'utile en matière de discipline, de police, d'honneurs, de cérémonies, de priviléges, d'arrêts, d'édits et de déclarations; ouvrage, dit le Père Cénamy dans son oraison funèbre, dont Colbert voulut avoir une copie, qu'on peut voir encore de nos jours à Paris, à la Bibliothèque impériale.

qui nous en sépare, nous contemplons encore cette grande figure.

Compatriote de Bossuet dont il fut, de plus, le condisciple (1), il appartient à l'école de cet orateur. A l'exemple de son émule, sa pensée l'emporte toujours sur l'expression, sans exclure ces délicatesses de style que plus rarement on rencontre chez ce dernier; montrant, comme l'illustre évêque de Meaux, de grandes idées, des traits rapides, la vérité forte et majestueuse. Pour qui voudra comparer ces deux hommes, on y verra, ainsi que nous l'avons éprouvé nous-même, des similitudes frappantes de force et d'entraînement ; et c'est à côté de ces ressemblances le plus véridique éloge que l'on puisse faire du plus grand magistrat qui ait illustré ce Parlement, que de lui appliquer ce texte de sa première mercuriale, image de son intrépidité dans les épreuves et dans la conduite : *Dedi te in civitatem munitam, et in columnam ferream, et in murum œneum : probatorem dedi te populo meo robustum.* « Je vous ai placé plein de force à la tête de mon peuple, comme une colonne de fer et un mur d'airain, aussi inexpugnable qu'une place de guerre parfaitement munie. » (Tiré d'un chapitre d'Isaïe.)

Mais, de même que tous les hommes supérieurs,

---

(1) Tous deux nés à Dijon, sur la place Saint-Jean, à un mois et demi près, en 1627 (voir les Actes de Baptême), de deux familles parlementaires, et envoyés à la même école et dans la même classe (collége des Godrans, tenu par les Jésuites). Nous ignorons quels furent les succès de Brulart dans ses études. On sait seulement que ceux du célèbre évêque de Meaux furent très ordinaires, et que ce ne fut qu'en rhétorique qu'il commença à fixer l'attention. (M. Floquet, *Etudes sur Bossuet.*)

Brulart eut ses détracteurs, et il en rencontra jusque dans sa Compagnie. Son inflexibilité de caractère l'avait rendu, dit-on, cruel jusqu'à lui faire regretter, ainsi qu'il en aurait écrit à Colbert, l'insuffisance de la question pour tirer la vérité des accusés, et la fausse charité des confesseurs, qui ne forçaient point les condamnés à déclarer leurs complices. Reproches alors peu sérieux, qu'il ne faudrait pas peser avec nos idées modernes sur la répression des crimes, aussi adoucie aujourd'hui qu'elle fut impitoyable avec les mœurs de ce temps. On a dit encore qu'il était si redouté dans son ressort, que tout plaideur qui l'avait pour adversaire ne trouvait pas d'avocat pour le défendre. Des plaintes en étaient parvenues jusqu'au Roi, qui fit raison de ces calomnies que la haine avait inventées. On lui a reproché, enfin, de l'âpreté dans son commerce et jusqu'envers ses plus proches parents. Ce qui est plus vrai que ce portrait tracé par des ennemis ou par des rivaux de sa gloire, c'est qu'il porta vis-à-vis des autres la sévérité dont il usait envers lui-même, et qu'il préféra toujours son devoir à ses affections. S'il fut rigide jusqu'à la dureté, il fit au rang qu'il occupait jusqu'au sacrifice de son repos. A peine venait-il de perdre un fils, glorieux héritier de son nom, que le cœur brisé de douleur il n'abandonnait pas son siége au Parlement pour donner à des chagrins domestiques la moindre part du temps qu'il avait voué aux affaires (1). Ceci se passait en 1668, à l'époque où la

---

(1) Voir la harangue qu'il prononça à l'ouverture des Etats de la province le 4 janvier 1668, et dans laquelle Brulart disait, faisant allusion à sa douleur : « Plus je remarque de faste et de pompe dans cette

célèbre ordonnance civile de 1667 venait d'être portée au Parlement par l'intendant et le lieutenant général à Dijon. L'enregistrement qui en fut fait sous cet appareil trouva, pour le combattre, le même homme qui avait lutté contre les édits de 1658 ; mais cette fois ce ne fut que pour protester contre la forme injurieuse sous laquelle on voulait imposer à ce corps une législation pleine de sagesse.

La même vigueur de conduite se fait remarquer de sa part contre l'enregistrement d'autres édits présentés par ordre de Colbert ; et parmi ces édits ceux sur les francs-fiefs, les concessions de noblesse, les épices et vacations, et surtout le droit de remontrances réduit à des délais insuffisants, qui blessaient profondément les priviléges de la Compagnie. Les paroles que Brulart prononça le jour de l'enregistrement de ces actes sont pleines de fierté et d'amertume. L'éloge obligé du Roi disparaît pour la première fois de sa bouche devant celui des Parlements, « désormais déshérités, dit-il, du droit de représenter au Souverain les besoins de ses peuples qu'ils ont souvent maintenus par ce secours dans l'obéissance, tandis que l'ordre et la raison, dont ils ont l'exercice continuel et public, sont les premiers et sûrs moyens qu'il leur a confiés, et dont ils se servent pour soumettre les esprits et les convaincre de la justice de ses volontés. »

---

cérémonie, plus ma charge me paraît pénible et pesante, dans ce lieu où il faut que je quitte aujourd'hui ma sollicitude, que je rompe mon silence et que je suspende dans mon cœur les tristes devoirs et le reste des efforts de la nature, pour m'appliquer, diverti comme je le suis, à cet important devoir. »

Il faut remonter à l'antiquité pour trouver des caractères aussi forts. Ni avant la Ligue, ni pendant la Fronde, les actes de la Compagnie, qu'il se fût agi d'entreprendre ou de résister, n'avaient été soutenus avec tant d'éclat. Mais la fortune voulut que Brulart se trouvât à la tête du Parlement, quand déjà, les grandes luttes politiques écartées, les querelles avec la Cour n'étaient plus que des disputes d'argent dont le bien public, à défaut de sincérité, devint le plus souvent le prétexte. Cette résistance suffit néanmoins pour faire briller son génie au moment où le pouvoir des Parlements marchait à sa ruine, et quand les intérêts froissés par les réformes de Colbert allaient, sous de vains motifs, implorer l'assistance de ces Compagnies, essayant, sans succès à leur tour, de ressaisir leur prépondérance perdue. Après lui, Pierre Bouchu, Premier Président de la Chambre des Comptes, ne devait succéder à une aussi haute dignité, dans un Corps plus considérable, que le 4 août 1693, c'est-à-dire presque un an après la mort de Brulart, comme s'il eût fallu donner au Parlement le temps de porter un si grand deuil après la perte la moins réparable qu'il eût jamais ressentie. Mais, avant de parler de ce changement qui modifia les habitudes de ce Corps, l'histoire du Parlement de Bourgogne doit rassembler d'autres actes qui s'étaient accomplis sous la présidence du même magistrat.

Le 16 février 1659, peu de mois après le lit de justice de 1658, ce Parlement enregistrait, au rapport du conseiller Bernard de Trouhans, les lettres de déclaration du Roi qui confirmaient l'édit de Nantes rendu en faveur des protestants; édit qu'autrefois il n'avait enregistré que de force et après d'interminables lenteurs. Il n'en fut pas de même de la bulle fulminée par le pape contre Jansénius. Par un arrêt rendu le 29 juillet 1656, au rapport du conseiller Berbis, il avait ordonné que les lettres patentes accordées pour l'enregistrement de cette bulle seraient communiquées aux gens du Roi. C'était l'ajourner indéfiniment, par suite de l'interdiction dont ces officiers étaient alors frappés, sous prétexte qu'ils avaient attaqué l'autorité de leur Compagnie. Le rapport de l'affaire sommeilla deux années et ne fut fait que longtemps après que le procureur général et les avocats généraux avaient été rétablis dans leurs fonctions, les substituts ayant refusé de conclure à leur défaut. Dans un acte si attendu, mais qui ne fut qu'une déception, les commissaires avaient conclu à un examen nouveau par les syndics, assistés cette fois des trois plus anciens conseillers, ce que la Compagnie n'hésita pas à ordonner. Cette commission nouvelle, résolue d'avance à proclamer l'orthodoxie des livres en condamnant le Pape lui-même, favorisait ainsi, à défaut d'autre courage, les nouvelles doctrines par ses lenteurs. Louis XIV ne s'y était pas mépris, et il n'avait rien fallu moins que les ordres donnés par lui au sortir du lit de justice de 1658, et renouvelés depuis en son nom, pour que le Parlement cédât, ce qu'il ne fit d'ailleurs que longtemps après. Le 23 novembre 1668 seulement, l'enregistrement de ces bulles fut prononcé, « sans préjudice, portait l'arrêt, des priviléges de l'Eglise gallicane (1),

---

(1) La déclaration du Roi, du 10 août 1662, portant approbation des six propositions de la Sorbonne touchant les libertés de l'Eglise

ni que les évêques ou autres ecclésiastiques pussent en aucun cas s'attribuer d'autres juridictions que celles qui leur étaient attribuées par les ordonnances du Royaume. » Une condescendance si tardive, qui semblait terminer la lutte, n'était pas encore sincère; car nous retrouvons au XVIII° siècle la même Compagnie forcée, après de nombreux refus, d'enregistrer des lettres du Pape contre Jansénius, sur l'ordre du Roi apporté au Palais par Tavannes chargé de l'y contraindre (1).

Il y avait dans ces résistances d'un Corps quelque raison de plus que son habitude de n'obéir jamais sans murmure. Ce motif fut son désir de favoriser sous main un schisme intérieur qui avait, depuis la Fronde, prêté aux oppositions un appui peu dissimulé. Les nouvelles doctrines sur la prédestination et sur la grâce, qui, à force de perfection, révoltaient la faiblesse humaine et rendaient la religion impraticable, avaient pénétré fort avant dans le Parlement si enclin aux nouveautés. Déjà elles avaient fait de nombreux adeptes dans la société de cette époque, composée d'esprits sensuels qui ne demandaient que ce prétexte à leur indifférence pour des pratiques incommodes. De cette erreur formée de scrupules exagérés à celle que lui substitua depuis la philosophie incrédule du XVIII° siècle, la distance ne fut pas si grande qu'on pourrait le supposer. Car, soit qu'elles ralentissent les tendances de l'homme vers Dieu, soit qu'elles les pressent outre mesure, toutes

---

gallicane, avait été enregistrée dans cet intervalle sans opposition ni retard. (Arrêt du 19 novembre 1663. — Voir aux Registres.)
(1) 29 juin 1730.

les faussetés sont sœurs et s'appartiennent. Mais celle-là eut sur l'autre l'avantage de déguiser son but sous des vertus surnaturelles qui pouvaient tromper la vertu elle-même et qui la trompa.

Tel fut, considéré dans sa nature, le caractère particulier du jansénisme, sorte de stoïcisme chrétien, qui, à force de respect pour les mystères, en amena la négation par l'indifférence, comme il avait créé l'indifférence par la crainte de les profaner. C'est ce que fit le Parlement tout le premier, de même qu'il accepta plus tard les erreurs du quiétisme, qui, après avoir excité ailleurs, comme l'avait fait le jansénisme lui-même, les transports de la multitude, amena dans Dijon le *quillotisme*, secte nouvelle contre laquelle il fallut enfin sévir, à cause des abominables folies dont cette ville fut le théâtre.

Un prêtre habitué de Saint-Pierre de Dijon, nommé Quillot (1), imbu des erreurs de Molinos, avait donné son nom à ces scandales fondés sur la séparation de l'esprit et du corps, et qui permettaient à chacun de suivre *sans péché* ses penchants charnels. Des prêtres indignes venaient, à son exemple, de prêcher ce divorce de l'âme jusque dans leurs fonctions, en faisant de la confession le plus détestable abus par un commerce incestueux avec leurs pénitentes. En dehors comme au dedans des églises on parlait de l'amour mystique, des

---

(1) Fils d'un menuisier d'Arnay-le-Duc, lieu de sa naissance, il vint faire ses études à Dijon, où il fut chargé de l'éducation des enfants de Joly de Chintrey, conseiller au Parlement, et entra dans les ordres, après avoir essayé de se faire chartreux.

désordres et des jalousies du confessionnal, comme à une autre époque on parlera de ces intrigues galantes qui signalèrent en France une partie du XVIII® siècle. Les femmes des magistrats les plus estimés, ces magistrats eux-mêmes et des prêtres vénérables ne furent point épargnés dans cette nomenclature honteuse; circonstance qui peut expliquer pour quelle cause le Parlement hésita à ordonner des poursuites où l'honneur de ses membres se trouvait mêlé.

Lors d'un premier voyage fait à Dijon en 1686, par la fameuse dame Guyon, accompagnée du père Lacombe, de l'ordre des Barnabites, son directeur, celui-ci avait, à l'insu de cette femme, donné cours à de telles infamies déduites d'une morale d'extase ou de passivité pleine d'écueils. De proche en proche, c'en eût été fait du catholicisme en Bourgogne si, par des exemples de vigueur, les plus saintes pratiques de la vertu n'eussent été préservées des soupçons auxquels on prétendait les immoler. Le 13 août 1698, Philibert Robert, curé de Seurre, contumace, l'un des apôtres de ces scandales, et près duquel la dame Guyon avait passé quinze jours en 1691, dans un second voyage fait en cette province (1), était condamné par le Parlement à être brûlé vif pour avoir séduit plusieurs de ses pénitentes au nom de l'amour mystique et commis l'inceste avec elles (2). Le

---

(1) Robert la régala magnifiquement, lui tint fidèle compagnie et loua beaucoup son esprit et ses ouvrages, jusqu'à la préférer à tous les évêques, surtout à ceux qui l'avaient condamnée.

(2) Voici cet arrêt, transcrit sur la minute : « La Cour a déclaré et déclare Philibert Robert dûment atteint et convaincu d'abus et de pro-

27 août 1700, un autre arrêt condamna pour le même crime Rollet, curé de Pagny, à être pendu, et Peultier, curé de Saint-Vincent de Chalon, d'autres prêtres et jusqu'à des femmes à des peines infamantes, comme convaincus du quiétisme, auquel se rapportaient ces désordres.

Rollet, le second d'entre eux, contumace, eut le courage de se représenter, et vit sa condamnation adoucie par un Corps qui crut, en mitigeant les peines, en affaiblir le scandale. L'évêque de Langres, encouragé par cet exemple, alla presque jusqu'à nier tous les faits dans un mandement (1) qui était un démenti donné à ses propres monitoires publiés à Dijon dans toutes les paroisses (2).

fanation des sacrements de Pénitence et d'Eucharistie, d'avoir tenu des discours impies et scandaleux, enseigné une doctrine détestable et condamnée, contraire à la foi et à la pureté de la religion, de séduction de plusieurs de ses paroissiennes et pénitentes en leur enseignant ladite doctrine, et d'incestes avec aucunes d'elles ; et pour réparation a condamné et condamne ledit Robert à être, par l'exécuteur de la haute justice, conduit, en chemise, la corde au col, tête et pieds nus, au devant de la principale porte de l'église Notre-Dame de cette ville, et là, à genoux, tenant en main une torche du poids de deux livres, faire amende honorable, déclarer à haute et intelligible voix, que méchamment, scandaleusement et avec impiété il a enseigné ladite doctrine, fait et commis lesdits crimes, et en demande pardon à Dieu, au Roi, et à justice ; à être conduit ensuite par ledit exécuteur au devant de la principale porte de l'église paroissiale de Seurre et y faire une pareille amende honorable, et à l'instant mené en la place publique de ladite ville, attaché à un poteau et brûlé vif, son corps réduit en cendres et icelles jetées au vent... » (Registres de la Tournelle.)

(1) Du 21 avril 1703.

(2) Nous donnons *in extenso*, pour servir à l'histoire des hérésies, l'acte dont il s'agit, qui fut rendu et publié à Dijon au mois de décembre 1693 :

« *Officialis Lingonensis*, etc., *omnibus et singulis presbyteris nobis subditis salutem.* De la part de M. le procureur général au Parlement de

La nouvelle peine prononcée contre ce prêtre le 19 décembre 1704 mérite, comme étude de la législation du temps, d'être ici rappelée. Le Parlement le déclara, pour avoir abusé de ses fonctions, incapable de posséder des bénéfices, et ordonna que dans un mois il serait tenu de s'en dessaisir, à défaut de quoi ils seraient de droit déclarés vacants. Il décida de plus que le condamné se retirerait pendant trois ans dans une maison régulière désignée par l'archevêque de Besançon, pendant lequel temps il jeûnerait les mercredi, vendredi et samedi de chaque semaine et le samedi au pain et à l'eau, et réciterait tous les jours, à genoux, les sept psaumes de la pénitence pour réparation de ses erreurs. La même

Dijon, qui, suivant la permission accordée par notre grand-vicaire, se plaint à Dieu et à notre Mère sainte Église que plusieurs personnes de différents états et sexes, et principalement certains directeurs de conscience, ont suivi, pratiqué, conseillé, enseigné et fait pratiquer, tant à leurs pénitentes qu'à d'autres personnes, des erreurs nouvelles fondées sur des maximes qui tendent à la destruction entière de la religion chrétienne, leur insinuant que l'oraison mentale, qu'ils appellent autrement l'oraison de quiétude, l'oraison de pure foi, l'oraison de simple regard, l'oraison d'anéantissement, était le seul et l'unique exercice de piété auquel on devait s'attacher ; que cette oraison ne consistait qu'à se mettre en présence de Dieu comme immobile, sans penser à rien, sans rien dire, sans rien faire, sans s'arrêter aux bonnes pensées et sans s'embarrasser des mauvaises ; que dans cet état l'âme ne doit plus faire de réflexion vers ce qui se passe au dedans ni au dehors, parce que, quand on l'a une fois abandonnée à Dieu, il la conduit par lui-même, sans qu'on doive plus s'en mettre en peine ; qu'il faut laisser agir Dieu seul, de crainte que voulant agir avec lui, on n'empêche son opération ; que par conséquent il faut se tenir toujours dans un état passif ; que ceux qui savent pratiquer l'oraison mentale ne doivent rien demander à Dieu, parce que c'est être intéressé ; qu'il faut attendre que Dieu inspire et donne, connaissant mieux les besoins de la créature qu'elle-même ; que les personnes d'oraison doivent rejeter les prières vocales, les heures, les chapelets

peine fut prononcée contre Jacques Bunée, curé de Talant, par un autre arrêt du 15 octobre 1704. Quant à Quillot, homme fort éloquent, et dont la jalousie qu'il excitait aurait fait, suivant ses partisans, exagérer les

comme des choses inutiles qui empêchent et qui retardent l'âme d'arriver au terme qui est l'union avec Dieu, les prières vocales ne servant que pour le public ;

« Que, lorsqu'on est arrivé à cet état d'oraison qui est l'état de perfection, on devient impeccable ; en telle sorte qu'il peut arriver que des personnes de différents sexes pourraient avoir ensemble des commerces illicites sans péché ; que ces sortes de personnes, qu'on qualifie du nom de *parfaits*, peuvent se dispenser de jeûne pendant les vigiles, les quatre-temps et le carême ; qu'elles peuvent même manger de la viande en leur particulier tous les jours défendus, pourvu que ce soit en secret et qu'elles gardent les apparences devant le monde, pour éviter le scandale ; qu'elles n'ont besoin d'autre préparation pour la confession et pour la communion que de se mettre en la présence de Dieu, pouvant se communier tous les jours, sans être obligées de se confesser qu'une fois ou deux l'année et à Pâques pour éviter le scandale ; que non seulement elles peuvent recevoir la communion après avoir bu et mangé, mais même certains directeurs ont donné la liberté à certaines pénitentes de se communier elles-mêmes à toute heure du jour ou de la nuit ; auquel effet lesdits directeurs donnaient aux uns et offraient aux autres des hosties consacrées dans de petites boîtes d'argent faites exprès, plusieurs orfèvres en ayant depuis peu fabriqué un grand nombre qui ont été distribuées par les directeurs ou autres ; qu'afin de répandre et d'entretenir les âmes trop crédules dans ces pernicieuses erreurs, on a distribué, donné gratuitement ou fait acheter des livres qui les contenaient par des personnes interposées et par des voies secrètes ;

« Que ces mauvais directeurs, leurs pénitentes, sectateurs et adhérents ont eu des relations particulières avec certaines personnes infestées de la même doctrine et se sont adressés réciproquement leurs dévotes ; qu'on a composé et distribué différents libelles et manuscrits, envoyé plusieurs lettres pour justifier et soutenir les maximes des mauvais directeurs, sans avoir voulu les brûler, quoiqu'on leur eût conseillé de le faire ; que ces directeurs corrompus, après avoir jeté dans l'illusion et trompé quelques-unes de leurs pénitentes sous le voile de la piété, ont employé les impressions des fausses maximes qu'ils leur avaient inspirées pour les engager dans les voies de la per-

fautes, il avait été, quoique absent, renvoyé, le 10 avril 1701, *à pur et à plein* de l'accusation portée contre lui. Cet acte inattendu envers le chef d'une abominable hérésie explique la faveur qui protégea ses fauteurs et

dition ; plusieurs ayant succombé et ayant été séduites en leur persuadant que les personnes d'oraison ont acquis une liberté et une simplicité qui leur permettent toutes sortes de familiarités avec leur directeur, auquel seul elles doivent s'attacher, pouvant devenir lui-même, par l'état d'oraison, insensible à tous les mouvements de la chair ; qu'elles doivent garder un secret inviolable de tout ce qui se passe entre elles et leurs directeurs, sans s'inquiéter des bruits et des murmures de ceux qui se scandalisent de leurs fréquentations ; que, pour mieux cacher leur mauvais commerce et pour le continuer plus facilement, lesdits directeurs conseillent à leurs pénitentes de ne point s'engager dans le mariage ni dans la religion ; quelques-unes mêmes habitant séparément de leurs maris par ces conseils ; quelques-unes d'entre elles étant devenues enceintes et s'étant absentées par les médiations et les conseils desdits directeurs pendant plusieurs mois, sous prétexte de pieuses retraites ou de quelques pèlerinages à l'insu de leurs parents, les unes allant de la ville de Dijon en celles de Beaune, Seurre et Chalon ; d'autres venant desdites villes en celle de Dijon, conduites par des femmes de la même secte ; toutes les pénitentes desdits directeurs s'entr'aidant les unes les autres et concourant mutuellement à recéler leur grossesse, quelquefois à la suppression de part et d'autres fois à des expositions d'enfants.

« Enfin, les sectateurs d'une aussi détestable doctrine, alarmés de la juste condamnation prononcée par l'arrêt du 13 août dernier contre un de leurs adhérents, et étant avertis qu'on devait informer contre tous ceux qui en sont infestés et qui ont été complices de ces crimes, s'efforcent journellement de suborner ceux et celles qui peuvent découvrir leurs erreurs et leurs mauvaises pratiques, menaçant les uns de les perdre de réputation, insinuant aux autres que, quelques monitoires qu'on publie, ils ne seront pas obligés d'aller en révélation et qu'ils se chargent du péché. Et généralement ceux et celles qui de tout ce que dessus, circonstances et dépendances, ont vu, su, connu, entendu, ouï dire ou aperçu en quelque manière que ce soit, qu'ils aient à le déclarer et révéler dans six jours après la troisième publication ; autrement nous userons contre eux des censures ecclésiastiques, selon la forme du droit, même d'excommunication. Donné à Dijon le 11 décembre 1698. Signé : FILZJAN. »

(Voir à la bibliothèque de la ville de Dijon, manuscrits).

adhérents. Ce fut à une telle décision, qui fit beaucoup de bruit à Dijon (1) après l'éclat qu'avait occasionné la secte à laquelle on avait attaché le nom de Quillot, qu'il faut attribuer le mandement dont nous avons parlé, lequel, à force de faiblesse, détourna l'opinion du retour qu'on s'en était promis.

Restait la sentence de condamnation de l'official Filzjean, qui, toute remplie elle-même d'indulgence, formait, avec l'arrêt du Parlement, un contraste que l'évêque de Langres eut hâte de faire cesser. Qu'arriva-t-il? Une

---

(1) Si l'on en croit les documents contemporains de cette époque, cet arrêt avait été vivement disputé. Opinèrent pour la mort par le supplice du feu : Etienne Malteste, rapporteur, et dont le rapport, œuvre capitale, avait duré deux séances, Jehannin, Pierre de Brosses, Bretagne et le président Bouchu, qu'il ne faut pas confondre avec celui du même nom au temps de la Fronde ; pour les galères perpétuelles, Grosbois et Rigoley puîné; Legouz l'aîné et Bernard de Trouhans, pour un bannissement perpétuel avec amende honorable *cum figuris*; et pour la mise *hors de cour* sans aucune peine : Bouhier de Savigny, les présidents Bernard, Bouhier de Versaillieux, de Berbisey et de Courtivron, ainsi que les conseillers de Ragy, Bouhier de Lantenay, de Périgny, Fyot de La Marche et de Mucie. Ce partage d'opinions extrêmes touchant un accusé *contumace* était, ainsi que l'avait fait sagement observer le Premier Président, « un acte dont on n'avait jamais vu d'exemple au Palais. » Aussi un des magistrats qui avaient fait passer l'acquittement sans même la formule restrictive du *renvoi jusqu'à rappel* n'avait-il pas craint de lui donner, en plaisantant, le nom de *complot*. Une décision si peu attendue émut tellement l'opinion, que le chef du Parlement en rendit compte au chancelier Pontchartrain, qui lui répondit : « Je trouve aussi bien que vous beaucoup d'indulgence dans le jugement que votre Compagnie a rendu contre ceux qui étaient accusés des erreurs du quiétisme. Il est fâcheux que dans une affaire aussi importante pour le public, le parti le plus sévère n'ait pas été pris par un assez grand nombre de juges, pour former un arrêt capable d'arrêter les causes de ces désordres. Mais c'est une chose jugée, et par conséquent sans remède, et tout ce qu'on peut faire est de veiller de telle manière que le même abus n'arrive plus à l'avenir. » (Du 1er septembre 1700, archives de l'Empire.)

ordonnance de renvoi rendue par le même official consomma par une manœuvre indigne cette complaisance d'un inférieur envers son chef, en cela sans autorité sur sa conscience. Celui-ci devait, selon l'usage, prononcer avec l'assistance de deux avocats de son choix. L'un d'eux, du nom de Boillot, qui avait consulté en faveur de Quillot, fut appelé et ne manqua par de l'acquitter, tandis que l'autre, Jacques Varenne, déjà célèbre au Palais, protesta, mais en vain, contre une sentence concertée d'avance et qui, pour lui, n'avait été qu'un piége.

Ainsi absous des imputations les plus graves, les partisans de ce prêtre publièrent qu'on ne pouvait lui reprocher que des torts de conduite, et la justice, ainsi qu'on vient de le voir, avait confirmé ce témoignage. Directeur couru et à la mode, le nombre et la qualité des personnes qui s'étaient adressées à lui seraient devenus, suivant eux, la cause pour laquelle il aurait été dénoncé comme atteint des erreurs du quiétisme. On avouait, toutefois, qu'il avait pris goût pour les nouveaux mystiques et reçu dans sa demeure, à l'exemple de Robert, la dame Guyon, dont il avait répandu les ouvrages. Ce dernier acte était, ajoutait-on, sa seule erreur; mais il l'avait partagée avec beaucoup d'autres, et rien ne prouvait qu'il y eût persévéré après les censures prononcées par le Saint-Siége, qui signalaient les hérésies dont ces livres étaient remplis et sur lesquels, en les jugeant, la piété elle-même pouvait s'égarer.

La première sentence, rendue par l'official, qui l'avait, au milieu des haines déchaînées contre lui, condamné, le 17 juillet 1700, à trois ans de prison dans un monastère, ne l'avait reconnu en effet coupable que de ces fautes et d'avoir eu avec Robert des liaisons suspectes. La seconde, prononcée par le Parlement sur la révision demandée de son procès, s'était donc montrée plus indulgente que ne l'avait été à son égard celle d'un tribunal ecclésiastique. Le célèbre avocat Melenet publia en sa faveur et sous la forme didactique une requête habile, œuvre de complaisance, qu'on peut consulter comme exemple de ce que peut le talent aux prises avec la vérité. La sentence d'absolution qui mit fin à ces longues procédures autorisa Quillot à reprendre son ministère, sauf la confession, qui lui fut interdite, ou dont il se dispensa par prudence. Ainsi se termina ce grand procès dans lequel, à côté de désordres imputés à d'autres membres du clergé, la calomnie avait aussi joué son rôle et où la justice souveraine resta soupçonnée de connivence.

L'affaire du *quillotisme* avait fait grand bruit en Bourgogne, et surtout dans sa capitale, où le scandale avait été plus éclatant. Le peuple, dans sa colère, en fit remonter la responsabilité jusqu'à la dame Guyon et à son directeur, dont la présence à Dijon avait coïncidé avec l'incendie qui consuma l'église Saint-Etienne le jour où ce dernier avait été admis à prêcher à la Visitation, ce qui fut publié partout comme une vengeance du ciel. Près de sept cents témoins furent entendus après que les juges d'Eglise, déjà saisis, avaient fait de vains efforts pour arracher les poursuites au Parlement, sous prétexte d'empiétement de sa part. Ces enquêtes, que nous avons parcourues, sont loin de justifier Quillot des désordres les plus graves commis par lui dans la confession et dont, malgré l'arrêt rendu en sa faveur, sa mémoire est restée souillée (1).

A défaut de l'*ordinaire*, les Jésuites, tout-puissants alors, avaient donné les premiers l'alarme en faisant cause commune avec les Oratoriens, leurs antagonistes, réunis cette fois à eux pour sauver le sacerdoce en péril. Ce fut ainsi que le Roi, informé de ces scandales, envoya au Premier Président, par le garde des sceaux Châteauneuf, l'ordre de les faire cesser. Le Père de La Chaise, sur la demande du provincial de Dijon, avait accompli cette mission en Cour, où il lui devint facile de démontrer par des exemples si récents les dangers signalés auparavant par Bossuet au sujet du quiétisme. Louis XIV, qui s'était fait rendre compte de cette affaire, ordonna qu'elle serait poursuivie, comme elle le fut en effet, sans distinction de personnes ou de conditions.

Les ennemis de Quillot voulurent se venger à leur tour de son acquittement, en accusant des mêmes crimes les membres les plus respectés du clergé, des magistrats et jusqu'à des femmes recommandables par leur naissance et leurs vertus. Un livre censé imprimé à Zell (lisez Reims), intitulé : *Histoire du quillotisme à Dijon*,

---

(1) Les commissaires chargés d'informer par le Premier Président Bouchu avaient été les conseillers Maillard, Jehannin et Maleteste, qui y apportèrent une grande fermeté. Le procureur général Parisot, au contraire, s'efforça d'adoucir l'affaire, ainsi que l'avait fait déjà le conseiller-clerc Filzjean, official, ce qui avait failli faire retirer à ce dernier sa commission par le Roi, qui s'en était plaint amèrement au Premier Président, pendant qu'il était en Cour. (Chronique du temps.)

ou de ce qui s'y est passé au sujet du quiétisme (1) (preuve nouvelle des affinités de ces hérésies), fut répandu à profusion dans le public et jeté par-dessus les murs des monastères. Cet écrit, qui publiait les enquêtes qu'on avait voulu dissimuler et dans lequel certains membres du Parlement se trouvaient fort compromis, fut, sur l'ordre qu'il en reçut, dénoncé par le procureur général Parisot aux Chambres assemblées, dans un réquisitoire plein de violence, où il le compara au libelle diffamatoire qui, dans l'affaire de Le Breton, pendu à Paris dans la Cour du Palais vers la fin du XVI° siècle, avait mis en émoi cette capitale. Assimilation peu justifiée par la lecture de ce pamphlet, dont le plus grand mal fut d'avoir révélé des infamies, lesquelles, en décriant le quiétisme, pouvaient perdre la religion elle-même, mais qui n'étaient qu'une représaille contre d'indignes faveurs.

La Cour, ainsi insultée dans un acte de sa justice, ordonna que l'ouvrage serait brûlé par l'exécuteur des hautes-œuvres (2), et l'évêque de Langres ajouta à cette mesure la peine d'excommunication contre ceux qui viendraient à le lire ou à le propager ; comme si tous les pouvoirs se fussent concertés pour faire cesser, à force d'indulgence, un scandale que tant de soins ne firent que ranimer. Car c'en était fait déjà du quiétisme en Bourgogne, où mieux qu'ailleurs il avait péri dans les excès

---

(1) L'auteur anonyme en fut Hubert Mauparty, procureur du Roi au bailliage de Langres, suivant l'aveu qu'il en fit depuis lui-même au Père Oudin, jésuite. (Michault, *Mélanges historiques et philologiques*, Paris, 1754.)

(2) Voir aux Registres du Parlement les délibérations des 4 et 9 juin 1703.

qu'on vient de lire et qui en furent la conséquence plutôt que la prévision accomplie de ceux qui l'avaient inventé au sein des nouveautés du XVIIᵉ siècle.

Bossuet, né à Dijon, et qui y comptait des parents nombreux, avait été un des premiers informé des tendances à ces infamies. Tout porte à penser que la connaissance qu'il en avait eue influa sur l'ardeur avec laquelle il attaqua dès le principe les subtilités mystiques de Fénelon, dans lesquelles, à l'insu de ce dernier et suivant les propres paroles de l'évêque de Meaux, *il y allait de toute la religion*. Comme lui l'avaient aussi prédit, mais avec moins d'éclat, des hommes tels que Bourdaloue, Nicole, Malebranche, Rancé, Labruyère et tant d'autres. Les actes que nous venons de signaler serviront à mieux faire juger de nos jours ce que l'on doit penser de cette persécution imaginaire contre un rival de renommée, persécution dont on avait fait tant de bruit, et dont la gloire de Bossuet sembla longtemps souffrir.

Après l'autorité d'un si grand nom invoqué dans les disputes dont, sans la volonté de leurs auteurs, étaient issus de pareils désordres, nous entrons, par la marche des événements, dans la dernière période de l'histoire parlementaire. On a vu jusqu'à cette époque si la conduite des cours souveraines en France, et particulièrement en Bourgogne, durant la Fronde, ne leur avait pas mérité le châtiment qu'une main puissante leur infligea plus tard, jusqu'à ce que la faiblesse des gouvernements leur eût rendu le droit de remontrances qui avait été le premier attribut de leur puissance. Déjà des actes de relâchement ou d'indiscipline manifestaient l'envie du Parlement contre la Cour, comme si ce Corps eût cherché à réparer le temps perdu dans la soumission. Avant le moment, qui s'approche, où il va réduire la Royauté à l'impuissance, il préludera contre elle à une attaque plus sérieuse par de futiles agressions qui useront les ressorts du pouvoir, en attendant qu'il s'en déclare l'adversaire et que ce dernier réponde par des représailles qui précipiteront sa perte. Les événements qui vont suivre démontreront que, la lutte ainsi engagée, il faudra que l'un des deux pouvoirs accable l'autre, jusqu'au jour où ils devront succomber ensemble. C'est cette lutte que nous allons raconter, et dont le récit sera emprunté aux événements qui en marquèrent dans cette province les variations et le caractère.

CHAPITRE XI.

SOMMAIRE.

Nouveaux impôts. — Lettres de jussion. — Décadence du Parlement. — Les libertés municipales sont opprimées en Bourgogne. — Entreprise à Dijon sur la justice de la ville. — Complot imputé à la dame de Simony. — Le Parlement s'empare de l'affaire. — Un arrêt de la Grand'Chambre justifie l'accusée. — Les dénonciateurs sont condamnés. — Le Roi avait sanctionné cette usurpation. — Empoisonnement de l'abbé de Cîteaux et de quatorze religieux. — Le Roi saisit le Parlement de la poursuite. — Entraves qui y sont apportées. — Le moine Bourée est condamné à mort. — Suites de cet arrêt. — Ses complices sont renvoyés aux juges d'Eglise. — Belles paroles de Brulart à l'abbé de Cîteaux. — Précautions de la Cour contre le protestantisme. — Le Parlement enregistre l'édit de Nantes. — Il tente vainement de réformer les mœurs du clergé. — Emeute à Mont-Saint-Jean. — Le corps de saint Julien d'Alexandrie. — Guerre contre l'Angleterre; patriotisme du Parlement. — Querelle de préséance; l'affaire des *Baguettes*. — Mort de Louis XIV; réveil du Parlement. — Il célèbre les vertus du Régent. — Querelles de préséance avec la Chambre des Comptes. — Conspiration de Cellamare, ses reflets en Bourgogne. — Première présidence de Berbisey. — Le Parlement demande au Pape la canonisation de Mme de Chantal. — Manifeste contre les Jésuites. — Le livre des *Réflexions morales*; le Parlement proteste contre cet ouvrage. — Empiétements parlementaires sur l'Eglise. — Affaire Gaudrillet. — Les appels comme d'abus se multiplient. — Les religieuses jacobines se mêlent à ce mouvement. — Le Parlement casse un mandement de l'évêque de Langres. — Le Régent intervient dans ce débat. — Le président Bouhier; portrait et caractère. — Bouhier considéré comme homme politique. — Exemple tiré de sa vie. — Le Parlement salue l'avènement de Dubois. — Economie politique et législation. — L'Université de droit. — Remontrances vigoureuses. — Elles ne sont pas écoutées. — Encore la bulle *Unigenitus*. — Guerre du Parlement contre les évêques. — Un mandement de l'évêque de Chalon est condamné. — Création de l'évêché de Dijon. — *Pygmalion ou la statue animée.* — Querelles de préséance du Parlement avec les commandants de la province. — Jugement sur Berbisey. — Affaire des sorciers de Lyon. — Les Ursulines d'Auxonne.

Après les troubles de la Fronde, l'exil de Brulart n'était pas encore levé que les actes de la Cour se multipliaient pour accabler le Parlement de Dijon et lui ôter l'envie de nouvelles luttes. Par des lettres patentes, le Roi avait accordé aux Elus de la province *la crue* d'un écu par minot de sel, lettres que la Compagnie avait, à cause de l'impopularité de cet impôt, différé d'enregistrer par des lenteurs dont l'acte de rigueur qu'elle venait de subir ne l'avait pas corrigée. « Nous voulons, portaient ces lettres, et ordonnons par les présentes signées de notre main que, nonobstant les vacations, vous ayez incessamment à vous assembler et à procéder à l'enregistrement pur et simple de notre déclaration, ni à attendre commandement plus exprès que les présentes, qui vous serviront de première, seconde et finale jussions, nonobstant toutes publications et remontrances que vous aurez sur ce à nous dire, lesquelles nous tenons pour dites et entendues ; car tel est notre plaisir. Donné à Paris le 9 août 1659. Signé : Louis. »

A ces ordres si formels était jointe une lettre close adressée par le Roi au Parlement, qui était non moins pressante. Depuis longtemps on n'avait vu la Royauté s'exprimer avec tant de hauteur, et il n'était pas loisible à la Compagnie de différer davantage d'obéir sous peine de rébellion. L'édit qui prescrivait le nouvel impôt fut enregistré, par les Chambres assemblées, le 13 septembre de la même année, c'est-à-dire un mois après les injonctions dont nous venons de parler et qui, par l'expérience que venait de faire le Parlement de la fermeté du Roi dans les événements qui avaient suivi le lit de justice de 1658, ne pouvaient manquer d'être entendues.

C'est ainsi que, par une inévitable réaction, cette Compagnie subissait à son tour la loi qu'elle avait faite si longtemps à la monarchie, et dont la minorité de Louis XIV avait vu combler la mesure. A partir de cette époque jusqu'à la fin du grand règne, son autorité disparaît peu à peu sous la force qui la contraint et contre laquelle elle se débat vainement. Désormais vaincue et humiliée, le pouvoir qu'elle s'était arrogé ne s'exercera que sur des objets secondaires où l'autorité du Prince sera moins intéressée, et qui sembleront la consoler de son anéantissement politique. Cette transformation dans les habitudes du Parlement allait avoir, pour les intérêts généraux, une utilité manifeste. Ce que ce Corps perdit en importance, la province le gagna par les soins plus étendus qu'il prit de ses besoins et les sages réformes qui en furent les effets. On peut affirmer, sans crainte, que toutes les améliorations réalisées en Bourgogne dans l'agriculture, dans les forges et dans les forêts, jusqu'alors abandonnées aux dévastations, datent de la période où les Compagnies souveraines, contenues sous un sceptre vigoureux, cessèrent d'occuper le pays de leurs disputes. Toutefois les mesures financières inventées par le génie de Colbert, dans le but de fonder le crédit en France, rencontreront encore dans ce Parlement un adversaire acharné pour défendre des abus dont profitaient ses membres ou ses créatures. La Correspondance de Brulart et celle de l'intendant Bouchu, écrites dans un esprit contraire, sont pleines de ces exemples dans lesquels le Parlement ne joua pas le plus beau rôle, quand il n'alla pas jusqu'à pactiser avec la révolte, devenue pour lui, sur un autre terrain, le seul moyen de se venger.

Dans un temps presque contemporain, et par un contre-coup naturel, les libertés communales allaient aussi subir le sort des Parlements. Ces libertés devaient périr en France le jour où l'idée vint à Louis XIV de s'emparer de toutes les magistratures urbaines, de les ériger en offices héréditaires, et de les vendre le plus chèrement possible aux particuliers et même aux villes. Des actes significatifs accomplis contre le mode jusqu'alors respecté de l'élection avaient assez montré ce danger. A Montbard, en 1658, un habitant notable, élu maire à l'unanimité des suffrages à l'encontre d'un homme en haine à la population et qu'avait recommandé le duc d'Epernon, avait été empêché par la violence d'entrer en charge. Non content de faire annuler par le Grand-Conseil une élection régulière accomplie en présence de deux commissaires du Parlement, ce gouverneur avait installé dans ses fonctions le candidat de son choix, et envoyé à grand bruit le vrai maire prisonnier au château d'Auxonne (1). Dans le même temps, le bailli de Pagny était arrêté par les ordres du même gouverneur pour s'être laissé nom-

---

(1) *Correspondance de Brulart,* tome I, Lettre LXVII.

mer maire à Seurre, malgré ses défenses; ce que voyant, le duc d'Harcourt, dont ce bailli était un officier, l'avait fait arracher par quatre gentilshommes des mains des soldats qui l'emmenaient à vue de son château (1). Une année auparavant, une scène analogue s'était passée à Arnay-le-Duc, où le même gouverneur avait, au mépris du choix des échevins par le peuple et d'un arrêt de la Grand'Chambre qui le confirmait, fait casser l'élection et établir en charge les candidats qu'il avait recommandés sans succès (2). Brulart rendit compte au Chancelier de ces violences « dans lesquelles, disait-il, la province entrevoyait la perte de sa totale liberté. » Mais Le Tellier ne répondit pas. D'autres exemples avaient suivi, où le même arbitraire s'était rendu partout maître de la justice, en attendant que le droit d'y participer, qui était pour Dijon le plus important de ses priviléges, lui eût été enlevé pour toujours.

Le conflit qui, onze ans plus tard, amena cette confiscation, avait pris naissance dans un procès d'Etat dont la Chambre de ville venait de commencer la poursuite. En tout autre temps, personne n'eût pensé à la troubler dans un droit aussi ancien. Mais le moment était venu d'en finir avec des priviléges incommodes, et l'affaire dont nous allons parler allait les faire sacrifier à une jalousie rivale qui datait de l'institution du Parlement. Ainsi ce Corps, devenu usurpateur lui-même, viendra se venger à son tour sur un pouvoir subalterne des envahissements qu'il avait si souvent reprochés à la Couronne sur ses

(1) *Correspondance de Brulart*, tome I, Lettres LXVIII et suivantes.
(2) *Ibid.*, Lettre XVI.

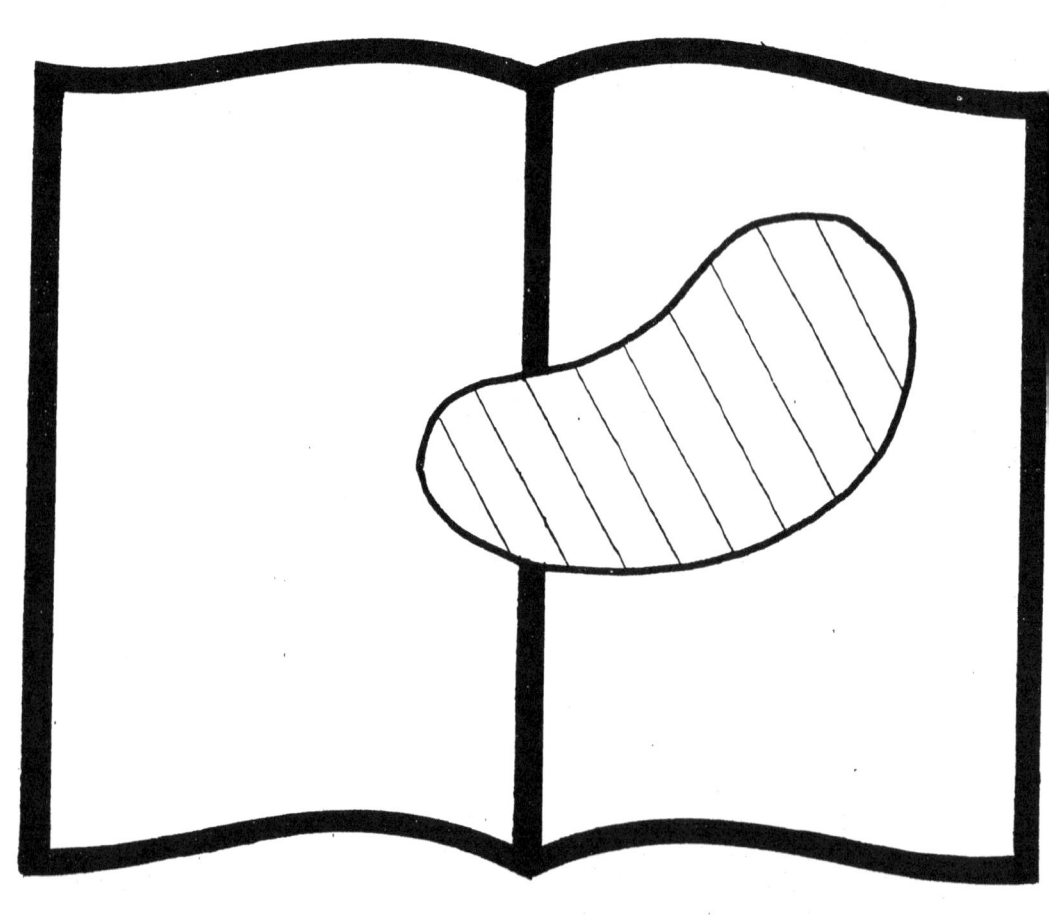

propres priviléges. Le gouvernement, de son côté, qui ~~profitait~~ de ces conflits, le laissa faire, et quand il l'eut emporté, lui donna raison, comme pour le consoler d'autres défaites, dont sa puissance s'était accrue.

Une femme Dumont, prisonnière de la ville pour un délit sans importance, avait accusé un domestique de Claude Simony, conseiller au Parlement de Metz, d'avoir conspiré contre la vie du Roi. Déjà quelques personnes, compromises par les révélations de cette femme, avaient été arrêtées de l'ordre du syndic, lorsque le Parlement s'avisa de revendiquer des poursuites qu'il osa qualifier d'*empiétement*. Par arrêt rendu les Chambres assemblées, cette Compagnie annula la procédure et fit élargir les prisonniers. C'était, sous une vengeance mal dissimulée, s'emparer d'un pouvoir que, dès les temps les plus reculés, la Chambre de ville avait toujours compris dans ses attributions de justice. Celle-ci protesta, mais en vain, contre la violence qui lui était faite et refusa d'obéir. Catin, vicomte mayeur, s'était rendu l'organe de ces protestations (1), par lesquelles il accusa lui-même avec plus de raison le Parlement d'une telle entreprise, qui devait être la dernière de ce genre, puisque la juridiction municipale y succomba.

Cette lutte inégale terminée, Jeanne Despringles, épouse du conseiller Simony, compromise par les dénonciations de la femme Dumont, était décrétée de prise de corps comme complice du crime, pour ne l'avoir point révélé, et renvoyée devant la Grand'Chambre, qui l'ac-

---

(1) Registre du Parlement du 20 novembre 1670.

quitta, ainsi que son domestique, du nom de Lahaye, par arrêt du 16 janvier 1671 (1). La femme Dumont, au contraire, fut jugée, pour faits de calomnie, subornation et faux témoignage, à faire amende honorable, la corde au col et en chemise, puis à être pendue; tandis qu'une femme Moreau et avec elle un homme du nom de Terrot, complice des mêmes actes, étaient condamnés : la première à assister à l'exécution, comme à être battue de verges au pied de la potence jusqu'à effusion de sang, flétrie ensuite d'un fer rouge sur l'épaule droite et bannie à perpétuité ; et Terrot, à servir à toujours sur les galères du Roi, avec défense aux deux de reparaître, sous peine de *la hart ;* mais remise fut faite à ce dernier de sa condamnation.

Nous rapportons cet arrêt comme preuve de ce que s'était montrée dès ce jour l'autocratie du Parlement dans une affaire semblable, dont un arbitraire intéressé avait dépouillé la juridiction de la ville. Ce fut là le dernier coup porté à cette juridiction par un Corps qui l'avait troublée pendant plusieurs siècles, jusqu'à ce que le moment fût venu de l'anéantir. Un tel procès, dans lequel le nom du Roi avait été prononcé, était devenu une occasion favorable à cet empiétement, et le Parlement ne la laissa pas échapper. Le ministère, de son côté, qui souffrait impatiemment les justices municipales, la plus puissante des libertés dans les pays d'Etats, avait prêté la main à une défaite, qu'un arrêt du Conseil (2), portant

---

(1) Voir au Registre du Parlement de cette date.
(2) Du 19 novembre 1670. Voir au Registre du Parlement du 28 du même mois.

attribution du procès à la Grand'Chambre, vint sanctionner. Le Roi lui-même y joignit des lettres pressantes adressées à son Parlement de Dijon, par lesquelles il lui recommandait l'exécution de ce même arrêt, comme une chose dont il aurait un très grand contentement (1). De cette époque, qui devint à la fois celle du plus grand abaissement de cette Compagnie, la justice de la ville de Dijon ne fut plus qu'un simulacre, au lieu de ces attributions redoutables qui avaient assuré la prépondérance des maires dans la capitale de la Bourgogne, où la Royauté désormais ne souffrit plus de partage.

Un crime inouï, sans rapport avec le précédent, était venu dans le même temps consterner la province par le caractère des personnages dont les noms s'y trouvèrent mêlés. L'abbé de Cîteaux (2), général de l'ordre de ce nom, fut, le 4 février 1671, empoisonné, ainsi que son secrétaire et treize religieux, dont aucun ne périt, quoique tous eussent été en danger de mort. A peine élu, on l'avait averti qu'il ne survivrait pas longtemps à sa nouvelle dignité, acquise au milieu des oppositions suscitées contre lui, à cause de la sévérité de ses mœurs et de sa discipline. Cette affaire occasionna un grand bruit, et le Roi, auquel compte en avait été rendu, venait d'ordonner, par un arrêt de son Conseil (3), que la connaissance en serait attribuée à la Grand'Chambre et à la Tournelle réunies, et ce au détriment des autres juridictions.

Georges Bourée, prêtre religieux de l'abbaye, d'une

---

(1) Registre du Parlement du 28 novembre 1670 sus-relaté.
(2) Denis-Jean Petit.
(3) Du 21 février 1671. (Voir au Registre du Parlement du 2 mars.)

famille noble de Dijon, était le moteur de cet attentat et fut décrété de prise de corps par deux membres du Parlement chargés d'instruire le procès (1). L'abbé et les religieux de Cîteaux avaient fait de vains efforts pour cacher le coupable et retenir la connaissance du crime, en vertu de leur priviléges. A cause de cette intrusion de la juridiction ecclésiastique dans l'*ordinaire*, le Roi envoya de Paris à Cîteaux un exempt de ses gardes, accompagné de deux archers, pour se saisir de sa personne. Mais une telle mesure ne s'accomplit pas sans peine. Remis entre les mains des commissaires du Parlement, sous la menace de voir saisir le temporel de l'abbaye, il fallut faire garder Bourée à vue, de peur que les religieux ne le fissent enlever ou empoisonner, par la crainte qu'il ne vînt à dénoncer ses complices. Cette crainte, puisée dans des exemples analogues, avait été partagée par l'abbé de Cîteaux lui-même, qui en fit, non sans hésiter, l'aveu au procès.

Il faut lire dans la Correspondance de Brulart les luttes que ce magistrat eut à soutenir pour vaincre les entraves que des familles puissantes, parentes ou alliées des accusés ou de ceux qui pouvaient le devenir, multiplièrent pour arrêter le cours de la justice ou anéantir les preuves. Chose étrange, ces menées avaient trouvé des appuis jusqu'au sein du Parlement, centre de ces affinités, et qui n'en comptaient pas moins dans l'abbaye de Molaise, où le crime, par la débauche, avait été conçu et

---

(1) Les conseillers Legouz et de La Mare.

préparé (1). Le même abbé de Cîteaux, unique objet de cet attentat, venait aussi, par la honte qui rejaillissait sur son Ordre d'un crime sans nom, d'expédier, sous divers prétextes, pour des missions lointaines, les religieux les plus compromis. Telles furent les difficultés capitales que l'énergie du chef du Parlement avait eu à combattre, et dont il ne triompha qu'à demi.

Cette procédure donna lieu à des incidents dont l'histoire de la jurisprudence criminelle en Bourgogne offre rarement d'exemples. Dès le début des poursuites, Bourée avait demandé à se faire assister d'un conseil, à pouvoir écrire sa justification en présence de l'exempt chargé de le surveiller, comme à prendre en communication, mais en partie seulement, le rapport des médecins *de corpore delicti*. De telles demandes toutes contraires à l'ordonnance et à la pratique, les deux dernières lui furent seules accordées avec la réserve *sans tirer à conséquence pour l'avenir*, qui accompagna ces faveurs, que nous appellerons ainsi pour montrer en passant ce qu'était encore la législation du royaume vers cette époque de XVII° siècle.

Déclaré convaincu par jugement (2), Bourée eut la

---

(1) Par une religieuse nommée Dufresne, maîtresse de Bourée, et qui avait préparé la noix vomique qui servit à l'empoisonnement. L'annonce faite d'une visite de l'abbé à Molaise, abbaye de femmes du même Ordre, où l'on redoutait sa clairvoyance, précipita l'accomplissement du complot formé contre sa vie, et qui faillit la coûter à tant d'autres.

(2) Du 31 juillet 1671, rendu par la Grand'Chambre et la Tournelle réunies. L'arrêt porte, « au rapport de MM. Maillard et Legouz, le procès criminel fait à requête de M. le procureur général du Roi à frère George Bourée, prêtre religieux profez de Cîteaux, prisonnier, accusé

tête tranchée au Morimont, après avoir subi la question, pendant laquelle il avait dénoncé ses complices, et parmi eux l'abbesse de Molaise, déjà compromise dans les volumineuses procédures de ce procès. Ce fut pour cette cause, jointe à d'autres scandales qui furent dévoilés à son occasion, que le même Parlement rendit, les Chambres assemblées, un autre arrêt portant qu'à la diligence du procureur général, le Roi serait informé des désordres qui se passaient dans les maisons de Cîteaux, pour y faire réformer les mœurs et la discipline (1).

L'arrêt qui prononçait la condamnation de Bourée n'avait pas été rendu sans de grands efforts. Les mêmes cabales dont des membres du Parlement étaient les meneurs et auxquels s'étaient jointes jusqu'à leurs femmes, eurent pour but, après avoir échoué contre les poursuites, de faire adoucir l'accusation en en changeant le caractère. Ici l'énergie du Premier Président, soutenue par celle des rapporteurs, triompha de cette nouvelle

---

d'avoir empoisonné M. l'abbé de Cîteaux et plusieurs religieux et autres personnes qui s'étaient trouvées dans ladite abbaye le quatre février dernier, a été parachevé et jugé, et a été ledit Bourée duement atteint et convaincu dudit crime d'empoisonnement, et pour réparation le condamne à avoir, par l'exécuteur de la haute justice, la tête tranchée au Morimont de cette ville de Dijon, et ordonne qu'avant l'exécution il sera appliqué à la question du moine du camp pour avoir révélation de ses complices. » (Registre du Parlement dudit jour.)

(1) Un crime énorme, mais qui n'avait pas la débauche pour mobile, avait donné lieu dès 1566 à la réforme de l'abbaye de Notre-Dame du Miroir. Nous lisons dans un arrêt rendu par le Parlement le 7 mars de cette année qu'Adrien Morel, religieux de la même abbaye, fut brûlé vif au Morimont pour avoir fait tuer Claude Guenyot, autre religieux, durant son sommeil, pour s'emparer de son argent et de ses papiers. L'abbé de Cîteaux avait été sommé, à cette occasion, de faire cette réformation, sous peine de saisie de son temporel. (Registres de la Tournelle.)

épreuve où la justice du droit commun ne l'emporta que d'une voix, par la menace qu'avait faite Brulart de ne pas signer, sans en référer au Roi, l'acte qui consacrerait une telle faveur. Autant en arriva-t-il lors de la délibération elle-même qui amena l'arrêt de condamnation, après une lutte non moins violente (1). Ainsi se termina ce grand procès, qui eut un retentissement funeste dans le monde catholique où Cîteaux comptait alors jusqu'à trois mille monastères.

Sept jours après avoir demandé la réforme de cet Ordre, la même Compagnie prit une autre délibération dite *de règlement*, portant que, « pour aviser à l'inconvénient des doctrines de certains confesseurs sur les aveux des condamnés, il serait assigné à ceux-ci par commission un religieux pris dans ceux des Ordres où la doctrine de saint Thomas sur cette matière était pratiquée. » Le même arrêt portait que, « pour prévenir les nombreux empoisonnements qui se commettaient alors, défense serait faite à tous les apothicaires, droguistes et épiciers de vendre de l'arsenic ou tous poisons à d'autres personnes qu'à celles d'une probité reconnue, avec mention obligée de leurs noms sur un Registre, le tout sous peine de la vie; » prohibition fort sage et qui passa depuis dans les ordonnances du royaume.

---

(1) Un des conseillers, décidé à suivre sa conscience, avait eu la faiblesse de s'abstenir pour échapper aux obsessions de ses proches. Brulart averti tint ferme et décida qu'on n'opinerait pas, en l'absence de ce magistrat et que s'il s'abstenait davantage, il en serait rendu compte au Roi. Le conseiller fléchit devant cette menace, et avec lui d'autres membres qui s'étaient laissé entraîner. (Voir la *Correspondance de Brulart*, tome II, Lettres CCCLX et CCCLXI.)

C'était ainsi que, par des précautions dignes de toute sa sollicitude et inspirées par les besoins du temps et la perversité des hommes, le Parlement de Bourgogne jetait les fondements d'une législation durable, parmi d'autres améliorations que l'amour du bien public lui avait inspirées, et qu'il réalisa dans ces temps de calme où il n'eut pas à s'occuper d'autres soins.

L'arrêt rendu contre Bourée venait à peine d'être exécuté, que de nouvelles poursuites étaient dirigées contre deux autres religieux de Cîteaux nommés Payolle et de La Mare, prévenus de complicité du même crime. Chose étrange, malgré la gravité des charges, ces accusés parvinrent à se faire renvoyer, par un arrêt du Conseil, devant la justice de leur Ordre, si intéressé à mettre par la faveur un terme à ces scandales. Le Parlement avait vainement adressé au Roi, touchant cette usurpation, des remontrances pleines de force. Il y disait, cette fois avec une grande autorité de raison, « que le juge d'Eglise ne pouvait connaître des actes de cette nature dont des priviléges prétendus ne pouvaient arracher la connaissance au Roi et dans ses Parlements; que l'intérêt public était de restreindre la juridiction ecclésiastique dans les limites de son étendue, d'autant plus que les appels, en pareille matière, ressortissaient d'une souveraineté étrangère; que cette vérité avait été reconnue dans tous les temps, et notamment lors de l'instruction du procès fait à Bourée, dans lequel le Parlement avait rendu plusieurs arrêts de prise de corps et où les religieux de l'abbaye, quoiqu'ils détinssent le coupable dans leurs prisons, s'étaient refusés de le rendre aux huissiers et archers envoyés pour ce sujet; le Roi ayant jugé nécessaire de commettre à cette fin un exempt de ses gardes. »

Ces considérations toutes péremptoires ne furent point accueillies, bien que le Parlement y eût ajouté, comme preuve de l'impunité des plus grands crimes dans les cloîtres, la manifestation acquise par les enquêtes de l'empoisonnement du précédent abbé Dom Vaussin, et, avant lui, d'autres religieux de l'abbaye qui avaient péri d'une mort semblable. Ainsi vit-on en si peu de temps deux juridictions rivales successivement saisies de la même affaire. Mais ce retour du Souverain à un tribunal qu'il avait d'abord soupçonné se justifiait par les intrigues qu'avait laissé voir jusque dans son sanctuaire le Parlement lui-même. Déjà elles étaient devenues si patentes qu'un ordre du Roi avait fait défense à ce Corps de commencer des poursuites à Molaise, où la justice ecclésiastique allait elle-même reculer.

Nous avons dit les vains efforts employés par l'abbé de Cîteaux pour ensevelir dans le silence un crime inouï, suite des désordres que la faiblesse de ses devanciers n'avaient pu faire cesser, ou pour en amoindrir les suites. Le Parlement ne vit dans une telle conduite que le manquement d'un de ses membres à son devoir, celui d'assurer le cours de la justice. Une voix puissante ne tarda pas à le lui rappeler. Le 30 avril 1671, le procès de Bourée était près d'être instruit, lors que Dom Petit, échappé si heureusement à la mort, vint faire sa première entrée dans cette Compagnie. Brulart, répondant à son compliment d'usage, n'hésita pas, par des reproches mal déguisés, de faire allusion à la faiblesse qu'il avait montrée dès le principe d'une affaire qui avait causé un si grand scandale. « Monsieur, lui dit-il sèchement, nous louons la piété et la sagesse de nos pères d'avoir bien voulu aggréger pour toujours à cette Compagnie le général d'un si grand Ordre. Mais il est important que vous sachiez d'abord qu'ils ont cru que le faisant entrer par delà dans les engagements de s'attacher à ses justes mouvements, il se remplirait de leur impression pour les porter avec utilité et avec éclat, à l'honneur de la justice et de la religion, dans toutes les maisons de sa dépendance, bornée seulement par les limites du monde chrétien. En effet, devenant par cette prérogative un membre considérable de ce Corps, vous êtes engagé, sans différence des autres, dans ses intérêts et devez être attaché à tous ses sentiments, comme au reste de ses obligations. C'est ici que vous pourrez puiser dans une vive et abondante source les lumières de la droite raison, les exemples et les plus pures maximes. Vous y verrez la discipline ecclésiastique maintenue avec vigueur, les vices et les déréglements qui s'y glissent condamnés et punis, et l'autorité des supérieurs protégée et affermie. Enfin vous y verrez les grands effets de cette union sainte que vous louez de la justice et de la religion. Mais nous avons beaucoup de joie de trouver en vous tant de dispositions nécessaires pour répondre au grand nombre de vos devoirs. Le relâchement causé par deux vacances consécutives vous demande beaucoup d'application et de fermeté, et les difficultés surmontées par votre zèle et votre courage ne feront que rendre votre travail plus utile et plus glorieux. Ce que nous voyons est terrible, et il n'a pas été plus de votre bonté paternelle et généreuse d'avoir fait des efforts pour le pouvoir couvrir de ténèbres et du silence, qu'il est de nos soins de travailler à arrêter le cours de ces malheurs..... » Dans ces paroles amères et dignes, que l'abbé de Cîteaux fut obligé de subir, se trouvait une leçon sévère que la tendance, à cette époque, des Ordres religieux à couvrir de l'oubli ou du pardon, à cause du scandale, des crimes monstrueux, ne venait que trop autoriser, mais dont la réforme de leurs mœurs ne profita guère (1).

De tels attentats se passaient dans un temps où le protestantisme accablé relevait la tête pour envelopper les Ordres monastiques dans un anathème commun. Déjà les dangers de la religion nouvelle avaient diminué; mais, de la part de l'Etat, les précautions ne cessaient pas. La même année, le Parlement enregistrait l'édit par lequel le Roi défendait à d'autres qu'aux sujets catholiques de se mêler de l'accouchement des femmes, dans la crainte qu'on ne les induisît, étant malades, aux nouvelles doctrines. Deux ans plus tard, il faisait publier dans son ressort la défense portée contre les émigrations des protestants; puis, enfin, le 22 octobre 1685, en temps de vacation, il enregistrait, au rapport du conseiller Chaumelis, la révocation de l'édit de Nantes, qui força ceux-ci

---

(1) On était loin du temps où, au XIVe siècle, l'Ordre de Cîteaux assemblé capitulairement décidait que, vu le grand nombre de leurs religieux inscrits au catalogue des saints, il n'en serait plus canonisé, *ne multitudine sancti vilescerent in ordine.* (Préface du P. Vincent Caraffa, Lyon, 1552, citée par l'abbé d'Olivet dans une lettre écrite en 1733 au président Bouhier.)

à se convertir ou à s'expatrier (1). Ces enregistrements d'actes vexatoires furent tous accordés sans résistance.

Cette Compagnie, en procédant ainsi, cédait au temps plutôt qu'à des opinions libres qui l'eussent conduite dans une voie contraire dont sa puissance pouvait profiter. De son côté Louis XIV, en recourant à une telle mesure, n'avait pas obéi, ainsi qu'on le pense en général, à l'entraînement d'un prosélytisme secondé par la violence. La révocation de l'édit de Nantes avait été bien plus un acte politique et de puissance royale que d'unité catholique. Nous avons montré dans un autre lieu l'antinomie du protestantisme avec le dogme de la royauté irrévocable, qu'il mine par le libre examen qui fait sa base. Aussi Rome elle-même ne s'y méprit pas et accueillit-elle froidement ce coup d'Etat, tandis qu'en France il fut applaudi par le peuple, qui ne pardonnait pas à une secte destructive de ses anciennes croyances (2). Ce qui est arrivé dans le monde depuis et ce que nous voyons de nos jours ne vient-il pas confirmer cette prévoyance d'un Prince dont le regard avait pénétré ces dangers et qui prit, par-dessus toute chose, chez une nation mobile, la raison d'Etat pour règle?

Cependant, malgré l'hérésie ainsi combattue par les pouvoirs séculiers, les mœurs du clergé ne s'en montraient pas moins relâchées, et les scandales, au lieu de

---

(1) Voir au Registre du Parlement de la même date.
(2) Voir dans ce sens l'opinion du ministre Claude et de Bayle, ainsi que la correspondance de Mabillon éditée par Valery. On jugera aussi par celle de Brulart avec quelle sévérité l'édit de révocation fut appliqué en Bourgogne, où les mesures les plus inhumaines avaient été enregistrées par le Parlement sans opposition.

cesser, allaient en s'aggravant, quand il lui eût tant importé de ne plus donner prise à ses adversaires. Le Parlement voulut porter remède à tant de maux par un arrêt qui enjoignit aux substituts des bailliages de faire chasser des villes, bourgs et villages les femmes convaincues de commerce avec des prêtres (1). Qu'arriva-t-il de là? Les désordres diminuèrent en apparence, mais demeurèrent au fond les mêmes dans ces temps où les priviléges si considérables des Corps ecclésiastiques avaient corrompu les vocations. La Réforme prit texte de ces abus pour pousser les populations catholiques à l'apostasie. Malgré les défenses de l'autorité, ses émissaires se répandirent partout, et les campagnes principalement devinrent le théâtre de leurs invasions. Mais soit défiance contre les nouveautés, soit respect pour des croyances héréditaires, à peine furent-ils écoutés, quand on ne les insulta pas. Un événement qui se passa dans le même temps au cœur même de la Bourgogne, prouvera combien, malgré les mauvais exemples de quelques-uns de ses ministres, la foi catholique y était restée enracinée.

Le pape Clément XI, voulant honorer d'une dévotion singulière la mémoire de saint Julien d'Alexandrie, l'un des plus glorieux martyrs de l'Eglise romaine, avait fait demander un fragment de son corps déposé dans l'église de Mont-Saint-Jean, où le cardinal Rolin, évêque d'Autun, l'avait fait transférer vers le milieu du XV° siècle. Déjà l'évêque de cette ville avait adhéré à la prière du Souverain Pontife, et un jésuite envoyé sur les

---

(1) 17 mars 1681. (Voir aux Registres du Parlement.)

lieux se disposait à enlever une partie des reliques, lorsque la population entière ameutée sonna le tocsin dans l'église, menaça de mort le délégué, le curé et le juge des lieux chargés de cette mission, et les poursuivit, armée de fourches, de faulx et de couteaux, jusqu'au milieu des montagnes où ils eurent peine à se réfugier. Le Parlement, sur les réquisitions du procureur général Parisot, s'empara de l'affaire, qui était un attentat contre l'autorité. Après avoir fait publier des monitoires et ordonné des poursuites contre les auteurs de la sédition (1), cette Compagnie se vit, par la résistance qui continuait, obligée d'envoyer dans le village un corps de troupes, sans lesquelles l'ordre de l'évêque n'eût pu être exécuté. Le souvenir de cet enlèvement sacrilége à leurs yeux s'était conservé dans l'esprit des habitants de ces contrées près d'un siècle après qu'il avait été commis, lorsqu'éclata la révolution de 1793, qui en effaça la trace.

A côté de ces actes, qui appartiennent non moins à l'histoire qu'à la chronique, les événements politiques allaient aussi en se multipliant. La déclaration de guerre faite en 1689 à l'Angleterre, à la suite de l'avénement au trône de la maison d'Orange, en fut un des plus considérables par les secours que la France accorda à la maison royale déchue. Dans une conjoncture si mémorable, le Parlement de Dijon adressa à Louis XIV, pour l'aider dans cette entreprise, l'offre spontanée de 200,000 livres, somme importante, qui fut réalisée par un

---

(1) Arrêt du 11 août 1705. (Voir aux Registres du même Corps.)

emprunt, et garantie, sur leurs gages, par tous les officiers de la Compagnie (1). Cet exemple de patriotisme, qui rachetait noblement d'anciennes fautes, entraîna la province elle-même dans le vote de nombreux subsides et put faire oublier la conduite du Parlement lors des invasions de Gallas et du duc de Lorraine, où sa coopération refusée aurait été tant nécessaire. Le Roi, touché d'un si grand dévouement, en exprima sa reconnaissance par des lettres patentes adressées à cette Compagnie, qui les fit transcrire sur ses Registres.

Ce temps était encore celui de la toute-puissance du maître ; mais lorsque, sur son déclin, la fortune abandonnait ses drapeaux, le Parlement reprit bientôt des habitudes que la crainte avait cessé de dominer. Une occasion naturelle sembla se présenter pour ce Corps de faire revivre des prétentions depuis longtemps repoussées. Dans une visite qu'il envoya faire en son nom, le 6 juin 1706, au gouverneur, Louis-Henri de Bourbon, à son arrivée, les huissiers qui précédaient la députation entrèrent jusque dans le Logis-du-Roi, la verge haute, en signe de l'autorité souveraine de la Compagnie, et refusèrent de les abaisser sur l'interpellation d'un gentilhomme averti de cette nouveauté. Déjà l'ordre de résister à une telle injonction avait été donné d'avance aux huissiers par le président de la députation, Bouhier de Versalieux. Cette précaution du Parlement, l'agresseur en cette rencontre, tenait à une question d'étiquette qui cachait

---

(1) Voir au Registre du Parlement de la même date la délibération du 11 août 1689.

mal des prétentions plus sérieuses. Il était évident pour tout le monde que la mauvaise humeur de la Compagnie se manifestait pour la première fois contre les actes que la force lui avait arrachés auparavant, et dont elle allait demander compte au Souverain malheureux. Cet épisode, auquel est resté depuis le nom d'*affaire des baguettes* et qui était un soulèvement du Corps contre l'autorité royale dans son représentant, fit grand bruit en France, où l'attitude des Cours souveraines commençait à se montrer menaçante. Le duc de Bourbon lui-même en écrivit à son père qui approuva sa conduite, comme étant en complet accord avec les honneurs qui lui avaient été rendus en Bourgogne, mais dans des temps meilleurs que la fortune n'avait pas changés. Le Parlement, de son côté, essaya sans succès de défendre l'acte de ses commissaires, lorsque des lettres de jussion, expédiées le 12 juillet 1706 (1) par la chancellerie, l'obligèrent une fois encore à se soumettre ou à temporiser. Telle fut la conclusion d'un incident dont il avait espéré plus d'avantages et qui ne fut qu'un premier manifeste de ses rancunes contre la Cour.

Ce retour n'avait pas de quoi surprendre et s'était produit à toutes les époques de transition d'un gouvernement fort à un gouvernement déchu ou en voie de l'être. « Dès ce temps, a dit avec grande raison un écrivain non suspect (2), les Parlements devinrent

---

(1) Voir aux Registres du Parlement la délibération du 19 juillet de cette année, et à la suite les lettres patentes du Roi qui donnèrent satisfaction au gouverneur, en ordonnant que cette délibération fût biffée.

(2) Augustin Thierry, *Histoire du Tiers-État*.

aggressifs et usurpateurs contre la Royauté affaiblie et l'opinion les suivit dans cette carrière aventureuse, s'attachant à eux par l'excès même de leurs prétentions et de leur orgueil. » Un tel jugement restera celui de l'histoire.

De cette époque, qui commence le XVIIIe siècle, à la fin du grand règne, plus d'événements au moins importants à rappeler dans la vie de cette Compagnie. Louis XIV meurt, et déjà elle ne se dissimule plus son dessein de reprendre, sous un nouveau règne, son autorité perdue. Elle enregistre avec complaisance l'arrêt du Parlement de Paris qui défère la régence au duc d'Orléans pendant la minorité de Louis XV. Le président de Migieu, en l'absence de Bouchu malade, adresse aux Chambres assemblées un discours plein d'emphase sur les grandes qualités du Régent; étant allé jusqu'à dire « que la nation le choisirait s'il lui était permis de se donner un maître. » La Compagnie entière applaudit à ce discours, non sans protester par la bouche de celui qui parle en son nom « contre le droit que semblait s'arroger le Parlement de Paris, de disposer d'un si grand pouvoir au détriment des autres Cours souveraines; » paroles orgueilleuses qui, sans le vouloir, venaient anéantir la doctrine de l'indivisibilité des Parlements si solennellement invoquée dans des conjonctures différentes. Il ajoutait que « ce que venait de faire ce dernier Corps par circonstance, l'avait été par lui, non parce qu'il était le premier de tous, mais parce que, par la mort arrivée du Roi, la régence avait été ouverte dans son ressort. » Mais de telles réserves, faites après un événement qu'on acceptait, ne servirent qu'à consoler l'amour-propre, sans donner à la Compagnie, qui les fit transcrire sur ses Registres, des pouvoirs politiques qu'à aucune époque de la monarchie elle ne fut appelée à partager (1).

Le procureur général Quarré de Quintin renchérit à son tour sur ces flatteries, en célébrant les vertus du nouveau Régent. Il déclara qu'en aucune circonstance le Parlement ne pouvait reprendre ses fonctions sous de plus heureux auspices. » Déjà avant lui, le même président de Migieu avait osé dire, sans respect pour la mémoire d'un roi à peine au tombeau, que « les peuples, consolés de leurs malheurs, n'étaient pas moins charmés que surpris de voir remplir leurs désirs aussitôt qu'ils avaient été formés, et que la régence avait été à peine ouverte que la France avait commencé à respirer; les premiers jours d'une si sage administration portant des fruits que les plus longs règnes n'avaient fait que promettre (2). » Quiconque voudra consulter, comme nous l'avons fait nous-même, ces documents curieux de l'histoire, y verra la joie de la Compagnie perçant à travers les entraves de l'étiquette par l'espoir qu'elle conçut dès ce jour, avec toutes les Cours souveraines, de ressusciter, à la faveur d'une minorité, les prétentions d'une autre époque.

A la suite de ces symptômes d'indépendance, l'esprit de Corps avait aussi paru se réveiller jusque dans les

---

(1) Du 2 décembre 1715. (Voir aux Registres du Parlement.)
(2) Voir la même délibération du 2 décembre 1715.

questions de préséance, dans lesquelles la vanité seule semblait engagée à défaut des droits, bien que ceux-ci en fussent en réalité le motif. Il s'agissait de l'ordre dans lequel le Parlement et la Chambre des Comptes sortiraient de la Sainte-Chapelle, où les deux Corps avaient assisté au service du feu Roi. Les Comptes succombèrent dans leurs prétentions d'égalité avec le Parlement, mais après que la question eut été soumise au Régent lui-même, qui fit expédier des lettres de sa décision aux deux Compagnies. Le temps n'était pas venu encore où des scènes de violence devaient accompagner ces querelles, qui se renouvelleront plus fréquentes, quand les lieutenants généraux commandant pour le Roi en Bourgogne voudront, à leur tour, obtenir cette préséance dans les honneurs publics. On y verra le Parlement lui-même obligé de céder pour toujours à leurs prétentions.

Cette inégalité d'honneurs entre les deux Compagnies provenait, comme nous l'avons montré (1), de leurs attributions différentes. Un trait piquant, arrivé au milieu du grand règne, avait exercé aux dépens de ces Corps la verve dijonnaise, toujours prompte à s'égayer de ces susceptibilités de l'amour-propre. C'était à propos d'un service célébré à la Sainte-Chapelle en l'honneur de la reine Anne d'Autriche, mère du Roi régnant. Les membres de la Cour des Comptes avaient élevé la prétention d'aller, pour jeter l'eau bénite, *un à un*, et, comme le disent les délibérations du temps, en *croisement* avec ceux du Parlement : ce qui

---

(1) Voir le Discours préliminaire de cet ouvrage.

faisait revivre dans une circonstance mal choisie des questions de préséance au sujet desquelles les Comptes avaient toujours succombé. Ici, au lieu de recourir, suivant l'usage, à l'autorité royale, des commissaires furent nommés de part et d'autre afin de faire cesser le différend sans bruit. Mais, après des pourparlers pleins d'aigreur, il fut convenu, pour ménager l'amour-propre des Comptes, que, *sans tirer à conséquence pour l'avenir,* les choses resteraient les mêmes, par le seul motif de la *possession*. Un tel exemple, que nous citons parmi tant d'autres et qui n'était qu'un aveu commun d'impuissance, indique assez, eu égard au temps, ce qu'on devait attendre de ces Corps sous un gouvernement faible ou violent, comme le sera le règne de Louis XV jusqu'à sa fin. Cette affaire, qui ne donnait satisfaction à personne, ne fit qu'entretenir la haine entre les deux Compagnies. On avait vu au même siècle une prétention analogue de la Chambre des Comptes, que le conseil du Roi avait condamnée (1). Il s'agissait des processions, où ses présidents seuls voulurent *croiser* ceux du Parlement pendant la marche des Corps.

De tels conflits, qui eurent le public pour témoin et pour juge, n'étaient pas nouveaux entre des Compagnies jalouses. Déjà Paris en avait donné l'exemple à la province dans une lutte où le Parlement et la Chambre des Comptes en étaient venus aux mains jusque dans l'église

---

(1) Arrêt du 24 juillet 1675.

de Notre-Dame (1). A Aix, pays de mœurs méridionales, une scène de violence sans exemple s'était passée entre les deux Corps, au sujet d'une cérémonie religieuse. Le Parlement, arrivé le premier à l'église, s'était emparé des places du chœur dont il avait fait fermer la grille, de crainte que la Chambre des Comptes n'y pénétrât. Sur quoi deux conseillers de cette Compagnie avaient escaladé l'enceinte, tandis que d'autres, non moins hardis, forçaient la garde qui en défendait l'entrée. Pendant ce temps un autre conseiller des Comptes, armé d'un fusil arraché à un soldat, en avait menacé le Premier Président du Parlement, obligé de se cacher dans sa stalle pour sa sûreté, et qui, la cérémonie achevée, s'était hâté de regagner sa demeure, poursuivi par d'autres conseillers à coups de pierres (2). Des scènes non moins violentes, qui laissaient loin d'elles celles arrivées à Dijon, s'étaient passées aussi dans d'autres ressorts, où le respect de la robe avait été sacrifié par des hommes graves à une sotte envie. En Bourgogne, un procès célèbre, porté en 1701 au Conseil du Roi et qui ne se termina que vingt-deux ans après, sembla suspendre, mieux que ne l'aurait fait l'autorité royale, ces querelles, en proclamant les droits respectifs des deux Compagnies si longuement disputés entr'elles, mais que les rivalités de Corps ne feront qu'entretenir.

Un événement plus sérieux que des disputes de pré-

---

(1) Voir la lettre à Colbert du 3 février 1675. (Archives de l'Empire, vol. verts C.)

(2) Voir les *Essais historiques sur le Parlement de Provence,* par Prosper Cabasse, où cette scène est racontée en détail.

séance entre deux Cours allait, par le reflet qu'il eut dans la même province, y causer une grande rumeur, sans troubler la paix publique. Nous voulons parler de la conspiration de Cellamare, ambassadeur, à Paris, de Philippe V, roi d'Espagne, et dont le but était de changer la forme du gouvernement, en ôtant la régence au duc d'Orléans. Cette conspiration, découverte par l'arrestation à Poitiers le 2 décembre 1718, de Porto-Carrero, neveu du cardinal Alberoni, porteur des lettres de cet ambassadeur pour ce dernier, auquel il faisait connaître le plan de la conspiration, allait amener la guerre entre les deux couronnes. La duchesse du Maine avait trempé dans ce complot qui devait éclater par l'arrestation du Régent dans une partie de plaisir. Arrêtée à Sceaux, elle fut conduite prisonnière au château de Dijon où, comme nous l'avons dit dans le Discours préliminaire de cet ouvrage, elle demeura un certain temps. Une ambition extrême des honneurs et des hautes dignités l'avait entraînée dans un projet qui présentait la honte d'un attentat commis en pleine paix, entre des nations amies, par un ambassadeur accrédité. Petite-fille du grand Condé, Anne-Louise Bénédictine de Bourbon, d'un esprit élevé comme son aïeul, mais d'un orgueil égal, avait, à force d'intrigues, obtenu pour son mari, fils de Louis XIV et de Mme de Montespan, tous les honneurs de Prince du sang, jusqu'au droit de succéder à la couronne, par le décès arrivé, sans héritiers, du nouveau Roi. La Régence arrachée au duc d'Orléans, d'un rang inférieur suivant elle, en vertu d'une préséance qui n'avait jamais été admise en France en faveur des enfants du Souverain autres que ceux nés d'un légitime mariage, était une nouveauté que l'opinion même du temps n'eût pas soufferte. D'autre part, la pensée de conférer cette régence à un prince français, qui avait perdu cette qualité par l'acceptation d'un trône étranger, était une entreprise de plus que les traités rendaient impossible en donnant à Philippe V le gouvernement d'un pays où il ne pouvait régner ! Tout devait ainsi présager l'insuccès d'un acte sans nom conçu par des hommes graves, mais abusés sur l'état de la France à cette époque.

La duchesse du Maine était entrée dans ces menées qui satisfaisaient sa vengeance, à défaut de ce qu'elle appelait des droits que son mari, occupé de soins bien différents (1), sembla négliger, ce qui n'empêcha pas qu'il ne fût arrêté lui-même et conduit au château de Doullens. En Bourgogne, où sa maison était si puissante par les souvenirs, elle avait espéré se procurer des partisans. Louis Henri de Bourbon, comme elle descendant du grand Condé, en était le gouverneur, mais fidèle et ennemi des intrigues. Toutefois quelques actes occultes et bientôt connus avaient excité sa vigilance et celle de la Chambre de ville, quoique déchue de ses anciennes prérogatives de justice. Un libelle, sous le nom de *Déclaration faite par le Roi* le 25 décembre 1718, avait été répandu clandestinement dans Dijon et d'autres villes de la province. A cet acte étaient jointes la copie

---

(1) Tout occupé de littérature et s'amusant à traduire l'*Anti-Lucrèce*, la duchesse son épouse lui avait dit : « Vous trouverez un beau matin en vous éveillant que vous êtes de l'Académie et que M. le duc d'Orléans a la régence. »

d'une lettre du roi d'Espagne écrite de sa main et que le prince de Cellamare, son ambassadeur, était chargé de présenter au Roi de France, puis des copies d'une lettre circulaire du roi d'Espagne que le même ambassadeur avait ordre d'envoyer à tous les Parlements; d'une autre contenant le manifeste du Roi catholique adressé aux États généraux de France, et d'une requête enfin présentée à Louis XV au nom de ces mêmes États.

Toutes ces pièces habilement conçues, mais qui, à travers quelques vérités, étaient la plus amère critique d'un grand règne, froissaient, par leur origine étrangère, le sentiment national, et n'avaient trouvé d'adeptes que chez des hommes avides de fortune et de bruit qui n'avaient pas oublié les troubles déjà loin de la Fronde. Le procureur général Quarré de Quintin fit saisir ces écrits et les déféra au Parlement. Un arrêt du 15 février 1719 fit, en les condamnant, justice d'une entreprise qui avait pour but de changer les lois les plus inviolables de la monarchie et poussait, pendant la minorité du jeune Roi, ses sujets à la révolte. La Cour prononça leur suppression et « défendit à tous possesseurs, à peine de punition corporelle et de trois mille livres d'amende, de les imprimer, vendre, distribuer ou garder, sous les mêmes peines, ordonna de plus de les apporter au greffe et qu'en cas de contravention il serait informé par commissaires, octroyant à cet effet d'avance monitoire. » Ainsi se termina dans cette province, comme partout en France, une affaire qui, par ses invraisemblances de succès, méritait plutôt le nom d'intrigue, bien qu'elle eût eu sur les événements de cette époque une influence désastreuse par la guerre qu'elle alluma entre princes du même sang.

En remontant plus haut, l'année 1716 venait de commencer quand Berbisey succéda à Pierre Bouchu dans la première présidence du Parlement. Magistrat vertueux que sa bienfaisance a rendu célèbre, mais d'un esprit médiocre que quelques contemporains ont cru dissimulé, tandis qu'il ne fut que faible ou irrésolu, défaut capital dans un homme investi d'une si haute dignité. Toutefois, au milieu des crises que nous allons rapporter, ne sera-ce pas, pour un Corps, un malheur de plus que ces hésitations de conduite qui, de la part de son chef, compliquent les situations sans les résoudre, en dépréciant un caractère que le mérite ne relevait pas? Tel on trouvera Berbisey durant trente ans (1), dans sa vie si pleine de bienfaits, dans ses luttes qui furent des tergiversations ou des défaites, et dans ses actes d'administration intérieure, où il mécontenta tout le monde à force d'avoir voulu plaire à tous.

Un acte religieux avait signalé sa promotion à la première présidence. Le 6 avril 1716, les Chambres assemblées demandèrent, par une supplique adressée au Pape, la canonisation de madame de Chantal, fille du président Fremiot, l'un des plus illustres magistrats de la Compagnie, et dont la vie remplie de grandes œuvres avait édifié la Bourgogne au dernier siècle. Cette requête,

---

(1) Tour à tour conseiller et président à mortier, il fut reçu Premier Président du Corps le 13 janvier 1716, fonctions qu'il exerça jusqu'en 1744, où il s'en démit et fut remplacé par Claude Philibert Fyot de la Marche, mort en 1768.

qu'on peut lire encore (1), était l'apologie des vertus de cette sainte femme. Elle devint aussi comme un hommage que le Parlement rendait, plus d'un siècle après sa mort, à la mémoire de l'un de ses chefs. La Cour de Rome fit informer suivant l'usage, et la canonisation de Jeanne Fremiot (2), accordée plus tard, fut publiée au milieu des populations accourues à cette solennité, qui devint pour toute la province une fête publique.

Quelque temps après une intervention si peu attendue du Parlement, mais qui n'était point sans exemple dans ses annales, d'Aguesseau, procureur général au Parlement de Paris, reçut les sceaux à la place du chancelier Voisin. La Compagnie lui adressa les compliments d'usage dans des termes qui, sauf la bonne foi qui en était bannie, purent être pris pour un programme de sa conduite. On voit par la réponse de cet illustre chef de la justice, transcrite sur les Registres du Corps, qu'il avait prévu dès ce temps les embarras dont son administration allait être traversée de la part des Cours souveraines.

Déjà, en effet, à côté de différents symptômes d'agitation, des événements graves, dont la cause fermentait partout, ne tardèrent pas à se manifester en Bourgogne. L'affaire des Jésuites ou de leur expulsion du royaume, qui devait éclater plus tard, allait, sous des prétextes

---

(1) Voir la délibération dudit jour 6 avril 1716, dans laquelle elle est rapportée entièrement.
(2) Béatifiée le 21 novembre 1751 par Benoît XIV et canonisée par Clément XIII, son successeur, en 1767. Le savant abbé Bougaud, vicaire général d'Orléans, en a publié la vie dans un ouvrage qui a eu un succès considérable.

vulgaires, prendre dès ce moment dans cette province un caractère passionné, qui y laissa percer des haines mal contenues. L'opinion des gens de robe, excitée de longue main en France contre l'Ordre par les Parlements dont, en la servant outre mesure, il avait combattu les usurpations sur l'autorité du Pape, ne demandait ici qu'une occasion pour éclater, lorsqu'un incident des plus singuliers vint faire ajourner cette espérance. Le hasard avait fait découvrir chez un relieur de Dijon nommé Augier un livre intitulé : *La Constitution, règle de foi et de discipline,* imprimé à Anvers en 1717. On lisait à la suite de cet ouvrage la protestation de quatre évêques, une lettre adressée au Régent touchant la réunion des évêques opposants, les réflexions d'un prélat sur l'appel au futur concile œcuménique par quatre évêques et leurs adhérents, enfin, la lettre d'un avocat à un président touchant le même sujet. Le procureur général Quarré de Quintin, le même qui avait célébré les vertus du duc d'Orléans à son avénement à la régence, demanda la suppression de ce livre publié sans nom d'auteur. Le Parlement fut obligé de l'ordonner ainsi, en ajoutant à cette mesure la défense de le vendre ou de le distribuer, sous peine d'amende et de punition corporelle. Mais il arriva que le relieur, sommé d'en faire connaître le propriétaire, vint à désigner le précepteur des enfants de l'avocat Chesne, qui prétendit à son tour le tenir du père Oudin, fameux jésuite de Dijon, ce que celui-ci ne dénia pas. Il parut piquant qu'un religieux de cet Ordre eût propagé ainsi un livre janséniste où l'autorité du Pape était contestée ou mise en doute. Une telle nouveauté, jointe au nom du distributeur, comme aux affections secrètes du Parlement pour l'esprit de l'ouvrage, adoucit cette Compagnie, qui se contenta de faire au père Oudin défense de récidiver et le renvoya *hors de Cour* (1). Ainsi finit sans plus d'éclat une telle affaire.

Ce n'était point d'ailleurs par affection pour les Jésuites que ce Corps venait de montrer tant d'indulgence, et sa haine contre l'Institut n'en existait pas moins profonde, bien que presque tous les membres du Parlement eussent été ses élèves dans le collége de Dijon, l'un des plus célèbres du royaume. Mais l'esprit philosophique, qui commençait à dominer, ne voulait pas céder à ces scrupules et allait l'emporter sur des souvenirs auxquels la reconnaissance ne commandait plus.

Presque dans le même temps et le 21 août 1717, la même Compagnie avait écrit au chancelier une lettre par laquelle elle signalait, comme ayant troublé le repos des familles, la déclaration donnée par le Roi au mois de juillet 1715, qui permettait à ces religieux de succéder à leurs parents jusqu'à l'âge de 33 ans. C'était près d'un demi-siècle avant l'expulsion des Jésuites du royaume. Elle demandait avec instance que ce privilége leur fût retiré, comme il l'était à tous les Ordres religieux en général. D'Aguesseau, qui avait jugé la portée d'un tel manifeste, s'était contenté de répondre, au nom du Régent, qu'il serait nommé une commission à l'effet

---

(1) Voir aux Registres les délibérations du mois de juin 1717 ainsi que l'arrêt du 13 août suivant, qui renvoya le père Oudin des poursuites. On y lit que le Parlement fit défense, sous des peines sévères, à toute personne de *relier désormais des livres non revêtus de privilége du Roi*.

d'examiner une proposition si importante (1), et l'affaire en resta là. Cette requête de la Compagnie, conçue dans des termes pleins d'aigreur, n'était que le renouvellement de celle qu'elle avait adressée au Roi le 7 septembre 1715, et qui déjà, par la crainte de fomenter des troubles dans le Royaume, était demeurée sans réponse.

Le Parlement de Bourgogne avait, en agissant de la sorte, donné aux autres Cours souveraines un exemple qu'elles ne tardèrent pas à suivre. Il se vengeait aussi en signalant les inconvéniens nés de cette faculté de succéder qui enrichissait l'Ordre en dépouillant les familles de leur patrimoine, de la condescendance bien tardive qu'il avait montrée pour l'enregistrement de la bulle *Unigenitus*, enregistrement dont il s'était toujours repenti. La promulgation faite plus tard d'une nouvelle bulle du Pape qui condamnait le livre des *Réflexions morales*, adressée à tous les fidèles, et dans laquelle le chef de l'Eglise exhortait les évêques à se séparer de ceux qui refuseraient de s'y soumettre, lui parut une occasion favorable pour faire éclater ses anciennes rancunes. Le procureur général Quarré de Quintin, complice de ces vengeances, signala, dans un réquisitoire plein de violence, les expressions qu'il remarquait dans cette bulle : *Qui memoratæ constitutionis nostræ dubitant et omnimodam obedientiam hactenus præstare recusarunt, aut in posterum recusare ausi fuerunt*, comme constituant un empiétement du Saint-Siége sur l'autorité de l'Eglise universelle, à la place de

---

(1) Cette lettre est du 8 octobre 1717. (Voir le Registre du Parlement de cette date, où elle est transcrite.)

laquelle il prétendait établir sa propre infaillibilité. Il demanda au Parlement ce que ce Corps ne demandait pas mieux d'ordonner, et ce qu'il prescrivit en effet, les Chambres assemblées, le 17 novembre 1718, savoir, la défense formelle faite aux archevêques et évêques, leurs vicaires généraux et officiaux, Corps et communautés ecclésiastiques et à tous autres, de publier la bulle sans lettres patentes du Roi enregistrées par la Compagnie, qui en aurait permis l'exécution, sous peine d'être *traités comme perturbateurs du repos public* (1).

C'est ainsi que de prime abord ce Corps s'ingérait dans des questions théologiques de premier ordre, où, sous la forme d'oppositions bruyantes, on semblait donner raison à ceux qui avaient publié ces opinions nouvelles que le chef de l'Église avait condamnées et qu'on lui renvoyait avec arrogance. Première déclaration de guerre qui, par des résistances non justifiées, tendait, quand le danger n'existait plus, à faire revivre entre l'empire et le sacerdoce les querelles oubliées du moyen âge.

Mais déjà l'esprit d'irréligion soufflait de toutes parts, et l'épisode que nous venons de faire connaître n'en fut que le premier symptôme manifesté par un acte public émanant d'une Cour souveraine entière. Le Parlement, comme on le voit, frappait au cœur, en la rompant par une provocation au schisme, l'unité catholique romaine dans les rapports des évêques avec le Pape. C'était le but qu'on s'était proposé d'atteindre, et, si les prélats

---

(1) Voir le Registre du Parlement du même jour.

de la Bourgogne ne répondirent pas à ces provocations, plusieurs membres du bas clergé ne tardèrent pas à se révolter contre eux. A peine, en effet, cet arrêt était-il connu, que dix-neuf curés du diocèse de Chalon, à la tête desquels était Gaudrillet, curé de Verdun, appelaient, par un acte enregistré en l'officialité de Paris, au futur concile général *librement et légitimement assemblé*, de la constitution du pape Clément XI du 8 septembre 1713. Cette bulle commençant par ces mots : *Unigenitus filius Dei*, n'était d'ailleurs que le renouvellement de la bulle du même nom, enregistrée après tant de retards par le Parlement de Dijon. « Attendu, portait l'acte d'appel, qu'au mépris d'un premier arrêt de la Cour, du 13 juin 1716, qui condamnait le mandement de l'évêque diocésain portant que cette constitution devait être regardée comme règle de foi, ce prélat avait publié un nouveau mandement qui enjoignait de se soumettre à cette loi et leur défendait d'en interjeter appel, sous peine d'excommunication *ipso facto* et d'autres peines canoniques. »

Pour donner plus de retentissement à sa plainte, Gaudrillet, dans l'appréhension affectée d'une excommunication dont il était, disait-il, menacé, avait suspendu lui-même l'exercice de son ministère, « demeurant, ajoutait-il, au milieu de son troupeau, qu'il gouvernait depuis quarante-cinq ans, comme un membre inutile, jusqu'à ce que l'autorité du Parlement l'eût rétabli dans ses fonctions. » Une telle comédie parfaitement jouée, et qui avait été soutenue par une consultation de l'avocat Bannelier, intéressa au plus haut point cette Compagnie, qui ne se vit pas sans joie proclamée juge d'un différend auquel ses propres prétentions se trouvaient liées, et qu'elle pouvait bien avoir suscité dans ce but. Le 10 janvier 1719, au rapport du conseiller Maillard, arrêt fut rendu par lequel « elle reçut l'appel, fit défense à l'évêque de faire aucune chose à son préjudice, ni d'inquiéter Gaudrillet et autres ecclésiastiques de son diocèse sous prétexte de son mandement; ajourna les parties à plaider au fond, et ordonna que cette décision serait lue et publiée devant toutes les églises de son ressort et à l'issue des messes paroissiales, à la diligence du procureur général ou de ses substituts dans les bailliages (1). »

Presque dans le même temps les passions ne tardèrent pas à être excitées d'une autre manière. Par un nouvel arrêt, le Parlement demanda compte au procureur général de cette affaire, ainsi que de plusieurs autres concernant les personnes ecclésiastiques, contre lesquelles il semblait lutter ainsi de ressentiment. Dans l'une d'elles notamment (celle des dix-neuf curés), on avait fait usage de procédures insolites, dont les gens du Roi surpris les premiers se plaignirent sans succès aux Chambres assemblées, qui leur enjoignirent d'obéir.

(1) Voir le Registre du Parlement dudit jour. — L'arrêt du 13 juin 1716 avait dit : « La Cour ordonne que les exemplaires du mandement dudit évêque de Chalon, du 3 juin dernier, seront supprimés; en conséquence, enjoint à tous ceux qui en ont de les remettre au greffe de ladite Cour..., comme aussi à tous autres archevêques et évêques dont les diocèses en tout ou pour une partie sont situés dans ce ressort, d'insérer dans leurs mandements aucune chose qui puisse tendre à division, etc. » (Voir le Registre du même Corps, à cette dernière date.)

Dès ce jour les appels comme d'abus devinrent une fièvre qui mina de toutes parts l'autorité du Pape, en livrant ainsi au pouvoir séculier les questions de foi et de discipline. Le pouvoir parlementaire, comme on l'a vu dans ce récit, et à l'inverse du moyen âge, s'était ingéré dans l'Eglise, la pire des usurpations, mais qui ne fut elle-même que la réaction inévitable des empiétements plus anciens de l'Eglise sur le gouvernement de l'Etat. Ce fut là l'entraînement de deux époques séparées par des maximes opposées et où l'ambition eut la plus grande part. Dans la lutte engagée par le Parlement de Dijon contre l'autorité du Pape, on vit dans cette ville jusqu'à une communauté de femmes obéir à ces excitations par la révolte. Des lettres adressées de Rome par le général de leur Ordre aux religieuses Jacobines de Dijon furent dénoncées par elles au Parlement pour ne pas avoir été préalablement enregistrées à l'audience en la forme accoutumée. La Compagnie s'empressa d'accueillir ces protestations par un arrêt (1), rendu malgré une plaidoirie très éloquente du célèbre avocat Davot.

Triste conséquence de ces choses : une telle décision était à peine connue, que des religieux du même Ordre s'introduisaient dans le couvent de ces femmes sous prétexte d'en conférer avec elles ; événement qui fit ici grand bruit à cause du scandale et força le Parlement de sévir, par des réprimandes, contre des désordres qui méritaient une punition plus sévère (2).

---

(1) Du 15 février 1719. (Voir aux Registres du Parlement.)
(2) Le prieur, le plus ancien religieux et le procureur du couvent furent mandés derrière le bureau, où le président Bouhier de Chevi-

Tels furent les effets de ces résistances nées d'un gallicanisme outré dans un temps où le Parlement de Paris avait donné le premier exemple de semblables réactions, jusqu'à décanoniser saint Vincent de Paul, sous prétexte qu'il avait dénoncé le jansénisme naissant. Ainsi l'esprit des Cours souveraines se révélait partout le

gny leur adressa au nom du Parlement ces paroles que nous citons comme justification de ce récit : « Prieur et religieux Jacobins, la Cour, instruite par bruit public des dérangements de la maison des Jacobines de cette ville qui vous est confiée pour le spirituel et le temporel, a été obligée de députer des commissaires pour acquérir la vérité des faits. Le procès-verbal qui nous est rapporté est rempli d'accusations et de cas si graves, que la lecture seule en fait horreur et fait frémir les moins timides... Si la Cour se porte par indulgence à ne pas rechercher les coupables, c'est dans l'espoir que vous et vos successeurs aurez une attention plus exacte à contenir vos religieux dans vos cloîtres et à ne plus laisser pénétrer dans la maison des Jacobines que celui que vous aurez reconnu par ses mœurs et sa capacité digne de diriger scrupuleusement des vierges qui, par des vœux solennels, ont consacré le reste de leur vie à la retraite... La Cour vous ordonne de notifier ses volontés à votre communauté, et si quelqu'un osait y résister, il sera procédé contre lui suivant la rigueur des lois civiles et canoniques. Retirez-vous. » Sur quoi lesdits prieur et religieux sont sortis. (V. au Registre du Parlement la délibération du 31 mars 1719.)

Une lutte fort envenimée s'était suivie de cette affaire entre l'évêque de Langres et le père Duclot, provincial de l'ordre, qui osa porter devant le Conseil du Roi une prise à partie contre le prélat, pour avoir attenté à son droit de discipline sur un couvent de femmes institué par le même fondateur. De leur côté, les Jacobines de Dijon, connues sous le nom de *Sainte Catherine de Sienne*, leur réformatrice, intervinrent dans ce débat pour adhérer aux prétentions de l'évêque diocésain, auquel elles avaient les premières porté des plaintes graves. Elles alléguaient notamment que leur réforme les avait placées pour la discipline sous la juridiction de *l'ordinaire*, et que le père Duclot, eût-il le droit qu'il invoquait, l'avait perdu, d'après les Canons, par l'abus scandaleux qu'il en avait fait. La requête de l'évêque, la réponse du supérieur, ainsi qu'un long mémoire des Jacobines, pièces que nous possédons entières, montrent qu'un grand scandale était le fond de ce procès, qu'il eût été plus sage d'assoupir.

même, nous voulons dire intolérant et vexatoire, tandis que le Parlement de Bourgogne élevait dans cette province contre l'autorité du Pape, une barrière devant laquelle se brisaient les liens d'obéissance et de discipline. A toutes ces nouveautés qui laissaient loin d'elles la déclaration du clergé de France de 1682, et qu'il n'eût pas été d'ailleurs en son pouvoir de prévenir, Berbisey garda le silence au lieu de protester contre un parti devenu si périlleux pour la religion, dont il ébranlait la base.

L'édit du Roi du 5 juin 1719, signé par le Régent, qui suspendit durant un an les querelles au sujet de la bulle *Unigenitus* et du livre des *Réflexions morales,* vint faire trêve à ces débats sans les terminer. Mais l'ardeur du Parlement devait s'en prendre à d'autres choses qui entretinssent ses haines de ce côté. L'évêque de Langres avait défendu aux ecclésiastiques de monter la garde en temps de péril, de guerre ou de contagion, sous peine de suspension de leur ministère *ipso facto*. Par un arrêt rendu les Chambres assemblées, sur les réquisitions du procureur général Quarré de Quintin, ce Corps s'empara de l'affaire et cassa, le 30 décembre 1721, l'ordonnance du prélat (1). Il compléta de plus, dans cet esprit d'envahissement qu'il reprochait tant à d'autres, le règlement du Palais touchant les appels comme d'abus, la matière la plus épineuse de la jurisprudence française à cette époque.

Malgré ses prédilections peu déguisées pour les idées nouvelles, le Régent n'avait pas vu sans effroi ces luttes

---

(1) Voir au Registre du Parlement de la même date.

acharnées du Parlement contre l'Eglise de France, le *palladium* de la monarchie, et dont elle ne s'était jamais séparée sans danger. Il profita d'anciennes fautes de cette Compagnie dans des actes semblables pour s'en venger et la faire ressouvenir de ses abaissements. Louis XV venait à peine d'être sacré à Reims que le même procureur général entrait aux Chambres assemblées et leur tenait en son nom un langage dans lequel perçaient les mécontentements de la Cour contre la conduite des Parlements et contre celui de Dijon en particulier : « Je suis dans la nécessité, disait-il, de vous déclarer aujourd'hui plus précisément qu'on accuse la lenteur des enregistrements dans ce tribunal et la multiplicité de ses remontrances... Vous ne devez pas ignorer que les conjonctures ne nous permettent pas d'y avoir égard. J'ose vous supplier de m'en croire, les lettres des ministres me l'ont plusieurs fois annoncé. Si vous en souhaitez une connaissance plus exacte, vous l'aurez par des lettres de jussion que les autres Compagnies ont jugé à propos de prévenir. Dirai-je tout? J'ai travaillé à les suspendre, *parce qu'elles ne partiront pas du trône sans être accompagnées de lois particulières qui affaibliront encore votre autorité, non pour un temps seulement, mais seront un exemple éternel dans d'autres occurrences.* M. le Régent ne demande que deux jours pour avoir votre réponse (1). » Menaces non équivoques qui font assez connaître que ce Prince avait pensé lui-même, comme le fera Louis XV dans un temps plus mal choisi, à défendre, par les

___
(1) Voir le Registre du 30 janvier 1723.

mêmes voies, la Royauté en péril. Toutefois, le Parlement de Dijon n'obéit pas encore et se laissa contraindre, comme d'habitude, par des ordres nouveaux contre lesquels, tout en se soumettant, il ne manqua pas de protester.

Dans ce temps-là vivait au sein de cette Compagnie, dont il fut l'honneur, un homme que son mérite eût justement placé à sa tête, et dont le nom brilla parmi les jurisconsultes les plus fameux de son temps. Nous voulons parler du président Bouhier, personnage le plus complet comme le plus modeste d'une époque où le goût des lettres venait adoucir l'aridité sévère de l'ancienne jurisprudence. Né à Dijon (1) d'une famille de magistrats et de savants, il avait fait ses études chez les Jésuites de cette ville, où, les hommes les plus célèbres de la Bourgogne avaient sucé comme lui les traditions de l'antiquité. Entre les dons divers qui ornèrent ce grand esprit, les opinions sont restées partagées sur ce qui l'emporta du jurisconsulte ou du magistrat, du critique ou de l'historien, du philosophe ou de l'érudit. Ajoutons à ces connaissances celle des langues grecque, italienne, espagnole et hébraïque, dont il posséda le génie. La vie toute remplie de ces études différentes, Bouhier n'avait point ambitionné les honneurs et s'était vu appelé à occuper un des siéges les plus élevés du Parlement, moins par goût que par cette vocation

---

(1) Le 16 mars 1673, reçu conseiller au Parlement le 7 janvier 1693, président à mortier le 12 mars 1704, résignataire de cette charge le 26 juin 1727, mort à Dijon le 17 mars 1746, sans enfants mâles.

héréditaire qu'il avait reçue dès le berceau. L'Académie française viendra plus tard revendiquer un nom si justement célèbre (1), sans l'arracher à ses travaux de prédilection, auxquels, pendant dix-neuf ans passés dans la

(1) Elu le 16 juin 1727 à la place de Malézieux et reçu le 30 du même mois, après le discours d'usage, auquel le président Hénault répondit. On sait que, par une faveur spéciale et qui, les évêques exceptés, n'a jamais eu d'exemple depuis, Bouhier fut dispensé par cette Académie de la résidence à Paris, où son nouveau titre l'appelait. Par une faveur de plus, le Roi lui réserva le droit d'entrer avec voix délibérative au Parlement de Dijon après la résignation de sa charge accomplie dans le même temps, faculté dont il usa très souvent aux applaudissements d'un Corps dont il demeura ainsi l'oracle jusqu'à sa mort. (Voir les lettres patentes du 12 juillet 1727 qui lui conférèrent ce privilége, connu sous le nom de *lettres de vétérance*, que le Prince accordait aux membres du Parlement qui se retiraient après vingt ans d'exercice, et quand il les en jugeait dignes. Registre du 17 dudit mois.)
Le célèbre Lamonnoye, son ami, l'avait initié au commerce des muses, auxquelles il confia, dans des vers un peu libres qui nous sont restés, jusqu'aux faiblesses de sa vie (*). Cinquante ouvrages ou opuscules différents sur des sujets plus dignes de lui, et en tête desquels il faut placer ses immenses travaux sur le droit municipal de la Bourgogne, attesteront à jamais ce que les lettres et la jurisprudence française doivent à celui qui, suivant l'expression de Voltaire, « cultiva avec éclat les sciences dans une ville qui a produit tant d'hommes de lettres et où le mérite de l'esprit semblait être un des caractères des citoyens (**), » et que l'Académie française proclama elle-même, par une autre bouche (***), « un savant de premier ordre, mais un savant poli, modeste, utile à ses amis et à sa patrie. » Un fait digne de remarque et peu connu des biographes, est qu'il avait conçu et rédigé un projet de législation uniforme pour toute la France ; manuscrit précieux que la Révolution a fait disparaître, et qui prouvait l'étendue de ce grand esprit (****). Nous renvoyons aux nombreux auteurs qui ont écrit sur ses travaux le lecteur qui voudra connaître à fond un génie aussi fertile qu'étendu.

(*) Voir ces vers manuscrits à la Bibliothèque de la ville.
(**) Discours de réception à l'Académie, où il fut appelé à succéder au président Bouhier.
(***) L'abbé d'Olivet.
(****) Ayant été saisi avec les papiers du président de Bévy, pendant l'émigration de ce magistrat, en 1792.

retraite après la résignation de sa charge, il consacra ses derniers jours. Voilà ce que peut dire l'histoire de ce grand homme, comme le titre lui en a été donné par le temps, et qui appartient plutôt à la science qu'aux événements de son époque. Ecoutons maintenant ce que pensèrent de lui ses contemporains par la bouche de l'un d'eux, magistrat d'élite, qui fut son élève et avait vécu dans son intimité (1) :

« Le président Bouhier, dit-il, était un des plus savants jurisconsultes de son temps et peut-être encore un des plus savants littérateurs, mais sûrement un des plus médiocres poètes qu'il y ait jamais eu. Cela devait être, parce qu'il avait beaucoup plus de science que d'imagination. Il a cependant été de l'Académie française et préféré à Montesquieu, peut-être même avec raison. C'est que pour lors la réputation de l'un était établie et que la réputation de l'autre commençait à s'établir. Nous avions au Palais deux magistrats plus singulièrement opposés, parce qu'ils l'étaient dans le même genre. Le premier était sans contredit fort supérieur à l'autre, même à ne les envisager que comme juges. Le président de Grosbois était aussi ignorant qu'il était possible de l'être avec des talents pour son métier. Il avait de la justesse et de la clarté dans l'esprit, il entendait les affaires à merveille, s'en occupait toujours et ne les

---

(1) Le manuscrit intitulé : *Testament moral,* auquel il nous a été permis d'emprunter cette citation, est l'œuvre de Jean-Louis Maleteste, conseiller au Parlement de Dijon. Destiné à sa famille, il renferme entre autres choses sur le président Bouhier une notice pleine d'intérêt, jointe à des détails curieux par les lumières qu'ils répandent sur un nom et sur une époque.

étudiait jamais. Le président Bouhier trouvait partout des questions de droit, le président de Grosbois ne trouvait nulle part que des questions de fait..... C'est au président Bouhier que je dois le peu d'études que j'ai entrepris de la jurisprudence. C'était le savant le plus obligeant et le plus communicatif que j'aie jamais connu. Ses lumières étaient à toutes les heures au service de ceux qui venaient les lui demander. J'avais un titre particulier indépendamment de ma parenté : il m'a dit souvent que ce qu'il faisait pour moi n'était que restitution ; que quand il était entré au Palais, c'était mon grand-père qui l'avait formé (1). Mon grand-père était moins savant que lui, mais sur ce que j'ai recueilli de l'aveu même de ceux qui l'ont connu, un des plus grands magistrats qui aient jamais existé. M. le Premier Président Brulart, connaisseur en cette partie, prétendait qu' « avec lui seul il aurait défié tous les Parlements du Royaume. » Il était aussi grand littérateur, mais d'une littérature moins profonde et plus agréable que celle du président Bouhier. On peut s'en former une idée par ses voyages d'Angleterre et d'Italie faits ou écrits avant qu'il ne fût en charge.

« De l'humeur et de la tournure d'esprit dont était le président Bouhier, il avait fort à cœur de me faire étudier

---

(1) Etienne Maleteste, fils de Claude Maleteste auteur des *Mémoires sur la Fronde*. Il avait épousé Louise Joly, de la branche des procureurs généraux de ce nom au Parlement de Paris, Bussy-Rabutin disait de lui « qu'il n'avait connu jamais autant de force avec plus d'esprit. » Bouhier ajoutait « qu'il l'avait vu tenir le bureau de rapporteur d'une Saint-Martin à l'autre, sans être soutenu par personne. » Il fut son élève et s'en vantait. (Manuscrit de Louis Maleteste.)

le droit par principes, ce qui est très rare, du moins à ce que j'ai vu parmi mes contemporains. La plupart de ceux même qui travaillaient le plus se contentaient d'étudier les affaires, à mesure qu'ils en étaient chargés. A la longue cela produit bien quelques connaissances, mais beaucoup moins sûres que quand on forme ses décisions sur des principes généraux bien établis auparavant. Le président Bouhier poussait les choses si loin à cet égard, que, parce qu'il avait eu la peine de puiser dans les sources, il exigeait que je fisse de même. Il ne voulait pas me permettre de me servir d'un livre qui était venu depuis lui, c'est Domat, *des Lois civiles*. Mais comme ce livre est fort bien fait et très commode, je me suis souvent donné la permission de m'en servir.

« Au reste, le président Bouhier avait aussi été homme de plaisir; il avait fort aimé les femmes. Mais jamais homme n'avait moins perdu de temps. Il m'a souvent dit que pendant sa jeunesse, quand il rentrait du Palais, il faisait un tour dans sa bibliothèque, qui était immense, n'y restât-il qu'un quart d'heure avant le dîner. Lorsqu'il s'habillait, et je l'ai vu, il avait des pupitres, des livres, que des chevilles tenaient ouverts; il y jetait les yeux en attachant ses boutons. Il me répétait souvent une maxime qui est de la plus grande vérité (je ne l'ai pas bien observée), c'est qu'on peut donner à ses plaisirs tout le temps qu'ils nous demandent, pourvu qu'on emploie utilement tout le temps qu'ils nous laissent. On ne pourrait pas croire, si on ne l'avait pas vu, tout ce que le président Bouhier a écrit de sa main... »

Et plus loin, l'auteur ajoute que « sa susceptibilité

comme jurisconsulte était extrême. Il s'était élevé, dit-il, à Dijon, un débat sur une question de droit concernant les testaments des fils de famille. Elle avait été décidée par un arrêt rendu dans la Chambre des Enquêtes que présidait le président Bouhier et d'après ses principes. Cette Chambre avait jugé : 1° qu'en Bourgogne un fils de famille n'avait pu faire une donation à cause de mort à son frère sans le consentement de son père ; 2° qu'une donation pareille, faite à son père et de son consentement, était bonne et valable, quoique le consentement fût intervenu dans l'acte. La discussion prit dès son début le caractère d'une lutte violente. Un avocat célèbre écrivit et imprima contre l'arrêt ; le président Bouhier eut le tort d'y répondre. L'aigreur et le sarcasme se glissèrent dans les mémoires. L'envie fit prendre parti contre lui à bien des gens sans qu'ils sussent pourquoi, si ce n'est que la supériorité ne se pardonne pas. La question toute nue se présenta de nouveau dans un procès réel ou *imaginé* (1). Il fut convenu qu'il ne serait jugé que les Chambres consultées, afin d'en faire un arrêt de règlement. Le président Bouhier exigea que je m'y trouvasse. Je connaissais la chaleur que le président mettait à cette affaire. Mais je ne l'avais pas encore étudiée, et j'avais peur que si je n'étais pas de son avis, il ne me le pardonnât jamais. Il y avait peu de temps que j'avais voix délibérative, je m'excusai sur ce que je n'en savais pas encore assez pour

---

(1) Le mot est digne de remarque. Il nous apprend qu'à défaut de procès réels, la puissance du Parlement en inventait de fictifs pour fixer sur des questions controversées une jurisprudence définitive ou réglementaire.

me décider dans une question si controversée ; il persista. Je protestai d'y apporter la plus grande impartialité. Il m'assura bien que c'était tout ce qu'il demandait, et je me trouvai de son avis... » Ici se terminent sur le magistrat qu'ils peignent ces souvenirs contemporains, d'autant plus sûrs qu'ils expriment un jugement sans prétendre l'imposer, puisqu'ils étaient destinés à l'oubli. D'autres extraits de la même source viendront ajouter leur autorité à cette histoire, suivant les personnages auxquels ils se rapportent, et où chacun trouvera sa part, émanés de l'homme le plus capable de bien juger, placé qu'il fut près des modèles.

Ce qu'eût fait le président Bouhier à la tête du Parlement au milieu des difficultés d'une telle époque, nul ne saurait l'affirmer de nos jours. Des exemples nombreux empruntés à cette histoire ne prouvent que trop l'impuissance des hommes les plus forts pour contenir dans de justes bornes des Corps impatients du frein et animés des mêmes tendances. N'avait-on pas vu dans des temps plus éloignés les magistrats les plus fermes faire plier leur caractère sous la pression des majorités, et Brulart, tout le premier, ne céda-t-il pas parfois à cette puissance du nombre sur la raison ?

Toutefois, des événements contemporains auxquels Bouhier se trouva mêlé, tendraient à faire supposer que, placé au premier rang, son caractère n'eût pas été à la hauteur de son mérite, là où le mérite ne domine pas les situations sans le caractère. Dans une révolution du Palais causée par le refus d'enregistrer de nouveaux édits fiscaux, le Parlement vint accuser le Premier

Président de Berbisey d'avoir autorisé la publication de ces édits sans qu'il eût eu arrêt qui les enregistrât. Le fait n'était que trop prouvé. Berbisey ne le nia pas, mais s'excusa en alléguant l'erreur ou la surprise. Raisons peu plausibles, qui rappellent ici le reproche bien mérité qui lui sera fait plus tard d'avoir supprimé les lettres du Parlement adressées aux princes de la maison de Condé dans les luttes de la Compagnie avec le Souverain, au sujet des honneurs à rendre aux commandants de la province. Cette conduite tortueuse, dans des époques à part, était venue confondre les meilleurs amis du Premier Président. On savait sa tendance à flatter la Cour en lui dissimulant les actes les plus secrets d'un Corps qu'il ne pouvait gouverner. Dans l'affaire des édits, la plus grave, le Parlement s'était indigné non sans raison d'un acte supposé, qui le faisait consentir à des taxes qu'il n'avait pas approuvées et dont la perception devait se faire sur les épices, ou pour mieux dire à ses dépens.

Au milieu du tumulte causé par un tel événement, Berbisey venait de refuser l'assemblée des Chambres, bien qu'il l'eût accordée d'abord. Bouhier, le plus ancien des mortiers, à défaut de ceux qui le précédaient en rang et qui s'étaient retirés de l'affaire, n'avait pas craint, entraîné qu'il fut par une sorte de révolte de la Compagnie contre son chef, d'exercer un droit de convocation qui, le Premier Président présent, n'appartenait à aucun. Ce fut ainsi que dans une réunion obligée, mais illégale, le Parlement rendit arrêt « qui défendit au receveur, chargé de la perception des taxes, de se prévaloir de l'ordonnance de l'intendant, et à tous huissiers de l'exécuter, sous peine d'être pourvu contre eux exemplairement. »

Chacun, comme on le voit, avait eu dans ce conflit des torts de conduite; mais ceux du Premier Président furent les plus graves. Il y joignit celui d'avoir laissé échapper l'occasion de les réparer, lorsque, par la convocation demandée des Chambres, on lui en ouvrait la voie. La Cour, de son côté, si intéressée dans ce débat, n'avait vu dans la conduite de Berbisey que son zèle à la servir par tous les moyens, et punit par un exil l'usurpation d'autorité que Bouhier s'était permise. Tourmenté de peines et d'ennui, ce dernier se retira dans ses terres et revint à Dijon le 12 août 1722, en vertu de lettres de rappel qui lui furent adressées, tandis que les deux syndics de la Compagnie, les conseillers de La Marche et Normant, suspendus de leur charge et réintégrés, étaient pour le Corps entier frappés d'un *veniat* qui les contraignait à se rendre à Paris où ils reçurent des réprimandes.

Cette répression mitigée, jointe au rôle hardi qu'avait joué le Parlement dans ce débat, indiquait assez que, grâce au nouveau règne, on inaugurait une politique différente où les rôles allaient changer ainsi que les caractères. On entrait sous le ministère Dubois, la plus triste période de notre histoire, comme la plus honteuse. Le Parlement, cette fois sans scrupule, salua le nouveau ministre, prêtre indigne, par une adresse dans laquelle il ne craignait pas de se faire l'interprète de l'enthousiasme public et célébrait les « rares qualités de Son Eminence, lesquelles, disait-il, avaient déjà paru avec tant d'éclat, et qui répondaient du plus grand succès dans l'administration qu'il avait entreprise avec tant de gloire pour le bonheur du royaume (1). » C'était, dans une conjoncture où l'intervention politique de cette Compagnie n'avait plus que faire, pousser loin la flatterie, et le sauveur de la France n'eût pas été honoré autrement. Mais le bonheur qu'éprouvait le Corps d'un nouvel ordre de choses sous lequel il espérait reprendre son indépendance, l'avait rendu courtisan, comme le furent toutes les Cours souveraines à cette époque de transition d'un gouvernement fort à un gouvernement corrompu qui allait être miné de toutes parts.

Toutefois, au milieu de ces égarements, le Parlement de Dijon n'avait rien perdu de ce coup d'œil qui lui fit juger en toute circonstance ce qui importait davantage à la prospérité de la province dans les questions du commerce et de l'agriculture (2). On peut voir par les actes qui en sont restés les soins qu'il prit de ces intérêts dans des remontrances qui prouvent, à la distance qui nous sépare de cette époque, ce qu'il y avait de grand dans les idées d'un tel Corps, quand la politique, sinon l'amour effréné de ses priviléges, ne le détournait pas de

---

(1) Registre du 30 décembre 1722.
(2) Déjà, à une époque éloignée, veille des troubles de la Fronde, cette tendance s'était manifestée de sa part. Conformément à un arrêt du Conseil, « ce Corps fit défense à toutes personnes de faire saisir ni prendre pour exécution les chevaux, bêtes et ustensiles des laboureurs, vignerons et manouvriers, servant à cultiver les terres labourables, vignobles et autres, soit pour les deniers des tailles, taillon, substance des gens de guerre, etc., ni pour dettes des communautés et particuliers, sous peine aux huissiers et sergents de la privation de leurs charges et de plus grandes peines s'il y échet. » (Arrêt du 17 juillet 1641.)

soins plus utiles. La question de la plantation de nouvelles vignes à la place des terres arables, comme celle de la création sans limite de fourneaux de forges en Bourgogne, étaient pour l'administration des embarras sans cesse renaissants devant l'avidité des propriétaires en lutte avec les besoins du temps. Le Parlement comprit que pour le Souverain il ne s'agissait pas seulement de mettre par l'autorité un terme aux abus de la spéculation, mais d'imprégner de ses propres idées l'opinion publique, si prompte à se révolter contre des restrictions devenues impuissantes à la faveur des troubles. Ce fut sous l'influence de ces considérations d'ordre public qu'il adressa à Paris, le 16 mars 1725, au prince de Condé, gouverneur de la Bourgogne, deux mémoires pleins de force pour les intérêts généraux que ces questions soulevaient, et auxquels la distance des temps n'a pas ôté toute leur importance. C'était après le règne de Louis XIV, dont l'ordonnance sur les forges avait proscrit des établissements nouveaux de cette nature, que ces remontrances étaient faites. La rareté des bois de chauffage et de construction, accrue par la dilapidation des forêts, avant que la célèbre ordonnance de 1669 eut porté ses fruits, venait justifier ces prohibitions. La sollicitude de l'Etat pour de tels besoins, et qui est restée une des gloires de Colbert, trouva le Parlement de Dijon tout prêt à en assurer l'effet, quand déjà on commençait à la méconnaître.

Une législation perfectionnée par de belles ordonnances au XVIIIe siècle, fut elle-même l'objet de la coopération de cette Compagnie, appelée par ses commissaires à y prendre part. Nous en citerons pour exemple celle sur les donations et testaments, publiée sous le ministère de d'Aguesseau. L'on voit, dans une lettre transcrite sur les Registres et qui fut adressée par ce chancelier au Premier Président de Berbisey, qu'il loue le Parlement « d'y avoir beaucoup contribué par la sagesse et la solidité de ses avis. » Cette lettre avait aussi pour but de décider en quoi certaines dispositions de la Coutume de Bourgogne pouvaient être abrogées par l'ordonnance. La réponse du même chancelier fut que le Roi n'avait entendu s'occuper dans cette matière que de la jurisprudence romaine, sans porter atteinte au droit coutumier municipal. Il en donnait pour raison que « le président Bouhier, *magistrat, l'un des plus éclairés du royaume*, l'avait tellement entendu ainsi, qu'il ne s'était point prévalu dans ses observations de l'autorité de cette coutume, quelque familière qu'elle lui fût, et alors qu'il avait lutté de tous ses efforts contre l'opinion qui l'avait emporté dans la rédaction de l'art. 60 de cette ordonnance. »

Presque dans le même temps et après l'établissement, si contrarié par des rivalités de villes, d'une Université de droit à Dijon, le Parlement poursuivait avec persévérance l'observation des règlements qui devaient en assurer le succès par la mise au concours de toutes les chaires, même des places de simples agrégés, ce qui ne s'était vu nulle part d'une manière aussi absolue. Il est curieux de lire, dans une délibération des Chambres assemblées du 18 juillet 1726, les remontrances qui furent adressées au Roi au sujet des lettres patentes par lesquelles il avait attribué, à titre de survivance, à Jean-

François Bret, agrégé, âgé de 22 ans, la chaire de son père, professeur à la même Université. On y remarque ces considérations puissantes que le temps n'a pas affaiblies : « L'étude de la jurisprudence est de toutes la plus importante et la plus difficile; c'est elle qui doit former les avocats, les juges, les magistrats auxquels Votre Majesté confie le soin de l'administration de la justice. Une science si intéressante demande des dispositions naturelles, une application constante, un travail assidu, des connaissances acquises, surtout dans ceux qui sont préposés pour la communiquer aux autres. Ils doivent y être consommés et l'on ne peut les admettre à la professer qu'après une épreuve publique qui ne peut l'être que par le concours. L'honneur, l'espérance d'être récompensé, l'émulation puissamment excitée par le concours sont infiniment nécessaires pour y attirer et y assembler de toutes parts les plus habiles jurisconsultes et laisser la liberté du choix des plus dignes pour être présentés à Votre Majesté, qui s'est réservée alors de préférer celui qui lui plaira.

« Faire succéder à une loi si sage, fondée sur les édits, l'usage de la survivance si dangereuse pour les places académiques, ce serait éloigner pour toujours ceux qui mériteraient le mieux de les obtenir; ce serait les jeter dans le découragement et le dégoût, suites ordinaires et inséparables d'un travail pénible et rebutant par lui-même; ce serait, enfin, exposer ceux qu'on aurait gratifiés de pareilles lettres à cesser de travailler eux-mêmes et à abuser ainsi d'une grâce qui leur aurait été momentanément accordée. Ainsi, les chaires de la faculté courront risque d'être mal remplies, les écoles d'être peu fréquentées ; la confiance du public s'altérera, rien ne pourra la rétablir, et la chute de l'Université deviendra inévitable.

« C'est pour prévenir ces inconvénients, ajoutait-on, que la province de Bourgogne ne s'est soumise à faire un fonds annuel de dix mille livres que dans la vue qu'aucune place de professeur et d'agrégé ne serait accordée qu'au plus capable et après un concours. C'est à la faveur d'un règlement agréé par Votre Majesté, que la province a bien voulu contracter une obligation si considérable. Permettriez-vous, Sire, qu'une condition si légitime, si importante pour le public, et qui est par elle-même indivisible, demeurât sans effet ? »....

Ces remontrances, bien que fondées sur un intérêt véritable, et dont le conseiller-doyen Pouffier (1) était l'auteur, n'avaient point été admises tout d'abord par la Grand'Chambre. Chose étrange et qui prouve à cette époque, même de la part des grands Corps, la préférence de l'arbitraire à la règle, elles donnèrent lieu à un partage d'opinions que la Tournelle, appelée à y prendre part, ne leva qu'après de longs débats et à la majorité d'une seule voix. En vain l'Université de droit et la Chambre de ville soutinrent-elles, par des écrits qu'on peut lire encore, ces remontrances avec énergie. Le gouver-

(1) Bernard-Hector, par les soins duquel cette Université avait été établie. Député à Paris à cet effet par sa Compagnie, il triompha des obstacles suscités contre cet établissement par deux Universités du royaume. (Voir les Registres du Parlement et ce que nous avons dit sur la fondation de cet établissement dans le Discours préliminaire de cet ouvrage.)

nement fut sourd à ces plaintes, et elles fussent restées sans résultat si Bret, le candidat choisi, n'eût eu la sagesse de se rendre justice en renonçant à la faveur qui lui avait été faite et dont une élection libre le dédommagea plus tard. Son père, auteur imprudent de tout ce bruit, avait été professeur à l'Université de droit de Besançon qui l'avait député à Paris pour empêcher l'érection d'une Université nouvelle à Dijon. Le titre de Doyen dans la nouvelle école, et celui de premier agrégé pour son fils étaient venus le consoler de sa défaite, que ses compatriotes francs-comtois ne lui pardonnèrent jamais à cause des avantages de famille qu'il en avait retirés (1).

(1) Dire tout ce que l'Université de droit de Franche-Comté, soutenue par celle de Paris, avait fait pour empêcher l'établissement d'une Université semblable à Dijon, dépasserait les bornes d'un ouvrage où cet événement ne saurait être qu'un détail. Nous citerons seulement la requête que les Elus généraux de Bourgogne présentèrent au Roi à cette occasion. Elle rappelle que les Universités de Paris et de Besançon avaient osé, après que cette grâce avait été accordée par le Prince, « déclarer qu'elles y formaient opposition, protestant de nullité contre une telle concession et en demandant acte au Souverain. » Parmi les motifs allégués par ces deux Universités, on cite ceux-ci, qui démontrent que l'intérêt franc-comtois dominait toute cette affaire, dont Paris fut l'écho complaisant plutôt qu'intéressé : « que Philippe-le-Bon, maître des deux Bourgognes, avait fondé l'Université de Dole, transférée à Besançon, pour servir à ces deux provinces; qu'en établissant une Université à Dijon, c'était agir contre l'intention de ce Prince, qui n'avait voulu qu'une seule Université pour les deux Bourgognes; pourquoi il avait toujours appelé son Université de Dole tantôt *sa mère*, et souvent *sa fille*, et que Philippe d'Autriche avait encore renchéri sur le fondateur en la qualifiant *sa chère fille unique*; que Philippe-le-Bon, par l'établissement de l'Université de Dole, s'était ôté le pouvoir et à ses successeurs d'en ériger une seconde dans le duché de Bourgogne ; que si l'Université de Dijon subsistait, elle enlèverait bientôt à l'ancienne Université de Besançon une partie de ses profits...; que d'ailleurs le voisinage des Universités cause un préjudice considérable au public, en ce qu'à l'envi l'une de l'autre elles

Toutefois le Parlement ainsi flottant ou partagé ne devait pas persister longtemps dans ces maximes de conduite. On le vit bientôt bouleverser par la faveur les mesures qu'il avait si bien défendues. Dix années après cet incident, ce Corps enregistrait sans bruit des lettres patentes du Roi par lesquelles Gagne de Pouilly était admis, malgré les défenses contraires, à subir thèse et actes nécessaires, bien qu'il n'eût pris que huit inscriptions, et qu'il dût être pourvu presque immédiatement après d'un office de conseiller au Parlement avec dispense d'âge (1).

Ce n'était pas d'ailleurs que cette Compagnie fût avare

---

cherchent à s'attirer des écoliers, ce qu'elles ne sauraient faire que par une complaisance outrée pour leurs disciples... » Cette pièce se terminait par une menace qui prouve à quel degré d'abaissement l'autorité royale était descendue à cette époque du règne de Louis XV. « *Les Universités*, ajoutait-on, *s'il en est autrement, viendront en grand appareil soutenir à Votre Majesté en face, qu'elle a abusé de sa puissance, qu'elle a introduit le relâchement dans l'Etat, qu'elle en a violé les lois et qu'elle doit rétracter ses bienfaits; sinon on lui déclarera qu'on s'opposera formellement à sa concession et qu'on protestera de nullité contre tout ce qui sera fait par ses ordres, et que si Sa Majesté soutient ce qu'elle a commencé, on menacera d'un appel comme d'abus : on ira encore plus loin, on dira de bouche et par écrit qu'on se réserve en temps et lieu d'exercer des actions..., étant les arbitres de la foi et les plus fermes appuis de l'Etat.* » La requête des Elus, où sont relatées mot à mot les phrases empruntées aux remontrances des Universités de Paris et de Besançon, est signée Bouhier, doyen de la Sainte-Chapelle, élu du clergé, le marquis de Vienne, élu de la noblesse, et de l'Etang, élu du tiers-état. Les Parlements, s'ils en avaient donné l'exemple, n'avaient jamais rien écrit d'aussi arrogant que le langage des deux Universités unies, qui se placèrent ainsi, en les défiant, au-dessus du Roi et des pouvoirs de l'Etat.

(1) Du 5 janvier 1737. Cette faveur inouïe, qui n'était qu'un préliminaire pour en obtenir de plus importantes, alla en se multipliant jusqu'à la fin. Nous citerons au hasard, parmi tant d'autres, et dans

de ce droit de remontrances qu'elle avait ressaisi après la mort de Louis XIV sur son successeur ; mais, comme aux jours de sa puissance, elle se montrait inflexible ou relâchée, suivant que l'exigeait l'intérêt de ceux qu'elle voulait favoriser. Son retour aux querelles religieuses absorbait sa pensée, et c'est sur ce terrain qu'elle se montrait toujours plus ardente. Le 14 mars 1730, le Parlement fit saisir un livre nouveau ayant pour titre : *Supplementa ad Breviarium romanum*, qu'il avait fait rechercher dans tout Dijon comme pouvant intéresser la question du gallicanisme et qu'il supprima par arrêt rendu les Chambres assemblées. Puis le 20 juin suivant il enregistra de très exprès commandement du Roi la déclaration du Roi concernant la bulle *Unigenitus* et qui n'était qu'une sorte de répétition de la première, qu'il avait enregistrée vers le milieu du dernier siècle (1). Cette déclaration avait été renouvelée sans restrictions par le Régent, et de son plein mouvement, pour assurer la paix du royaume. Quelques-uns disent qu'elle le fut par les influences de Dubois dans l'espoir d'obtenir la pourpre romaine, mais cette fois le Parlement de Bourgogne ne l'accepta que de force en présence du commandant de cette province, Tavannes, muni de pleins pouvoirs pour l'y contraindre.

---

la seule année 1768, les conseillers Richard de Ruffey, Verchère d'Arcelot et Champion de Nansouty, auxquels cette double remise fut faite par lettres du Prince, que le Parlement n'hésita pas à enregistrer. Déjà on avait commencé à violer la règle en accordant des dispenses d'âge pour les études elles-mêmes.

(1) En vertu de lettres de jussion du 15 du même mois. (Voir au Registre du Parlement de cette date.)

Enfin, le 20 décembre 1741, le même Corps faisait brûler sur le perron du Palais, *par la main de l'exécuteur des hautes-œuvres*, une lettre pastorale attribuée à l'évêque de Chalon (1) touchant la même question, lettre qu'il déclarait *téméraire, scandaleuse* et contraire au respect dû aux magistrats qui rendaient la justice au nom du Prince; que l'évêque ne désavoua pas et qui, sous des formes assez acerbes, était moins un mandement que la défense des maximes contre lesquelles le Parlement se montrait en toute occasion passionné et persécuteur.

Cette conduite violente envers les princes de l'Eglise n'était d'ailleurs que la mise en œuvre des plus anciennes traditions de la Compagnie. On lit dans deux délibérations des 10 et 12 mars 1612, que l'évêque de Belley J.-P. Camus étant venu prêcher le Carême à Dijon, avait été mandé au logis du Premier Président, où, en présence des députés du Parlement, il fut averti « d'avoir à s'abstenir dans ses prédications de parler si aigrement et si passionnément de ceux de la prétendue religion réformée, ni contre les libertés de l'Eglise gallicane, qui étaient lois canoniques reçues avec toute autorité en ce Royaume ; qu'il eût à *se corriger*, autrement que la Cour lui interdirait la chaire, non seulement en cette ville, mais en autres lieux de son ressort. » Ce singulier arrêt, rendu sur les conclusions de l'avocat général Legouz de Vellepesle, et sur la plainte portée par

(1) Datée du château de Saint-Loup de la Salle, le 3 juin 1739. L'arrêt devait être affiché partout. (Voir au Registre du Parlement du 20 décembre susdit.)

des habitants de Dijon professant la religion nouvelle, avait été exécuté le même jour, malgré les protestations du prélat, qui prétendit, non sans fondement, qu'on s'ingérait dans son ministère.

Ce fut à la même époque du XVIIIe siècle que parurent la bulle du pape Clément XII, qui convertit en cathédrale, à cause de l'érection d'un siége épiscopal à Dijon, l'église régulière et collégiale de Saint-Etienne, et les lettres patentes du Roi qui sanctionnèrent cet acte. On y lisait : « Comme nous avons appris nouvellement par le désir de notre très cher fils Louis, Roi très chrétien de France et de Navarre, que la ville de Dijon, du diocèse de Langres, assez célèbre, autrefois résidence des Rois et ensuite des Ducs de Bourgogne, est aujourd'hui encore très importante dans le duché de ce nom qui occupe un rang élevé parmi les provinces françaises ; et que dans cette ville où se tiennent tous les trois ans les Etats généraux de la même province, outre ses tribunaux de justice, dont un Bailliage et un Présidial, il existe un tribunal supérieur institué pour juger les procès et connaître des crimes, des Chambres des finances et du domaine et une des monnaies, ainsi que des Cours nombreuses, notamment celle des Comptes et un Sénat auguste ; ville qui compte trente mille citoyens (1), indé-

---

(1) Le chiffre de la population dans la capitale de la Bourgogne en cette année 1731 ne fut point une assertion aventurée, ainsi qu'on pourrait le croire. Nous lisons dans les remontrances adressées le 19 janvier 1764 au Roi par le Parlement de Dijon au sujet de la déclaration du 21 novembre 1763 et dont le président de Brosses fut l'auteur « qu'en 1745 le nombre des habitants de Dijon montait à 31,800, non compris l'hôpital et les communautés alors très nombreuses; qu'en 1752

pendamment des nombreux étrangers que la curiosité ou l'intérêt de leurs procès ou des études y appellent de toutes parts ; que de plus, en ce qui regarde surtout les choses saintes, il existe en France peu de villes qui contiennent des couvents plus nombreux, plus nobles et plus riches des deux sexes et des divers ordres, parmi lesquels il faut placer celui de Saint-Bénigne, qui, à côté de son admirable construction, voit reposer les corps de plusieurs Saints, et celui des Chartreux, où se trouvent de magnifiques tombeaux.... et qu'il y a près de cette ville le monastère de Fontaines fondé en l'honneur de saint Bernard, qui a pris naissance en ce lieu, et mérite si bien de la république chrétienne et du Saint-Siége apostolique... qu'il existe encore à Dijon une Chapelle Royale qui relève directement de notre siége, laquelle, outre de nombreux priviléges, possède une très Sainte et très précieuse Hostie que vient honorer un grand concours de pèlerins, et que le pape Eugène IV de vénérable mémoire, notre prédécesseur, a donnée au duc Philippe, etc... Donné à Rome l'an de l'Incarnation du Seigneur mil sept cent trente-un, le cinq des ides d'avril, et de notre pontificat la première année (1). » Le 8 août 1731, ces lettres furent enre-

---

il allait à environ 30,000, tout compris ; en 1759 à 21,254 ; réduit qu'il était en 1763 à 14,036 ; cette décroissance subite étant le fruit de la misère née de l'énormité des impôts sur la consommation et des émigrations qui en furent la suite. (Registres de l'hôtel de ville.) Ce n'est guère qu'à notre époque que cette ville a vu augmenter sa population au-delà du maximum de ces diverses périodes.

(1) .... « Sane cum, sicut ex insinuatione charissimi in Christo filii
« nostri Ludovici, Francorum et Navarræ regis christianissimi, nobis

gistrées au Parlement ainsi qu'une déclaration du Roi qui conférait au nouvel évêque, Jean Bouhier, doyen de la Sainte-Chapelle, le titre de conseiller d'honneur de la Compagnie, avec droit de préséance, en sa qualité d'évêque diocésain, sur les autres évêques du ressort, quoique plus anciens en réception.

Vers le même temps se trouve encore, dans les actes de

« nuper facta, accepimus, oppidum civitas nuncupatum Divionense, Lingonensis diœcesis satis celebre, et olim ordinaria Regum prius et deinde Burgundiæ Ducum sedes, hodie vero totius Burgundiæ caput valde insigne existat, et principem inter Gallicas Provincias locum teneat : in eo enim tertio uno quoque anno generalia aguntur provinciæ Comitia, præter magistratus suos, eorumque judicum curias, quarum altera Balliviatus, altera Præsidialis dicitur, præter tribunum capitalem ad ferendas adversus vagos et facinorosos sententias institutum, et ærarii Regii, et rationum Regiarum, et monetalium, et aquarum saltuumque, et vectigalium rerum Aulas, et qui honos duodecim præcipuarum in regno civitatum est, supremum amplissimumque Senatum, et in quo oppido triginta civium millia recensentur, ultra advenarum multitudinem quos sua desideria, vel litium negotia, aut studia undequaque advocant : ad loca vero sacra quod attinet, paucæ apud Gallos urbes esse noscantur, quæ nobiliora et ornatiora de Religiosis diversorum Ordinum utriusque sexus, et frequentibus familiis cœnobia contineant; interque illud Sancti Benigni, cui admirationem, non moles sua licet admiranda, sed tot Sanctorum qui ibi requiescunt corpora conciliant; Carthusianorum ubi marmorea Sepulcra visuntur præclara..... Monasterium Fontanis juxta oppidum præfatum Divionensis in honorem Sancti Bernardi, tam bene de Christiana Republica, deque Sede Apostolica meriti, qui ibi natus est, mirifice exstructum.....; inibique Capella Regia nuncupata eidem Sedi immediate subjecta existit, quæ cum tot titulis, tot privilegiis gaudeat, hæc omnia vilia habet præ Sanctissima et pretiosissima Hostia, quæ tanto civium et peregrinorum concursu colitur, Philippo olim Duci a recolendæ memoriæ Eugenio Papa quarto Prædecessore nostro dono data...... Datum Romæ, Anno Incarnationis dominicæ millesimo septingintesimo trigesimo primo, quinto idus Aprilis, Pontificatus nostri anno primo. »

ce Parlement, une correspondance pleine d'aigreur du chancelier d'Aguesseau, au sujet de l'abolition qu'il avait demandée de la procession commémorative de la réduction de cette ville par Henri IV en 1595. Le Roi avait refusé cette suppression, par le soupçon qu'il conçut des doctrines anti-religieuses qui l'avaient fait solliciter et qui, avant d'attaquer les institutions, semblaient s'en prendre aux souvenirs (1).

On était arrivé au milieu du XVIII° siècle, et des publications infâmes venaient avertir de plus grands dangers. Elles propageaient l'immoralité de toutes parts, dans les salons et jusque sur les théâtres. Un livre ayant pour titre : *Pygmalion, ou la statue animée* (2), avait été répandu à profusion dans tout Dijon, et excita l'attention du procureur général, qui le dénonça aux Chambres assemblées du Parlement par un réquisitoire étendu où se rencontraient dans un langage nouveau, curieux mélange de religion et de philosophie, les expressions jusqu'alors inusitées de l'*Etre suprême* et de la *raison*. Dans l'ouvrage saisi, où les obscénités ne manquaient pas, la doctrine enseignée par l'Eglise était traitée de *vaines chimères*, l'existence de Dieu travestie sous les mots vides de sens de *la nature* et de *l'univers*, les liens de la famille anéantis, le mariage considéré comme une formule inutile et le serment comme une précaution extravagante. C'était le socialisme de nos jours apparaissant à l'aurore de la nouvelle école, comme

---

(1) Registres du Parlement.
(2) Imprimé à Londres, chez Samuel Harding, en 1741.

il devait éclater davantage, quand ses disciples viendraient tourmenter le monde en son nom. Le Parlement, sans soupçonner ces dangers, n'en sévit pas moins contre le le livre, dont il ordonna, le 14 mars 1742, la suppression dans les mêmes termes qu'il avait condamné le mandement de l'évêque de Chalon, publié pour défendre l'autorité du Pape attaquée (1). Cette assimilation d'arrêts dans des choses si opposées ne manqua pas de frapper les hommes sages, et restera comme la condamnation du Corps, de même qu'elle apprit à douter de sa justice dans l'abus qu'il avait fait ainsi de ses pouvoirs les plus importants.

Au milieu de ces contradictions de conduite sur les sujets les plus sérieux, une seule chose n'avait pas subi d'altération : c'était l'amour immodéré de la Compagnie pour ses prérogatives. Quand la Royauté se trouvait secrètement minée par le droit d'examen que le protestantisme avait inoculé dans les mœurs religieuses, et que la Papauté elle-même était, par une rupture éclatante, traitée en ennemie, la vérité, chose incroyable, conservait encore des adorateurs, et de grandes vertus pouvaient consoler de grands scandales. Mais en même temps les querelles de Corps se montrèrent plus fortes et plus acharnées. Louis XV venait de déclarer la guerre à Marie-Thérèse et à l'Angleterre, et la prise de Courtrai

---

(1) Voir au Registre du Parlement du 29 avril 1742 une lettre du chancelier sur ce mandement avec un projet d'arrêt qu'il adressa à cette Compagnie, et auquel celle-ci en opposa un autre, mais qui n'aboutirent qu'à irriter les esprits, quand d'Aguesseau, effrayé de ses suites, avait voulu apaiser l'affaire.

et de Nice, comme plus tard la conquête du comté de ce nom, furent l'occasion de réjouissances publiques dans lesquelles, pour humilier les Parlements, on leur enjoignit de rendre aux commandants des provinces les mêmes honneurs qu'aux princes du sang. Le Parlement de Dijon, seul entre tous, protesta, et, par une résolution sans exemple, osa demander au Roi « s'il entendait déroger aux ordonnances de ses prédécesseurs, qui défendaient aux juges d'avoir égard aux lettres closes, et dispensaient de les observer. » La Compagnie fut, pour ce fait, traitée en rebelle, et six de ses membres exilés, parmi lesquels Charles de Brosses, dont nous parlerons bientôt, qui supporta gaîment cette disgrâce et s'en vengea par des chansons.

Le conseiller Louis Maleteste, l'un d'eux, rend ainsi compte de cette affaire, à laquelle il fait comme assister le lecteur (1). « Il arriva, dit-il, un officier de la connétablie, avec six lettres de cachet, dont il y en avait une pour M. de Brosses et une pour moi. On n'avait pas choisi des lieux de plaisance pour ceux de nos exils. Moi, par exemple, j'étais à Guéret, capitale des maçons, pays perdu en ce temps-là, et où on n'avait aucune idée des mœurs sociales. On était si échauffé contre nous, et on nous avait si bien peints dans le ministère comme des révoltés, qu'on ne doutait pas à la Cour que nous ne refusassions d'obéir. En conséquence l'officier de la connétablie avait des ordres particuliers pour nous constituer prisonniers au Château. La nouvelle, arrivée à

---

(1) Manuscrit déjà cité.

Dijon, était ébruitée au Palais lorsque j'y entrai. Quand j'en sortis, elle ne fut plus douteuse. Tous les magistrats de la Compagnie vinrent en particulier chez moi, comme chez les autres exilés. J'en retins à dîner une douzaine, avec lesquels j'étais plus en liaison. J'imagine que les autres firent de même. Dans le temps de la plus grande affluence, arriva l'apprenti connétable, porteur de sa lettre de cachet. Il était grand, bien fait, d'une bonne mine ; je lui proposai de dîner avec nous. On ne saurait croire quel fut son étonnement ; il me refusa, mais il se confondit en compliments et en prosternations, et fut très surpris de trouver un révolté qui pour toute rébellion lui offrait à dîner. Il m'avoua qu'on l'avait prévenu que nous n'obéirions pas à nos lettres de cachet signées Saint-Florentin... Je lui répondis : Monsieur, la lettre est bonne pour moi, mais l'autre ne vaut rien pour ma Compagnie. Il nous fit signer la réception de nos lettres, du lendemain, afin de nous donner vingt-quatre heures pour arranger notre départ. M. de Brosses, M. de Chintré et moi devions faire une partie de la route ensemble. Nous allâmes tous trois coucher à la Berchère, qui était une terre à M. de Bévy, président à la Chambre des Comptes (1), ami intime de toute notre société, et frère de M. de Chintré. Nos amis particuliers nous y suivirent; on croit bien que Mme de Brosses fut de ce petit voyage. Elle était nouvellement mariée... et versait des torrents de larmes... Nous nous séparâmes à Moulins, pour nous rendre chacun à nos destinations, M. de Chintré à Bri-

(1) Père de celui du même nom dont il sera parlé dans la lutte des Elus avec le Parlement.

ves-la-Gaillarde, M. de Brosses à Gannat et moi à Guéret... » Ainsi, chez ces jeunes hommes, peints par eux-mêmes, et comme modelés l'un sur l'autre, que l'obéissance envers le Prince ne retenait guère, que la crainte n'atteignait jamais, et par-dessus tout entêtés de ce qu'ils appelaient leurs *maximes*, l'exil était accepté avec une joie factice, dont l'orgueil était le fond, et l'épigramme l'unique vengeance, en attendant mieux. Jamais, pour un refus d'honneur au moins pardonnable, la sévérité n'avait été poussée si loin; preuve de plus qu'elle couvait d'autres desseins. Le Parlement, après avoir poussé la résistance jusqu'à la colère, finit par se soumettre, sous les défaillances de Berbisey, qui l'abandonna.

Encouragé par de tels succès vis-à-vis d'un Corps sans conduite, le Roi voulut qu'il allât entier visiter Tavannes, à l'occasion d'une perte domestique qu'il venait d'éprouver, honneur qui n'avait jamais été rendu qu'aux princes du sang gouverneurs de la province. Le Parlement protesta de nouveau par des remontrances qu'il osa faire soutenir par une députation envoyée à Versailles; mais cette députation fut congédiée et ses membres n'eurent que le temps de revenir, pour ne pas être enfermés à la Bastille, ainsi qu'on leur en avait fait la la menace.

Cette situation difficile s'était ainsi perpétuée jusqu'en 1744 à travers les agitations toujours croissantes des Chambres assemblées. Toutefois le Parlement, découragé, avait fini par obéir, et les exilés s'étaient vus rappelés, après que leur exil avait été adouci. On peut voir par les plaintes nouvelles (1) qui furent adressées au Roi à cette occasion qu'une telle affaire qui avait agité toute la province se trouvait réduite à une vaine dispute, suscitée, disait-on, par Tavannes lui-même, « trop occupé, comme le dit un contemporain, des processions et de l'honneur du pas (2), » qui voulut rendre à la Compagnie les insultes qu'au temps de ses anciennes prospérités elle avait faites à son nom. Qu'arriva-t-il ? Ces remontrances ne cédèrent qu'à de nouvelles jussions auxquelles le Parlement, tout en se soumettant, répondit « en suppliant le Souverain de le soutenir désormais contre les dégoûts dont il était abreuvé, et qui étaient devenus, disait-il, si pénibles, qu'à peine pouvait-on maintenant trouver des sujets qui voulussent en partager le poids, bien que la diminution considérable du prix des charges en eût rendu l'accès plus facile. » Aveu digne de remarque qui prouve combien la vénalité des offices avait fait de mal à la magistrature dès cette époque si voisine des luttes dans lesquelles nous allons entrer. Le président de Brosses, chargé par sa Compagnie de remplir près de Tavannes un devoir aussi douloureux, lui adressa de ces paroles habiles où l'obéissance s'alliait à la fierté, sans donner prise à l'offense (3).

A part cet acte de dépit qui ne sauvait pas ce qu'il y avait d'abaissement dans de pareilles démarches, les

---

(1) Registres contemporains.
(2) Louis Maleteste, dans l'écrit cité.
(3) « Monsieur, avait-il dit en s'adressant à Tavannes, le Roi, maître des honneurs, vous a accordé le plus grand que vous puissiez obtenir. Ce Parlement, toujours plein de respect pour ses soumissions et ses volontés, vient, à l'occasion de votre retour, pour exécuter les ordres

résistances du Parlement furent un feu de paille, plutôt qu'une résolution soutenue digne de lui. Après avoir donné l'exemple aux autres Parlements d'un refus d'obéir, il passa de l'arrogance à l'humiliation de lui-même, jusqu'à demander qu'on lui adressât pour expliquer le motif de sa retraite des lettres de jussion. Mais cette prière fut repoussée, comme émanant d'une Compagnie aux abois succombant sous le poids de trois défaites pour une cause frivole dont le règlement appartenait au Roi (1). Telle fut la fin de tout ce bruit.

Un homme d'un mérite élevé administrait alors la Bourgogne. Joly de Fleury avait succédé en 1749 dans l'intendance à Saint-Contest, devenu ministre des affaires étrangères. Vainement interposa-t-il ses soins pour prévenir ces conflits ou les adoucir. Suspect au Parlement par la nature de sa charge, et rival en autorité de Tavannes, qui, en l'absence du gouverneur, ne relevait que du Roi, ses conseils furent rejetés comme suspects ou intéressés. Voici le portrait de ce personnage, tracé par un maître en l'art de peindre : « On ne peut avoir, dit le conseiller Louis Malteste, dans le manuscrit déjà cité, plus d'intelligence et de facilité pour les affaires; il est plein de feu, despote par caractère plus que par intérêt, servant ses

---

de Sa Majesté. » A quoi le lieutenant du Roi avait répondu sèchement : « Monsieur, je rendrai compte à Sa Majesté de l'exécution de ses ordres. » Paroles étudiées et qui dissimulaient mal de la part du Parlement le dépit de se voir réduit à de telles humiliations.

(1) A l'occasion de trois *Te Deum* chantés pour les prises de Menin, Courtray, Furnes et Demont pendant la guerre de 1744, déclarée par Louis XV à Marie-Thérèse et à Georges II, à l'occasion de laquelle le Roi avait pris le commandement de son armée en Flandre.

amis, mais voulant en être servi de même. On l'accuse d'être faux, c'est ne pas le connaître. Il ne l'est même pas assez pour un homme ambitieux. Ses expressions sont souvent dures ; sa façon de penser est trop à découvert, ce qui provient d'une grande confiance en lui-même : voilà par où nous nous ressemblons. Mais cette confiance, toujours nuisible, l'est encore davantage dans la carrière qu'il a à parcourir. Aussi n'a-t-il pas fait le chemin où le mérite de son père, ses talents personnels et la médiocrité de ses contemporains auraient dû le conduire. Notre amitié a pris naissance dans celle que son père avait pour moi. C'était l'homme supérieur à tout ce que j'ai connu. J'ai rencontré deux ou trois fois M. de Montesquieu ; c'était sans contredit le plus beau génie que j'aie vu sur le papier ; mais je doute que dans sa capacité intérieure, il fût supérieur à l'ancien procureur général Joly de Fleury. Il était impossible d'avoir la tête plus froide, plus vaste et mieux ordonnée. Ses connaissances, qui étaient en grand nombre, étaient si bien classées, qu'il mettait la main dessus au moment où il en avait besoin. Et quoiqu'elles fussent fort multipliées, elles laissaient son esprit assez à l'aise pour faire jouer tous ses ressorts. En cela, M. d'Aguesseau était beaucoup plus savant que lui, mais ne pensait que ce qu'il savait, et comme sur chaque question il savait tout ce qu'il pouvait savoir, son esprit, enveloppé de contradictions, restait dans l'impossibilité de rien résoudre par lui-même... » Cette citation, qui reporte mieux que tout ce qu'on pourrait dire, par le style comme par les souvenirs en plein XVIIIe siècle, montrera ce qu'étaient les hommes qui représentèrent alors les grands pouvoirs de la Bourgogne dans ces disputes où l'amour-propre vint en aide à des prétentions en apparence frivoles, mais où chacun, en attendant mieux, entretenait ses forces.

Ce n'était pas, d'ailleurs, la première fois que les lieutenants généraux de la province avaient ainsi entrepris sur l'autorité du Parlement. Déjà, dès les premières années de la première présidence de Brulart, c'est-à-dire vers le milieu du XVII° siècle, un vieux gentilhomme dont nous avons parlé, le comte d'Amanzé, pourvu de la même charge que Tavannes, avait osé, dans une cérémonie à la Sainte-Chapelle, s'emparer de la place réservée au Roi. Brulart, qui avait été prévenu de cette prétention soulevée pour l'empêcher d'occuper le premier rang, avait fait rendre par la Compagnie un arrêt portant au lieutenant général l'ordre de se retirer, arrêt qui fut lu à haute voix par le greffier en présence de l'assemblée. D'Amanzé, blessé dans son orgueil, avait refusé de se soumettre, et ne consentit à renoncer à sa prétention que sur les instances du prince de Condé, qui eut mille peines à se faire obéir. Enfin bien d'autres fois, en peu d'années, les mêmes querelles s'étaient renouvelées au sujet de l'ouverture des Etats de la province ou de cérémonies religieuses, et avaient blessé dans ces rencontres (1) la dignité du Parlement. Mais le temps n'était pas venu des humiliations officielles par lesquelles la Cour voulut anéantir d'une manière plus formelle l'in-

---

(1) Voir dans la Correspondance de Brulart, tom. I, les lettres XLIV, XLV et CXC.

fluence de ces Corps. On peut penser néanmoins que, si les représentants de l'autorité royale en Bourgogne n'agirent pas dès ce moment par des ordres venus d'elle, ils allaient par ces empiétements au-devant de la pensée du maître dont ils crurent flatter les désirs.

L'incident nouveau de Tavannes, qui n'avait fait que réveiller de telles prétentions, mit le comble aux chagrins de Berbisey et devint la cause de sa retraite, accompagnée de chagrins amers, parmi des amitiés refroidies et des reproches qu'il avait mérités depuis près de trente années que durait sa magistrature. Politique incomplet s'il en fut, chef de Corps au-dessous de son rang, mais dont, comme nous l'avons dit, les bienfaits qu'il répandit à pleines mains dans la ville de Dijon, dans les hôpitaux et jusque dans sa propre Compagnie, ont effacé les fautes pour glorifier la mémoire dans les monuments qu'il nous a laissés de la vraie grandeur. Mort le 29 mars 1756, âgé de 93 ans, en lui s'éteignit un nom illustré par de grands services dans la province dès le temps des Ducs. Mais à côté des vertus dont il fut parmi nous le modèle, on peut dire qu'il manqua à l'héritier de leur nom ce qui dans les épreuves de la vie fait l'homme public et principalement le magistrat, le caractère, première qualité attachée aux grandes charges, comme elle en est la plus rare.

Nous emprunterons encore au manuscrit du conseiller Malteste le portrait un peu sévère qu'il fait de ce personnage, jugé ici dans ses fonctions, et non dans sa vie privée, qu'il avait anoblie par ses bienfaits : « Les soins du président Bouhier m'avaient aliéné, dit-il, un autre parent : c'était M. de Berbisey, Premier Président de notre Parlement. Je ne sais pourquoi il détestait le président Bouhier, car, en vérité, il était loin de lui porter envie. Sans connaissances, sans esprit, il possédait un très petit jugement, assez sûr des très petites choses. Il aurait dû s'en servir pour reconnaître le mérite du président Bouhier et en tirer vanité, puisqu'il était son cousin germain... Le président n'était pas riche ; il avait sa maison; sa bibliothèque était immense, sa charge lui faisait perdre un revenu considérable ; il la vendit et prit des lettres de vétérance. Il avait la bonté depuis d'entrer très assidûment au palais. Le Premier Président, offusqué des lumières de son parent, le portait sur ses épaules, et ne perdait pas la plus petite occasion de lui donner du dégoût. M. de Berbisey avait 50,000 livres de rente, point d'enfants, point d'héritiers dont il se souciât, point d'ambition, point de moyens pour en avoir, une place assurée, par conséquent rien à espérer et rien à craindre, et il ne recevait pas une lettre d'un commis qu'il ne tremblât comme la feuille. Il a perdu notre Compagnie par ses frayeurs éternelles ; je me souviens qu'un jour, aux Chambres assemblées, il s'avisa de demander du papier et n'eut pas honte de nous dire qu'il avait ordre d'écrire et d'envoyer en Cour les noms de tous ceux qui ne seraient pas de l'avis de l'enregistrement. Par peur qu'il n'y en eût plusieurs sur qui cela pouvait faire impression, je me hâtai de lui dire : Monsieur, vous êtes bien bon, épargnez-vous la peine d'écrire, envoyez-leur l'almanach... »

On doit aussi reporter à cette époque de l'histoire la

mention d'un procès qui eut en France un grand retentissement, et qui pendant la présidence du même magistrat avait occupé, durant deux années, les audiences de la Tournelle. L'affaire dite *des sorciers de Lyon*, accusés de magie, sacrilége et profanation par appel d'une sentence du bailliage de Bourg, fut la plus importante de toutes celles de ce genre, dont on trouve de nombreux exemples dans nos anciennes archives depuis le XVI° jusqu'au milieu du XVII° siècle (1). Chose étrange, ce fut en 1743 et en pleine civilisation que l'on avait vu des prêtres indignes, réunis à des ouvriers fanatiques, mêler l'évocation des esprits à la célébration des pratiques les plus vénérées de la religion. Les ornements des autels, les vases sacrés, la messe et jusqu'à la sainte hostie avaient servi d'instruments à ces scandales suivis d'abominables folies, qui donnèrent lieu à l'arrestation d'une foule de personnes de tout âge, de tout sexe et de toute condition. Bertrand Guillardot, dit Rostaing, vicaire de Gergy, condamné le 3 avril 1743 à être brûlé vif pour séduction envers ses pénitentes, vols, faux, et pour avoir écrit de sa main un livre infâme intitulé : *L'Art magique*, contenant des pratiques impies et superstitieuses, avait, pendant la torture, révélé ces nouveaux scandales.

Nous avons sous les yeux des arrêts du mois de février 1745 qui statuèrent sur le sort d'un grand nombre de ces

---

(1) Voir parmi les plus anciens les arrêts des mois d'août 1568, juin 1571, juillet 1573, janvier 1575, septembre 1584, novembre 1591, octobre 1593, avril 1608, septembre 1613, juillet 1644 et janvier 1661.

misérables. Parmi eux étaient des prêtres condamnés, pour superstitions, impiétés, profanations, sacrilèges, à faire amende honorable, en chemise et la corde au cou, devant les églises de Dijon, puis à être conduits en champ du Morimont, où ils devaient être pendus, leurs corps brûlés ensuite et les cendres jetées au vent. Toutes ces sentences furent exécutées à la rigueur. On lit dans l'une d'elles, prononcée par Antoine de Clugny, conseiller-clerc au Parlement en qualité de juge ecclésiastique, et qui se trouve visée dans l'arrêt du 19 février 1745, que deux prêtres des diocèses d'Aix et de Lyon furent impliqués dans la même affaire pour des faits non moins scandaleux. Ils avaient été condamnés à être enfermés pendant dix ans dans une maison de force, durant lequel temps ils devaient réciter à genoux, tous les jours, les sept psaumes de la pénitence et jeûner trois fois par semaine au pain et à l'eau. Le Parlement réforma cette décision trop indulgente et condamna l'un d'eux à être brûlé vif et l'autre à être pendu.

En remontant dans l'histoire, un événement sans rapport avec celui de Loudun, et dégagé de profanations, avait en 1662 jeté la confusion dans le couvent des Ursulines d'Auxonne, où des actes inexplicables avaient excité dans le public une grande rumeur. Louis XIV s'était fait rendre compte de cette affaire dont le Parlement de Dijon venait de s'emparer. Parmi ces religieuses, dix-huit avaient, durant quatorze jours, sous les yeux de l'évêque de Chalon-sur-Saône, chargé par le Roi d'une telle mission, et en présence de nombreux témoins, accompli des actes qu'un comité, composé de l'archevêque de Paris, de trois évêques et d'autant de docteurs en Sorbonne, avait affirmé être l'œuvre des démons, tant ils étaient au-dessus de la puissance des hommes. Déjà plusieurs arrêts avaient été rendus par le Parlement de Dijon, dont le premier concernait Barbe-Buvée, l'une de ces religieuses, qui avait porté contre la communauté des accusations odieuses. Soupçonnée de magie et d'infanticide, on lui imputa d'avoir, par des maléfices, causé tous ces désordres. Son arrestation, ordonnée par l'official, et qui avait donné lieu à un appel, fit que le Parlement évoqua l'affaire. Mais le Roi, dans l'intérêt des familles, ne permit pas qu'on la livrât à la publicité. Ce Prince ordonna que la procédure lui serait envoyée en son Conseil, mesure qui tendait à l'éteindre. Le Parlement obéit, non sans murmure, et essaya jusqu'à deux fois, quand déjà les religieuses avaient été expulsées de leur couvent et de la ville d'Auxonne, de continuer des poursuites arrêtées par ordre du Souverain. Puis, comme ces poursuites lui avaient été rendues, le même Corps refusa de les reprendre, ce qui lui attira de la part de la Cour de sanglants reproches (1). Conduite inouïe pour l'époque où se passaient ces choses, mais que l'habileté de l'intendant Bouchu, qui s'était emparé de l'affaire, parvint, en les dénaturant, à faire oublier.

(1) Voir dans la Correspondance de Brulart, sur tous les détails de cette affaire, y compris le jugement des commissaires, les tomes I et II, lettres CCIV, CCV, CCXXXVI, CCXLVI, CCLVI et CCLIX

CHAPITRE XII.

SOMMAIRE.

Continuation du Parlement au XVIIIe siècle. — Projets de la Cour contre les Parlements. — Ce qu'étaient les Elus en Bourgogne. — Prétentions des Elus en matière d'impôts, affaire Varenne. — Lutte des Elus avec le Parlement-Cour des aides. — Le Parlement résiste. — Jugement sur cette lutte. — Le Parlement est forcé d'obéir. — Mémoires et remontrances à cette occasion. — Les écrits de Varenne sont condamnés par le Parlement. — Le Grand-Conseil casse cet arrêt. — Pamphlet contre Varenne. — Le président de Bévy s'en avoue l'auteur. — Vengeance de la Cour. — Le Parlement proteste de nouveau. — Une demi-satisfaction lui est donnée. — Le Parlement suspendu reprend son service. — Caractère bruyant de cette rentrée. — Varenne obtient grâce et comment. — Caractère politique de cette lutte. — L'opinion s'y méprend. — La Cour des Aides de Paris s'empare de l'affaire. — Expulsion des Jésuites par le Parlement. — Caractère de cette mesure. — Trois rapports sont faits au Parlement. — Le conseiller de Fontette. — Le conseiller de Joncy. — Le conseiller Bureau de Saint-Pierre. — Jugement sur ces rapports. — Le Parlement de Dijon adhère à l'expulsion de l'Ordre. — Mesures prises à cette occasion. — Exemple de persécution donné contre les Jésuites par le Parlement d'Aix. — Jugement porté sur l'Institut. — Le président de Brosses.

La crise parlementaire qui avait forcé Berbisey à la retraite venait de s'accomplir à peine, que déjà l'horizon présageait de nouveaux orages qui, cette fois, devaient emporter le Parlement lui-même. La révolution politique, amenée par les édits Maupeou et préparée par deux siècles de résistance, allait éclater bientôt comme prélude de plus grands événements. Cette mesure, diversement jugée par l'histoire, mais devenue nécessaire à un gouvernement poussé à bout de voies, eut en

Bourgogne un caractère propre qui tint aux hommes qui furent appelés à y prendre part. C'est à ce point de vue que nous résumerons le récit des faits qui, à cette occasion, se passèrent dans cette province, et dont les causes peu connues s'accroissent de l'intérêt d'État que nous nous sommes aussi proposé dans cet ouvrage.

Après la suppression du Parlement de Paris, remplacé par une commission du Conseil du Roi, Louis XV avait créé un Conseil supérieur où la justice devait être rendue gratuitement par des magistrats choisis. Une telle mesure, particulière à la capitale, était au fond l'annonce d'une révolution générale dont l'application aux autres Parlements du royaume devait être subordonnée aux circonstances que leur résistance allait offrir à un gouvernement décidé à les susciter, si elles différaient trop à se produire. Ici un simple choc du Parlement avec les Elus allait devenir cette occasion si attendue et dont les conséquences furent plus graves qu'on n'aurait pu le supposer. Les pouvoirs de ces officiers, fort anciens dans l'organisation politique du duché, si le temps les avait effacés ou affaiblis, ne pouvaient pas rester douteux. En droit, ils étaient, comme représentants des trois Ordres, le clergé, la noblesse et le tiers-état, des administrateurs délégués par eux à l'effet de vaquer, pendant l'intervalle de chaque triennalité, à l'assiette des impôts votés par les Etats, dont ils tenaient leur mandat et auxquels ils en rendaient compte. Ces pouvoirs ne s'étaient pas jusqu'alors étendus au-delà, bien qu'en réalité ceux qui en étaient revêtus s'arrogeassent le plus souvent l'autorité de cette assemblée, sous le nom des secrétaires qui les assistaient dans leurs fonctions et qui seuls avaient le secret des affaires, dont ils disposaient en maîtres.

Nommés depuis de nombreuses années par la faveur et sur la présentation des gouverneurs de cette province, les Elus de Bourgogne en étaient venus en 1762, par l'influence d'un seul homme, caractère hardi et opiniâtre, à prendre leur mission au sérieux, à cette époque du dix-huitième siècle où l'examen de toute chose était devenu l'idée dominante des esprits. Ce fut contre les attributions politiques du Parlement-Cour des aides, qu'allèrent se porter leurs efforts que le succès devait couronner. Ces Elus voulurent, ce qu'ils avaient négligé pendant si longtemps, accomplir leur mandat par des soins dignes des Etats, dont ils surveillaient les droits, s'ils n'en occupaient pas la place. Cette résolution toute naturelle, si elle eût été contenue dans de prudentes limites, mais qu'ils voulurent appliquer de prime abord au vote de l'impôt en Bourgogne, ne pouvait manquer d'offenser le Parlement, qui de fait, depuis des siècles, réunissait sous son autorité le contrôle des impôts par l'enregistrement avec la justice souveraine. Une telle prétention n'allait à rien moins qu'à la séparation de deux pouvoirs depuis longtemps confondus, la plus importante affaire comme la plus délicate, et qui tendait, par la discussion d'un seul principe, à l'anéantissement politique de cette Compagnie. L'occasion que nous allons rappeler de nouvelles taxes et qui amena cette prise d'armes ressemblait à bien d'autres, mais qui étaient survenues dans des temps plus calmes et moins préparés par l'opinion.

Par un édit du mois de février 1760, le Roi Louis XV avait établi en Bourgogne, ainsi que dans toutes les autres provinces, un nouveau vingtième avec accroissement de la capitation. Le produit de ce subside devait être versé dans une caisse dite *d'amortissement*, destinée à éteindre peu à peu la dette publique. Mais loin qu'il en fût arrivé ainsi, il était, par des embarras de finances auxquels il fallait faire face, devenu insensiblement un revenu ordinaire appliqué à couvrir des dépenses de toute nature. En Bourgogne, des lettres patentes du Roi, acceptées plus tard par les Etats du pays après une entreprise hardie, l'avaient, par un *abonnement* fait avec les Élus, transformée en une somme fixée d'environ 100,000 livres que ces Etats s'étaient soumis à payer annuellement. De là les luttes de la Cour avec le Parlement pour défaut de vérification, ainsi que ce Corps prétendait en avoir eu de tout temps la prérogative en matière d'impôts.

Cet impôt, décrété dans son principe pour subvenir aux frais de la guerre de Sept-Ans (1), avait éprouvé de gandes résistances de la part du Parlement de Franche-Comté. Celui de Dijon s'y était associé l'un des premiers par l'encouragement qu'il avait donné, jusqu'à ce qu'il en suivît l'exemple en portant la question sur le fond du droit. L'orage qui dispersa ce Parlement voisin grondait encore, et ses membres les plus compromis gémissaient dans l'exil ou dans des forteresses. Le Par-

(1) Par la paix qui fut faite le 20 février 1763, la France ajouta, pour la même cause, trente-quatre millions de rentes annuelles à la dette publique, somme énorme pour le temps.

lement de Dijon, comme toutes les autres Cours du royaume, fit des remontrances à ce sujet, qui furent suivies de lettres de jussion, et celles-ci de secondes remontrances auxquelles avaient succédé de nouveaux ordres. Dans cette lutte incessante, dont les prétextes, à défaut de raisons sérieuses, furent ceux de toutes les époques, savoir : *la misère du peuple* et *la multiplicité des impôts déjà subsistants,* ces doléances manquaient au moins d'à-propos. C'était, en effet, comme nous l'avons dit, en 1760 qu'avait été établi ce nouvel impôt, et la France étant en guerre avec une partie de l'Europe, le Parlement ne se pouvait flatter que le Roi pût affranchir la Bourgogne, seule entre toutes les provinces, d'un supplément dans les charges publiques devenu indispensable.

Un homme d'un mérite rare, l'avocat Varenne, secrétaire en chef des États, esprit ardent et passionné pour les nouveautés, comprit cette situation et jugea que l'instant était venu de porter à l'autorité du Parlement un de ces coups qui décident du succès des grandes entreprises. D'accord avec les ministres ou peut-être encouragé par eux, dans le but de s'affranchir désormais du contrôle parlementaire en matière d'impôts, il fit contracter en secret par les Élus un abonnement sur ce vingtième repoussé jusqu'à deux fois par des refus d'enregistrement. Ces refus s'évanouissaient ainsi devant une transaction par laquelle, après plusieurs siècles d'usurpation, le vote de l'impôt rentrait dans la main des États ou de ceux qui stipulaient pour eux. Le Parlement prit feu à cette nouvelle et menaça de cesser son service, si la transaction avec les Élus n'était annulée ; mais la Cour tint ferme et le força d'obéir par un enregistrement militaire qui fut fait des lettres qui l'ordonnèrent et dont fut chargé le marquis de Damas d'Anlezy, qui avait succédé à Tavannes.

Si les Elus, en agissant de la sorte, étaient dans leurs droits, peut-être Varenne, le moteur de cette transaction, avait-il aussi puisé dans des persécutions dont il avait été l'objet, la cause de la lutte qu'il entreprit contre cette Compagnie, et dans laquelle la vengeance aurait eu sa part. Dans un procès touchant un droit de cens et de justice qu'il plaida en 1744 pour la présidente de La Marche contre le président Gagne de Perrigny, ce dernier n'avait pas craint d'imprimer dans sa réponse à un mémoire de Varenne et signé par lui cette injure violente, faisant allusion à sa partie : *Une femme colère peut tout dire, un impudent tout écrire ; on rit de l'une, on méprise l'autre : tous deux sont sans conséquence.* Varenne se récria contre un outrage fait à sa profession d'avocat. Le barreau de Dijon tout entier prit sa cause en main, et avec lui les barreaux de Paris et de Lyon, dont nous avons les protestations sous les yeux. On y prouve sans peine qu'il n'y a point de justice possible, si l'on ne peut plaider ou écrire contre un homme en charge, sans être voué à l'insulte et au mépris. Cette affaire, qui avait fait grand bruit, commença à attirer l'attention sur la victime d'une oppression qui n'était que trop alors dans les habitudes des Corps de magistrature (1),

---

(1) Longtemps après leur chute cette opinion était restée accréditée et l'est encore. Nous l'avons maintes fois entendu exprimer d'une com-

soit qu'il s'agît des procès de leurs membres ou de leurs intérêts de voisinage qui les rendaient si redoutables.

Nous n'entreprendrons point de rappeler toutes les phases d'une lutte qui, à travers des fortunes diverses, dura plus de deux années en Bourgogne. C'est dans les écrits qui furent publiés à cette époque par les deux partis qu'on peut juger de son importance et des passions qu'elle avait allumées. La réponse du Parlement, après la brèche si considérable qui venait d'être faite à ses prérogatives, respire, malgré la gravité du style, une aigreur voisine de la colère (1). La lecture de ce document, qui ne contient pas moins de cent pages, est pleine d'intérêt pour l'histoire et nous apprend sur quel terrain nouveau se débattait, dès cette époque, la question la plus irritante du droit public, ainsi ressuscité *de plano* après plusieurs siècles d'oubli. On s'y plaint d'innovations hardies, de conflits dégénérant jusqu'à la confusion, de subordination méconnue ; le Parlement était, disait-on, insulté, le droit naturel interverti et foulé aux pieds, l'autorité du Roi méprisée dans les actes de ce Corps et les traditions locales défigurées par la prétention des Elus. A l'objection de ces délégués que la Bourgogne, autrefois de domination étrangère, ne s'était réunie à la France que par une accession spontanée et sous des

---

mune voix par des contemporains de cette époque qui regrettaient le vieux temps, tout en maudissant ces abus d'autorité dans l'ancienne magistrature.

(1) Déjà un mémoire contenant l'exposé des actes qui avaient préparé cette lutte et dont le conseiller de Nogent était l'auteur, avait paru avant les premières remontrances. Œuvre médiocre qui fit pressentir la lutte sans l'engager encore.

conditions dont le vote libre des impôts était le principal, le Parlement répondait que, dès la première race de nos rois, cette province faisait partie de la domination française et était gouvernée par le même souverain, jusqu'à être soumise pour sa justice à l'autorité du Parlement de Paris, ce qui l'assujettissait aux lois constitutives de la monarchie. On ajoutait que le seul droit de proposer l'impôt, auquel on prétendait réduire la Couronne, était une nouveauté qui déplaçait l'autorité du Prince et celle du Parlement, auxquelles la province se trouvait elle-même soumise.

Cet écrit plein d'amertume, adressé au Roi sous forme de remontrances, et qui sortait de la plume du conseiller Lebault, se terminait par ces paroles, qui ressemblaient plutôt à une prière, tant l'inquiétude de cette Compagnie était grande : « Que les Elus, disait-on, connaissent, Sire, l'intervalle immense qui sépare le monarque de ses sujets ; qu'ils apprennent à respecter dans votre Parlement votre autorité souveraine qui leur commande et les régit ; qu'ils sachent que c'est attaquer Votre Majesté même que de s'oublier devant le tribunal qui la représente, plus encore que le flétrir et l'insulter ; qu'une réparation proportionnée à l'injure transforme, aux yeux de la province, aux yeux de l'Etat entier, un exemple inouï d'indécence ou un exemple d'insubordination en un hommage de respect ; que cette réparation solennelle rétablisse un tribunal qu'on a tenté de livrer au discrédit public, dans l'intégrité du caractère auguste sans lequel il ne peut dignement ni efficacement exercer sur le peuple l'autorité de Votre Majesté. Daignez, Sire, rassurer votre Parlement ; apprenez-lui que l'insulte publique qui lui a été faite n'a pu ternir sur son front l'empreinte de Votre Majesté ; que votre protection, que votre estime, que votre confiance effacent jusqu'aux traces de l'atteinte qu'on a essayé de lui porter. Dépositaire de votre autorité souveraine, des intérêts de votre couronne, votre Parlement veillera toujours avec le zèle le plus pur, le plus inaltérable, sur un dépôt si précieux. Mais ces droits si augustes ne sont en sûreté dans ses mains qu'à l'ombre du pouvoir suprême, dont vous lui communiquez une émanation. Que ce pouvoir, Sire, que nous ne tenons que de vous seul, soit à jamais respecté ; qu'à jamais inviolable, il soit un objet d'hommage et de vénération pour tous vos sujets ; qu'il soit le lien de leur obéissance, et que désormais, à l'abri de votre protection sacrée, votre Parlement, rétabli dans ses droits, dans son honneur, puisse continuer les services qu'il a rendus à Votre Majesté et aux rois vos prédécesseurs, dont il a fait régner les lois, reconnaître l'autorité et la puissance légitime. »

La requête des Élus, dont Varenne était l'auteur et que le Parlement repoussait ainsi, n'était au fond que la justification d'une nouveauté dont la hardiesse ne pouvait être dissimulée. A un écrit aussi habile que profond, cette Compagnie opposa de nouvelles remontrances sorties de la plume des conseillers Fevret de Fontette et de l'avocat Bigot de Sainte-Croix, de Paris, où elles avaient été rédigées, comme pour s'armer près du premier des Parlements du Royaume contre un danger qui les menaçait tous. Dans cette œuvre non sans valeur, les auteurs étaient allés jusqu'à invoquer contre Varenne, *avocat*, « l'ordonnance de 1538, qui défendait aux Cours de justice de se laisser outrager par ceux de cette profession; » allusion puérile, comme s'il se fût agi d'un manquement fait à la barre ou dans un mémoire, et non du mandataire des Elus, secrétaire en chef des Etats de Bourgogne, discutant au nom de ce Corps une question d'attributions rivales.

En réponse à ces remontrances du Parlement, un second mémoire de Varenne vint renchérir sur la requête, qui avait si fortement ému cette Compagnie et dont aucun des griefs ne devait rester sans réplique. « Les pays d'Etats, avaient dit fièrement les Elus, sont sous la protection du Roi dans l'ordre de l'administration, comme le Parlement dans l'ordre de la justice. Ces deux pouvoirs sont une émanation de l'autorité souveraine ; il ne peut y avoir entre eux ni rivalité, ni concurrence, ni subordination, parce qu'indépendants l'un de l'autre par leur nature et leur institution, ils sont sans aucune inspection l'un sur l'autre. » Dans cet écrit, que les limites de notre ouvrage ne permettent que de résumer, l'autorité du Parlement comme participant par l'enregistrement des édits à l'établissement des nouvelles taxes, y était attaquée par les raisons les plus solides qu'on eût encore fait valoir, et dont les priviléges les plus anciens de la province étaient posés comme le fondement. Suivant les Elus, le Parlement de Dijon n'avait jamais eu un tel pouvoir ; les Grands-Jours de Bourgogne, qu'il avait remplacés, ne l'avaient pas eu davantage, non plus que le Parlement de Paris, dont ils ressortissaient par appel en tous droits de souveraineté. Louis XI, par une charte formelle, avait garanti toutes les libertés de cette province à l'époque de sa réunion à la couronne et *sans qu'aucune nouvelleté y fût faite,* alors surtout que l'assiette de l'impôt était le plus important de tous ces priviléges. Comment donc le Parlement de Dijon aurait-il pu avoir plus de droits que le Corps auquel il avait été appelé à succéder (1)? Ces droits se trouvaient confirmés d'ailleurs par une possession de plusieurs siècles. De tout temps la province s'était imposée sans que le Parlement s'en mêlât. Et comment l'aurait-il pu faire, quand le Souverain lui-même, dont il prétendait émaner, n'a-

---

(1) Nous citerons, comme développement de cet argument, les raisons suivantes, les plus solides et les plus naturelles : « Il est vrai, disaient les Elus, que, suivant la loi commune de tous les grands fiefs, l'appel des jugements rendus par le tribunal que les ducs de Bourgogne avaient établi, sous le nom de *Grands-Jours,* ressortissait en tous droits de souveraineté du Parlement séant à Paris. Il est vrai encore que le territoire de la Cour souveraine établie à Dijon fut formé d'une partie de l'ancien territoire du *Parlement de Dijon.* Mais que s'ensuit-il? Il faudrait prouver que, pendant la durée du gouvernement des ducs de Bourgogne, les impôts que ces princes exigeaient de leurs sujets étaient vérifiés et enregistrés au Parlement de Paris, et c'est ce dont assurément on ne retrouvera nulle trace dans l'histoire, puisque le contraire est démontré par la charte et par les lettres-patentes de 1477, portant : *L'on ne pourra lever et cueillir sur iceux nos pays et duché aides ni subsides, soit à notre profit ou d'autres, sinon que lesdits aides ayent été octroyés et consentis par les gens desdicts trois États.* Or ces lettres furent adressées au Parlement de Dijon, qui avait été institué dans le même mois, sans qu'il fît aucune représentation au roi Louis XI. Le gouverneur de la province, la Chambre des Comptes et tous les officiers et justiciers royaux gardèrent le même silence. La transmission des droits de la Cour suprême résidant à Paris au nouveau tribunal qui l'a remplacée n'a donc pu comprendre l'enregistrement des impôts, puisqu'il ne faisait point partie des droits transmis. » (Voir *Mémoire responsif de Varenne au Parlement.*)

vait jamais rien prétendu de semblable? Quelques actes de possession contraires de la part de cette Compagnie ne pouvaient être qu'autant d'entreprises particulières sur les priviléges des Etats et sur la portion du pouvoir public qui résidait en eux, priviléges dont ils avaient usé de tout temps, et dans lesquels ils avaient été maintenus par les rois dans les conjonctures les plus mémorables.

Cette pièce était signée, ainsi que tous les écrits à l'appui par le comte de Vienne, élu de la noblesse. L'élu du clergé, prélat vénéré, l'évêque de Dijon, d'Apchon, avait refusé d'y associer son nom. Ce refus d'un seul homme, chef du bureau des Elus, et qui laissait le premier ordre des Etats étranger à la lutte, ne fut pas sans importance là où il s'agissait de la revendication du droit de traiter souverainement de l'impôt que des usurpations séculaires avaient fait oublier. D'autre part, l'adhésion de l'élu de la noblesse, à cause même de l'éclat de son nom, ne pouvait être que d'un faible appui à une telle entreprise par la haine qu'on savait de la vraie noblesse en Bourgogne contre la puissance du Parlement, son antagoniste. Ici le comte de Vienne était avec les maisons de Tavannes, Damas, Châtelux, Villers et Vogué, le type de ces influences de caste, ce qui rendait son adhésion suspecte. Restait Varenne, créateur de cet audacieux dessein, mais qui représentait de fait à lui seul les intérêts de l'Ordre, lequel, par le fardeau qu'il supportait alors de toutes les charges publiques, avait le plus d'intérêt à le faire prévaloir. Des huit autres membres du bureau des Elus dont les magistrats du Parlement étaient exclus, deux députés des Comptes, toujours rivaux de cette

Compagnie, deux maires de villes et quelques fonctionnaires royaux de l'administration de la province ne pouvaient qu'y prêter leur concours, et c'est ce qu'ils avaient fait sous la conduite d'un homme aussi habile que l'était Varenne (1). C'était aux raisons sorties de sa plume qu'il fallait répondre, comme on avait répondu à la requête des Élus, son ouvrage, mais bien inférieur à ce mémoire devenu plus concluant, à mesure que les esprits s'étaient engagés dans cette lutte à mort.

Le Parlement répondit à son tour. Cette fois les prétentions des Élus furent discutées, sinon sans ai-

(1) Les membres des Élus généraux de 1760, commencement de la triennalité, qui restèrent en charge pendant ces longs débats, furent l'évêque de Dijon, d'Apchon, pour le clergé ; le comte de Vienne pour la noblesse ; Gravier de Vergennes et Nicaise, pour la Chambre des Comptes ; Marlot, maire de Dijon, et Gouget-Duval, maire de Seurre, pour le tiers-état ; Bernard de Blancey, Varenne, Bernard fils, et Varenne de Béost fils, secrétaires en chef des États ; Rigoley d'Oigny, trésorier général. Tous ces membres sans distinction n'avaient pas voix délibérative, comme on pourrait le croire. Le droit de vote s'y partageait de la manière suivante : l'Élu du clergé avait une voix, celui de la noblesse une voix, les deux députés de la Chambre des Comptes ensemble une voix, l'Élu du Roi une voix, le maire de Dijon et l'Élu du tiers-état entre eux une voix ; en tout cinq voix. Les autres membres étaient consultés seulement ; mais initiés qu'ils étaient, et surtout les secrétaires des États, aux affaires les plus secrètes de la province pendant l'année entière, tandis que la Chambre ne siégeait de fait que deux mois au plus, on comprend que maîtres des affaires, la plus grande influence leur appartenait. Ainsi s'explique l'impulsion que Varenne donna à l'abonnement des vingtièmes, qu'un esprit vaste comme le sien avait embrassé. A cette époque, trois avocats de premier rang, Bannelier, Bulier et Ranfer composaient le Conseil des États de Bourgogne. On serait porté à penser qu'un projet de cette importance leur avait été communiqué, et qu'ils l'avaient approuvé, au moins en secret, si le conseiller Louis Maleteste, auteur des *Nouvelles remontrances* dans l'affaire des Élus, n'affirmait le contraire, « pour en être sûr. » (Manuscrit déjà cité.)

greur, du moins avec une gravité nouvelle qui prouvait que dans la pensée de ce Corps le temps n'était plus où il eût pu se dispenser de mettre la raison à côté du droit et ce droit lui-même au-dessus des mouvements de l'opinion. C'est cette opinion qu'il flatte aujourd'hui par l'appât de l'intérêt des peuples en matière d'impôts, le plus puissant de tous les auxiliaires comme le plus perfide. Réglant sa conduite sur les besoins d'une défense qu'une longue possession semble justifier, il se présente dans ce débat comme le boulevard des libertés publiques, tantôt luttant contre les entreprises des concussionnaires et des traitants, tantôt contre celles du clergé lui-même dans des exactions contre lesquelles il a, dit-il, mandat de protéger les sujets du Roi. « Les rois sont hommes, disait-il, et exposés à l'erreur; c'est aux seules Cours souveraines qu'ils ont commis le soin de les en préserver, et non à d'autres à qui la loi n'a pas confié cette mission. » Paroles téméraires qui tendaient à soutenir que l'esprit de sagesse est inséparable des grandes assemblées.

A travers de telles flatteries auxquelles l'amour-propre de Corps se trouvait intéressé, cette réfutation consistait surtout à nier que la Bourgogne eût pu, en se réunissant à la France, stipuler la conservation de ses anciens priviléges au mépris du droit de retour et des apanages. De là on concluait que cette province n'était demeurée que par tolérance un pays d'Etats, auxquels les rois avaient pu substituer l'autorité du Parlement dans la distribution des taxes publiques. A quoi les Elus avaient répondu d'avance par les raisons que nous venons de rassembler. On prétendait de plus que ces Etats avaient abdiqué leurs droits depuis un siècle en reconnaissant la suprématie du Parlement en matière d'impôts, ce qui voulait dire que les Elus qui les représentaient étaient sans mission. Mais ceux-ci de répliquer à leur tour que des actes de tolérance ne pouvaient altérer une constitution qui avait été pour cette province la condition de son incorporation à la monarchie, et sans laquelle elle aurait pu autrement disposer d'elle-même.

En résumé, le fond de toutes ces luttes était de savoir si la réunion de la Bourgogne à la France en 1477 avait eu lieu de plein droit, à défaut d'hoirs mâles, ou au contraire en vertu d'une transaction conclue avec les Etats. Le Parlement avait allégué qu'à cette époque de l'histoire, les lois particulières de la province venaient de s'anéantir par la mort de son dernier Duc. Mais cette assertion, qui tendait à saper par la base tous les priviléges du pays, ne pouvait se concilier avec les lettres de Louis XI, dont nous avons parlé, et qu'on ne craignait pas d'annuler en soumettant ainsi les votes des impôts aux caprices d'un enregistrement. La charte du roi Jean, qui avait fondé la seconde race de ces Ducs, ne portait point d'ailleurs la clause de retour *à défaut de descendants mâles,* ainsi que l'avait énoncé l'écrivain Palliot, imprimeur du Parlement, dans la copie altérée qu'il avait publiée de cette charte (1). Tout n'avait donc pas été

(1) Des auteurs qui ne laissent rien passer en critique ont relevé cette infidélité dans la copie exacte qu'ils ont eu soin de publier de la même charte. (Voir comme preuve l'*Histoire de Bourgogne* de Dom

enseveli dans le tombeau par la mort du duc Charles dans un pays d'Etats dont les libertés ne dépendaient pas d'une telle réserve, mais se perdaient dans la nuit des temps.

A ces faits le Parlement s'était contenté d'opposer le droit d'apanage considéré en soi par les écrivains de toutes les époques et qui, par la seule force de son principe, devait, suivant cette Compagnie, opérer, même sans clause de retour, la réversion d'un grand fief au suzerain par la mort de son vassal sans héritiers mâles. Il invoquait de plus, sans en fournir la preuve, l'état constitutif du duché de Bourgogne sous les Ducs capétiens, époque à laquelle ce retour aurait été consacré par une loi de l'Etat et le jugement des Pairs. Le Parlement soutenait enfin que cette clause résultait des lettres elles-mêmes données au duc Philippe-le-Hardi par le roi Jean, son père, suivant ces termes qu'il rapportait : *Præmissa in eum transferimus tenenda et possidenda per eum et hæredes suos proprio corpore procreandos, hereditarie, pacifice et quiete* (1). Mais les Elus de répondre que cette clause, commune à toutes les transmissions, ne pouvait être entendue que de la descendance légitime quelle qu'elle fût, issue d'une souche commune, ce que Louis XI lui-même avait ainsi compris en s'emparant des places du Duché sans les déclarer pour cette cause réunies à la Couronne.

Au milieu de ces divergences, nous sera-t-il permis

Plancher, tom. II, page 279 des pièces justificatives, et le *Longuerana* de Longuerue.)

(1) Palliot avait écrit : *Per eum et hæredes suos masculinos*. (Parl., p. 4).

d'ajouter qu'en fait la déshérence alléguée par le Parlement dans ses écrits n'existait pas ? Jean, comte de Nevers, descendant de Philippe-le-Hardi, et qui décéda sans postérité en 1491 après Charles-le-Téméraire, pouvait revendiquer ses droits sur la Bourgogne. Pour des causes ignorées de l'histoire, et peut-être par impuissance, il ne le fit pas. Toutefois son titre lui restait, et on pouvait craindre qu'il ne suscitât plus tard, ou les peuples en son nom, des embarras à Louis XI. D'autre part, le parti si puissant alors en faveur de Marie de Bourgogne, fille du dernier Duc, joignait à cette situation, comme nous l'avons montré, la question soulevée d'une descendance féminine habile à succéder. La Flandre, l'Artois et la Franche-Comté, soumis au même Duc et faisant partie de son domaine, étaient, sans conteste, des fiefs transmissibles aux femmes aussi bien qu'aux héritiers mâles, et venaient, en rappelant le droit commun, en aide à ces prétentions. Le Roi Jean, après la mort de Philippe de Rouvres, dernier Duc de la race capétienne, n'avait réuni lui-même le Duché à la couronne que *jure proximitatis,* c'est-à-dire comme plus proche parent (petit-fils de Jeanne de Bourgogne), et non point *ratione coronæ debitus,* dit la charte de cette réunion. Comment supposer dès lors qu'il eût donné cette province en apanage à son fils en récompense de sa valeur, autrement qu'il l'avait reçu lui-même, c'est-à-dire héréditairement, alors qu'avant lui il avait été donné de la même sorte à Robert de France, ce qui détruisait par sa base la supposition d'un apanage reversible ? Louis XI, descendant du même souverain, pouvait-il invoquer un titre plus étendu qu'il ne l'avait fait? Nullement. De là cette procédure pour crime de félonie que ce Roi, politique rusé, fit commencer au Parlement de Paris contre le duc Charles dans sa mémoire, procédure que la conquête et le traité qui la couronna laissèrent sans effet, mais qui, suivie d'une condamnation, eût opéré la réversion naturelle de la province à la France, par la seule infidélité du vassal envers son suzerain.

La base de toute prétention de droit de retour au roi de France s'écroulait devant ces considérations. Donc il était faux de dire, ainsi que l'avait soutenu le Parlement contre les Elus, « que la Bourgogne n'avait pu stipuler, comme condition de sa réunion à la France, la conservation de ses priviléges au mépris du droit de retour et des apanages, et qu'elle n'était restée que par tolérance un pays d'Etats, auquel les Rois avaient pu substituer l'autorité de ce Parlement dans la distribution des taxes publiques. » L'objection tirée de la possession qu'aurait eue, durant un temps, le Parlement du droit de contrôle des impôts votés par les Etats n'en reposait pas moins sur une nouveauté ; l'usurpation d'un Corps ne pouvant annuler à son profit une attribution politique qui appartenait à un autre Corps, et sans laquelle il n'eût eu qu'un vain titre. La force seule des choses voulait ainsi que ces Etats, réunis à de longs intervalles et par la volonté seule du Souverain, trouvassent, pendant la vacance, dans leurs mandataires spéciaux, des gardiens nés de leurs libertés. Or, quel acte plus digne de ce nom que la reprise faite, à leur défaut, du droit de voter irrévocablement l'impôt qui résumait tous les autres et leur servait de base? Etait-ce au Parlement qu'il appartenait de contester des pouvoirs en vertu desquels les Elus avaient stipulé avec la Royauté une transaction en pareille matière, après qu'il avait été le spoliateur lui-même de ce droit que ceux-ci ne firent que ressaisir au profit des légitimes possesseurs qui le reprenaient ainsi par leurs mains, comme il peut arriver à un maître dépouillé de sa chose? C'était donc, selon nous, par l'antériorité d'origine des Etats sur le Parlement, constitué bien longtemps après, et non moins par la nature contraire de leurs pouvoirs que devait se terminer cette lutte violente, si la raison seule, au lieu des intérêts, eût été consultée.

Ces disputes acharnées qui, sous des formes différentes, attaquaient le fond du droit, et dans lesquelles les Elus accolaient la qualification de *citoyens* à celle de magistrats, comme pour rappeler les membres du Parlement à d'autres devoirs, ne s'étaient pas bornées à des écrits. Le 7 juin 1762, ce Corps rendit un arrêt qui déclara, en le réfutant, le nouveau mémoire de Varenne « pernicieux et attentatoire aux droits de la Couronne et aux lois fondamentales de l'Etat, capable de faire naître des doutes sur la légitimité de la réunion de la Bourgogne au royaume de France ou de la propriété incontestable qui en appartenait au Roi, et contraire aux lois fondamentales de l'Etat sur la solennité indispensable aux édits portant impôts. » Le même acte ordonnait que cet écrit serait lacéré et brûlé par l'exécuteur de la haute-justice au pied du perron du Palais, ce qui fut accompli sur le champ, au milieu de cris de rage proférés contre l'auteur de ce vaste dessein. Bien plus, et par une précaution inique, le Parlement faisait publier en même temps la défense « d'entretenir, sous les peines les plus sévères, toute liaison avec aucun de ceux qui portaient son nom. » Mesure inhumaine et sans exemple, même aux plus mauvais jours de notre histoire. Mais ce triomphe de la colère ne devait pas durer; car, peu de jours après, la sentence du Parlement était cassée par le Grand-Conseil, et cette Compagnie obligée d'en enregistrer l'arrêt, ainsi que les lettres d'abolition obtenues par Varenne contre les poursuites dont il avait été l'objet de la part d'autres Parlements ligués pour le perdre. Déjà une mesure favorable à sa cause venait, auparavant, d'en proclamer la justice. Le Conseil d'Etat, sous le nom de Conseil des finances, avait annulé trois arrêts rendus en Bourgogne (1), qui avaient défendu aux Elus de traiter à l'avenir sur aucun impôt, sans qu'il eût été enregistré. Mais la haine si violemment déchaînée ne se ralentit pas. De longtemps encore Varenne et les siens ne purent trouver un asile, tant était grande la crainte inspirée par les Cours souveraines en lutte avec la Royauté devenue impuissante à protéger ceux qui l'avaient servie.

Dans le temps que les choses se passaient ainsi, un homme d'une rare énergie crut venger le Parlement de Dijon de tant d'humiliations en lançant dans le public une brochure sans nom d'auteur (2), ayant pour titre : *Le*

---

(1) Les 22 novembre 1760, 10 février et 7 mars 1761.

(2) Elle portait cette épitaphe: *Quod reipublicæ venerandæ causa secundum bonos mores fit, etiamsi ad contumeliam alicujus pertinet, quia ta-*

Parlement outragé, ouvrage plein de violence où nul affront n'était épargné à ses nouveaux adversaires. Le président de Bévy, alors âgé de vingt-cinq ans et simple conseiller dans cette Compagnie, avait écrit ce pamphlet. Obligé d'avouer une publication pour laquelle l'imprimeur avait été jeté en prison et qui faillit perdre le Corps entier, ce magistrat le fit avec franchise, mais un peu tard (1). Arrêté par ordre du Roi, il fut envoyé à la Bastille, où quelques mois d'incarcération ne rabattirent rien de cette inflexibilité de caractère qu'il montrait en toute chose et à laquelle il dut principalement de se faire remarquer. Chose indigne, l'arrestation d'un magistrat de ce rang fut faite par deux conducteurs de forçats des galères, envoyés à Dijon dans ce but; tandis que par un contraste affecté, l'imprimeur, homme ignoré, avait été enlevé de sa demeure par un commissaire de quartier et le syndic de la librairie venus de Paris en poste et à grand bruit. Ces rigueurs ne s'en tinrent pas là : deux autres membres du Parlement, députés pour la même affaire dans la capitale, le président de Brosses et le con-

---

men non ea mente magistratus facit ut injuriam faciat, sed ad vindictam majestatis publicæ respiciat, actione injuriarum non tenetur. Lex. ff., lib. XLVII, t. 10, *De injuriis.* — Ce pamphlet fut dénoncé à Varenne par Boileau, frère du général de ce nom, comme ayant été imprimé à Dijon, chez Hucherot; Varenne à son tour en rendit compte au chancelier.

(1) Le conseiller Louis Maleteste, dans le manuscrit déjà cité, porte sur la conduite du conseiller Bévy en cette conjoncture, ce jugement bien différent de celui qu'on a cherché à accréditer : « Par la connaissance, dit-il, qu'aurait eue ce magistrat que toutes les preuves étaient acquises contre lui, quand il était venu s'avouer l'auteur du libelle. » Rédacteur lui-même des remontrances adressées au Roi en faveur de Bévy, Maleteste ajoute : « qu'il avait, à cause de ses liaisons avec sa famille, et pour lui faire un plus grand mérite de son aveu, changé l'ordre des dates dans les actes, ce qui était tout. »

seiller Maleteste reçurent chacun par un capitaine de chaîne des lettres de cachet qui leur ordonnaient de retourner à leurs fonctions, malgré la maladie grave du dernier d'entre eux. Les violences exercées à cette occasion atteignirent aussi jusqu'à de simples bourgeois; Marlot, frère du maire de Dijon, Adrien Mathieu, notaire fort accrédité, et Hucherot, procureur au Parlement, furent envoyés aux citadelles d'Auxonne et de Chalon, pour avoir offensé un simple copiste du bureau des Elus. Ainsi nulle retenue d'aucun côté dans une guerre où la colère venait gâter le bon droit.

Après ces échecs essuyés de la part de la Cour, la conduite du Parlement devint telle qu'on devait l'attendre d'une Compagnie où, à côté de grandes fautes, le sentiment de sa dignité était demeuré profond. A moins de renier des prérogatives que ce Parlement avait partagées depuis des siècles avec toutes les Cours souveraines du royaume, il ne pouvait s'effacer dans une lutte qu'il n'avait pas provoquée et où, par une possession incontestable, il avait au moins l'avantage de se défendre. Tout autre que ce Corps eût résisté à de pareilles prétentions qui étaient la destruction de son autorité politique, et c'est ce qu'il fit avec l'ardeur qu'on en devait attendre. Des hommes tels que de Brosses, Lebault, Maleteste, Bégin d'Orgeux, et, avec eux, Torcy, Nogent et Bévy lui-même avaient prêté leur appui à cette lutte si disproportionnée que Varenne n'avait pas craint d'engager, et où il avait joué son repos et sa fortune (1).

(1) On trouve dans un recueil de pièces manuscrites, attribué au

Enfin, comme dernier effort dans cette lutte, et le 7 juillet 1762, ce Corps adressait au Roi de nouvelles remontrances plus énergiques que les premières, et par lesquelles il se plaignait « d'avoir été insulté dans son honneur et dépouillé de ses fonctions les plus essentielles (faisant allusion aux actes du Conseil qui avaient annulé ses arrêts), raisons pour lesquelles, et tant qu'une justice éclatante ne lui aurait pas été rendue, il menaçait d'interrompre son service, ce qu'il fit en effet. » C'était la révocation des actes de ce même Conseil que l'on demandait par ces paroles hardies. La Cour le comprit et jugea qu'en continuant à soutenir ostensiblement Varenne, elle allait tout compromettre, quand l'abonnement ayant

prieur Violet, l'ode qui fut faite en l'honneur du conseiller Lebault, auteur de l'examen du livre intitulé : *Mémoire pour les Élus*, et dans laquelle se lisent ces strophes qui prouvent combien le peuple comprit mal alors la portée de leur acte :

> D'où vient, Lebault, cette allégresse
> Dont je vois tous les cœurs épris ?
> Le citoyen charmé s'empresse
> De mêler ton nom à ses cris,
> De ses droits tu prends la défense ;
> Le feu de ta noble éloquence
> Ranime aujourd'hui son espoir.
>
> Doué d'une teinte efficace,
> Ton pinceau vigoureux nous trace
> Des lois le suprême pouvoir.
> Quel trait, quel nerf, quelle lumière !
> Tout est vif, solide et frappant ;
> Un athlète dans la carrière
> N'a pas un bras plus foudroyant.
>
> Plus impétueux que l'orage,
> Ton souffle écarte le nuage
> Qui couvrait le flambeau des lois.
> Thémis, dans son temple outragée,
> Thémis voulait être vengée :
> Elle se venge par ta voix, etc.

rempli son but, le moment n'était pas venu de frapper les Parlements d'un seul coup. Toutefois, ces actes ne furent pas rapportés entièrement, ainsi qu'on avait essayé de le faire : mais, dans deux lettres adressées par le chancelier et Saint-Florentin au Parlement, ces ministres donnèrent à la Compagnie l'assurance que, « par un ordre qu'on allait expédier, les Elus ne s'en prévaudraient pas ; protestant d'ailleurs au nom du Roi, que jamais l'intention de Sa Majesté n'avait été qu'aucunes impositions pussent être levées dans sa province de Bourgogne qu'elles n'eussent été autorisées par des édits enregistrés suivant l'usage le plus constant. » Quant au passé, pas un mot, ou plutôt ils le déclaraient chose accomplie et sur laquelle on ne devait plus revenir.

A toute autre époque, le Parlement ne se fût pas contenté de ces subterfuges au moyen desquels, en protestant de son respect pour le droit, on consacrait le succès d'une entreprise aussi audacieuse. Mais, soit défaut de résolution, soit peut-être par le sentiment de son impuissance déjà manifesté dans ses premières remontrances, cette Compagnie, par arrêt rendu les Chambres assemblées, se déclara satisfaite dans des termes qui prouvaient qu'elle n'avait pas compté sur un si mince succès qui ressemblait plutôt à une défaite.

Au milieu de ces actes d'emportement et de faiblesse à la fois de la part de la Cour en butte à des passions haineuses et qui aboutissaient à l'affaiblir davantage, le Parlement, qui avait suspendu son service, venait de le reprendre en vertu de lettres de jussion publiées le 1er mars 1763 avec un éclat qui ressembla à un triomphe sur la Royauté. Une messe rouge célébrée à la Sainte-Chapelle, des félicitations de tous les Corps, des députations des bailliages, des feux de joie, des illuminations, des repas en plein air, ainsi que des danses auxquelles le peuple était convié, des chars de triomphe magnifiques, et jusqu'à une cavalerie improvisée accompagnant, trompettes en tête, le Premier Président dans son carrosse du Palais en son hôtel, rien ne fut épargné pendant quinze jours que dura cette fête pour célébrer avec une joie arrogante une paix humiliante du trône. Nous retrouverons de telles folies en l'honneur du même Corps jusqu'aux derniers temps de son existence, où elles seront changées en cris de mort. On verra de plus la lutte du Parlement avec les Elus, quoique affaiblie, réveillée en 1784 et 1787, où cette Compagnie adressa au Roi au sujet des tailles des remontrances dont le président de Bévy fut l'auteur. Question puérile alors que la scène s'était agrandie, où s'agitaient des réformes plus profondes, et quand les hommes éminents qui l'avaient animée en avaient disparu.

Après un pareil bruit, le ministère lui-même était venu lâchement donner raison à des bravades. Six semaines s'étaient à peine écoulées, que le 11 avril, le procureur général présentait au Parlement, pour pallier d'autres actes, une lettre qui lui était adressée de la part du Roi par le chancelier, et qui contenait des éloges sur la conduite d'une Compagnie jusqu'alors l'objet de sa colère. Cette pièce, concertée d'avance comme gage d'une réconciliation sans sincérité, fut enregistrée avec un éclat égalant la pompe qui avait accompagné celle dont nous venons de parler, et dans laquelle on vit de plus un char de triomphe représentant le Parnasse, au-dessus duquel était une pyramide surmontée d'un globe décoré des armes du Roi et attelé de six chevaux promené dans toute la ville, et s'arrêtant à la porte de chacun de *messieurs*; et au jeu de paume (1) un repas nombreux qui, par l'affluence des curieux, causa la chute d'une estrade, ce qui occasionna de grands malheurs. Ainsi la *popularité*, comme on le dirait de nos jours, était passée de ce côté, suivant qu'il arrive en révolution, là où, pour des esprits clairvoyants, l'orage qui allait éclater commençait à grossir dans ces luttes des Parlements contre la Cour, le point de mire de toutes les plaintes, de même qu'ils le deviendront à leur tour, quand on n'aura plus rien à en attendre.

Le même jour, et malgré la parole donnée, la même Compagnie refusait, sous le prétexte que les procédures en avaient été adressées à d'autres juridictions « d'enregistrer les lettres patentes qui déclaraient éteintes et abolies les informations faites, tant à la Cour des aides de Paris qu'au Parlement de Dijon, ainsi qu'à la Sénéchaussée de Lyon, à l'occasion de la nouvelle édition du mémoire pour les Elus contre le Parlement, accompagnée d'une préface; assoupissaient et mettaient à néant les décrets qui avaient pu être donnés sur ces informations, et défendaient de passer outre, » quand ces lettres avaient été la condition sous laquelle la décla-

---

(1) Rue Guillaume, à Dijon.

ration qui louait le Parlement de Dijon de sa conduite avait été faite.

De son côté, la Cour des aides de Paris, solidaire dans ses rancunes de Corps, refusait, après que la même lettre lui avait été adressée, et sans recourir à des subterfuges, d'enregistrer le même acte, « invoquant la surprise qui avait été faite au Roi, et résultant, comme elle le dit, de la comparaison des faits consignés dans les lettres patentes avec l'exposé vérifié de ces mêmes lettres, ainsi que de l'absence des accusés pour être ouïs et interrogés. » Elle fit davantage encore, et après l'exposé fait de nouveau des crimes imputables à Varenne comme au libraire Desventes, agent passif et excusable, elle ordonna la continuation des procédures en convertissant en décret de prise de corps celui d'ajournement personnel décerné contre Varenne. Mais cette résistance aveugle ne dura pas longtemps. Les abolitions sur les crimes principaux furent enregistrées le 29 août, c'est-à-dire quatre mois après que ce Corps s'y était refusé. Seulement, et pour obéir à des ordres de sa part dont il ne se départit pas, les accusés durent se présenter à l'audience publique; après que Varenne père et son fils, s'étaient constitués prisonniers à la conciergerie du Palais. Amenés par une garde au milieu d'une grande foule, ils se virent obligés d'entendre à genoux la lecture des lettres du Roi et « de demander (ce qui n'était pas dans ces lettres) pardon à la Cour des irrévérences qu'ils avaient commises envers elle. » Après quoi Malesherbes, Premier Président, s'adressant à Varenne, lui dit ces paroles sévères : *Varenne, le Roi vous accorde des lettres de grâce, la Cour les entérine, retirez-vous ; la peine vous est remise, mais le crime vous reste.* Avec eux l'imprimeur Desventes avait obtenu l'enregistrement des lettres du Roi qui le concernaient, dispensé qu'il fut des humiliations inventées par la vanité d'une Compagnie ici juge dans sa propre cause, pour se venger d'une défaite.

Cette lutte, encouragée par le ministère et soutenue par un seul homme contre le Corps le plus puissant de la Bourgogne, avait mis le droit du côté de Varenne, si la force semblait être demeurée de l'autre. C'était l'avénement des idées qui devaient rendre plus tard à d'autres organes la disposition, par le vote, des taxes publiques. On a fait aux Elus le reproche d'avoir usurpé en cela une autorité politique que leur mandat ne comportait pas. Nous avons montré dans un autre lieu qu'un acte de cette nature, qui n'était que la reprise d'un patrimoine usurpé par un Corps ambitieux, ne pouvait être contesté au véritable maître par le spoliateur qui en profitait. Le but que les Elus se proposèrent et qu'ils atteignirent trouvait d'ailleurs sa justification dans une situation que les mœurs avaient préparée et mûrie. Ils rencontrèrent un auxiliaire puissant dans un nom qui eut pendant un siècle et demi une grande autorité en Bourgogne. Peu sympathique, comme les princes de sa famille, aux empiétements parlementaires, Condé, gouverneur de cette province, avait écrit de son camp de Velorda après les fameuses journées des 25 et 30 avril, où il avait fait triompher les armes du Roi, une lettre par laquelle il témoignait à Varenne *la satisfaction extrême qu'il ressentait de la manière dont il avait soutenu les intérêts de la province contre les entreprises du Parlement, et qu'il n'eût à quitter sa charge sous aucun prétexte et sans son aveu, par des raisons qu'il n'avait pas besoin de lui faire sentir.* Il ajoutait que « de tout temps il lui avait rendu la justice qui lui était due, ce qui devait lui suffire pour qu'il comptât toujours sur son affection. »

Varenne répondit au prince : « Monseigneur, je sais trop ce que je dois de respect à Votre Altesse Sérénissime pour être tenté de prendre, sans sa permission expresse, aucun parti dans l'affaire que le Parlement de Dijon a jugé à propos de me rendre personnelle pour avoir défendu les priviléges de la province de Bourgogne contre ses prétentions. L'approbation dont Votre Altesse Sérénissime daigne honorer la conduite que j'ai tenue dans cette affaire me dédommage d'une façon bien glorieuse des persécutions que j'ai essuyées jusqu'ici, et me tranquillise complétement sur l'effet de celles dont je suis encore menacé. Le Parlement de Dijon a intéressé en sa faveur le Parlement et la Cour des aides de Paris. Ces trois Cours réunies dans le projet de m'accabler, se promettent d'y réussir. Mais quelque formidable que soit une pareille ligue, je n'appréhende plus aujourd'hui d'en devenir la victime. A couvert de ses coups sous la protection de Votre Altesse Sérénissime, je suis sans inquiétude sur mon sort : il ne peut qu'être heureux, puisqu'elle me fait l'honneur de vouloir bien en décider et je prends la liberté de lui en offrir d'avance mes remercîments. Je conformerai toutes mes démarches aux volontés de Votre Altesse Sérénissime, et dans tous les temps de ma vie ses ordres seront pour moi sacrés. »

Plus tard, et quand la haine du Parlement eut triomphé de l'autorité royale impuissante à protéger Varenne, l'affection de Condé, à défaut de son crédit, ne lui fit pas défaut. Il recevait en 1785 de ce Prince, avec son portrait la lettre suivante : « C'est avec un grand plaisir, Monsieur, que je vous envoie mon portrait. L'attachement que vous m'avez toujours montré, le zèle avec lequel vous vous êtes occupé dans tous les temps des affaires d'une province à laquelle je prends le plus vif intérêt, m'ont engagé à vous donner cette preuve de ma reconnaissance, et vous devez compter que dans toutes les occasions je serai heureux de vous marquer l'affection que j'ai pour vous (1). » Une adhésion venue de si haut fut publiée par les Elus comme un triomphe et ranima des passions qu'alors il eût été peut-être plus sage d'assoupir.

En résumé, au milieu de l'oubli où l'histoire a laissé cette entreprise de Varenne contre l'autorité des Parlements, le nom de son auteur doit rester comme le premier de ceux qui osèrent, vers le milieu du XVIIIe siècle, contester aux Cours souveraines un privilége qu'elles avaient jusqu'alors usurpé et qu'après elles les Etats de Bourgogne allaient revendiquer à leur tour. Chose étrange, le peuple, dont il ressaisissait les droits, ne vit dans sa conduite que l'odieux d'un impôt qu'on voulait lui faire acquitter. Il menaça de brûler sa maison et força ses fils à s'expatrier, jusqu'au jour où le souvenir

---

(1) Lettres communiquées par M. Varenne de Feuille, vice-président du tribunal de Bourg, descendant par Philibert-Charles-Marie, son second fils, de Jacques Varenne, promoteur de cette grande lutte.

ranimé de ses services vint l'entourer d'une popularité qui dura moins de temps pour lui que la persécution dont il avait été victime de la part d'une population ingrate. Cet événement, qui était, comme on l'a vu, une levée de boucliers contre les Parlements, fit sensation dans les provinces et eut à Paris un grand retentissement. Les ministres seuls n'avaient considéré dans un pareil essai, s'il venait à réussir, qu'un moyen de plus pour gouverner. Ils consolèrent Varenne de ses chagrins par des honneurs (1) et des pensions, tandis que la Cour des aides de Paris, la plus menacée dans son importance, avait pris feu dès le principe en évoquant l'affaire. Auparavant le Roi lui avait fait grâce des poursuites par des lettres d'abolition. Chose étrange, le

(1) Varenne obtint la charge de receveur général en Bretagne, avec survie pour son second fils, en même temps qu'il recevait des Elus un don magnifique en vins d'honneur, et plus tard deux vases d'argent aux armes de Bourgogne et en valeur de deux mille écus, porte la délibération qui fut prise à cette occasion par cette Chambre. Le cordon de Saint-Michel lui avait été accordé auparavant, dans le plus fort de son triomphe, sur la demande du prince de Condé, ce qui donna lieu à ces vers dijonnais, attribués à un membre du Parlement :

> Ce cordon, fruit de l'injustice,
> En flattant ta témérité,
> Te prépare, hélas! un supplice
> Que tu n'as que trop mérité.
> (Collection du prieur Violet.)

Pour célébrer cette distinction, lui ou ses amis avaient fait graver une estampe renfermant plusieurs médailles. Il représentait une colonne en forme d'obélisque, qui soutenait une Minerve dont le bouclier portait les armes de la Province. Au bas de la colonne étaient celles de Varenne, entourées du cordon de Saint-Michel, avec cette légende : *Præsenti tibi maturos largimur honores.* Aux deux côtés de ses armes se voyaient deux figures : l'une était le Patriotisme tenant un Dieu Lare; l'autre une Justice tenant une balance, tournant le dos

Parlement de Dijon, ainsi désarmé par des informations faites devant une autre juridiction que la sienne, seule compétente, avait gardé le silence, sans s'inquiéter de sa prérogative violée par une entreprise que l'esprit de Corps lui fit pardonner. De ce moment, en effet, la prétention des Elus de Bourgogne était devenue la cause de toutes les Cours souveraines frappées au cœur par une polémique si nouvelle et dont, avec le génie de prévoyance qui les distinguait, elles avaient entrevu les suites, tandis que le peuple n'avait pas compris que c'était le prélude de son avènement aux affaires qui était le fond de tout ce bruit. Varenne, poursuivi par la Cour des aides de Paris, le fut donc moins pour de prétendues insultes envers la justice, que comme l'instrument d'idées qui s'avançaient à grands pas et dont les Parlements, qui les avaient flattées, commencèrent à comprendre le danger, lorsque le premier coup avait été porté à leur domination.

Presque en même temps que ces événements se passaient dans cette province, les Jésuites, établis à Dijon

---

au Patriotisme. Les flancs de la colonne étaient garnis de quatre médaillons : le premier représentait une maison et un soleil avec cette devise, *scandit fastigia virtus*; le second, un lion avec cette devise : *proludit in hostem*; le troisième, une ruche environnée d'abeilles et la reine des abeilles au-dessus, avec cette devise : *regnum mucrone tuetur*; la quatrième, un jeune léopard terrassé par un lion, avec cette devise : *sternit et parcit*. (Note au bas des Remontrances du 7 juillet 1762, par le conseiller Maleteste.) Cette distinction fut aussi une première représaille de la Cour aux bravades insultantes du Parlement vis-à-vis d'elle ; à quoi le prince de Condé fit ajouter la translation des Etats à Autun, où il les présida en personne au milieu d'une pompe inusitée, qui devint une manifestation.

depuis la fin du XVI⁰ siècle, en étaient chassés comme de tout le royaume, à la suite d'un trafic commercial dans lequel le nom d'un de leurs membres s'était trouvé mêlé ; question secondaire, mais qui devint un prétexte à des haines fort anciennes et qui ne demandaient qu'une occasion pour se faire jour. Le Parlement de Dijon s'était fait l'ennemi de cet Ordre par les raisons que nous avons fait connaître, mais principalement par l'attitude que les Jésuites avaient prise contre les mouvements philosophiques du siècle, ainsi que contre le jansénisme, les deux choses auxquelles il tenait davantage. Ses luttes si prolongées avec la Cour touchant l'enregistrement toujours ajourné de la bulle *Unigenitus*, et qui n'étaient au fond qu'une guerre sourde contre l'Institut, avaient fait connaître assez ce qu'il pensait de son existence dans l'Etat. En suivant l'exemple donné par d'autres Parlements, on peut donc, sans témérité, dire de cette Compagnie qu'elle obéit à ses propres antipathies, et que, si elle se montra moins ardente, l'expulsion des Jésuites était décidée par elle en principe quand il s'agit de la régulariser à la forme.

La haine des Cours souveraines pour l'Institut datait aussi des luttes engagées contre les hérésies qui au début flattèrent leur indépendance et dans lesquelles, depuis Calvin jusqu'aux disciples d'Arnauld, il s'était montré athlète infatigable. Ces rancunes, plutôt qu'un jugement sérieux, avaient été dès longtemps, avec celles mieux dissimulées contre l'autorité du Pape, le fond de ces répulsions. Passées des actes dans les traditions et des traditions dans les caractères, le Parlement s'en était imbu par l'éducation patricienne dont cette haine était devenue l'aliment, et qui s'étendit au barreau, écho bruyant des mêmes idées. Ainsi l'institution la plus puissante et la plus enviée avait été exposée durant des siècles à la dispute des hommes, et toutes les oppositions politiques et religieuses avaient, en exagérant ses torts, entretenu ces impressions. Avec de pareils exemples, faudra-t-il s'étonner qu'après la chute des Parlements, des préjugés devenus presque nationaux aient tenu si longtemps la place de ce qui, dans une appréciation plus calme de cette Société, devait fixer l'opinion?

Ce fut au milieu des passions qu'une telle question avait soulevées, et qui vers le milieu du XVIII° siècle furent portées jusqu'au délire, que la dénonciation contre l'Ordre venait d'être faite au Parlement de Paris par un conseiller-clerc de cette Compagnie. L'arrêt de dissolution de la Société, qui fut la suite de cette proposition, trouva le Parlement de Dijon peu préparé à y concourir par ses actes, s'il lui était sympathique par son esprit. L'entreprise si récente de Varenne contre son autorité politique dominait alors toutes ses pensées et ne laissait nulle place à d'autres soins. Toutefois, les craintes un peu apaisées sur cette affaire transportée par évocation à Paris, il fallut bien suivre l'exemple d'une agression convenue entre tous les Parlements, et qui n'eut besoin que d'être reprise en Bourgogne vis-à-vis d'un Corps contre lequel la magistrature de cette province avait protesté quarante-sept ans plus tôt.

Mis en demeure de s'expliquer avec les autres, le Parlement de Dijon, réuni au mois de juillet 1763, nomma trois commissaires pour lui faire le rapport d'un procès sans partie et où les accusateurs allaient être en même temps les juges. Le conseiller de Fontette, chargé de résumer l'histoire des Jésuites en France et spécialement dans son ressort, porta le premier la parole, et s'exprimait ainsi le 4 du même mois devant les Chambres assemblées : « Le Roi, en retirant son édit du mois de mars 1762 concernant la Société des soi-disant Jésuites, a rendu plus simple l'objet de votre délibération sur l'affaire importante qui depuis deux ans attire l'attention de l'Europe entière, et dont il ne vous avait pas été possible de vous occuper jusqu'à présent. Le parti mitoyen auquel Sa Majesté s'était portée d'abord, par un effet de sa bonté, étant tout à fait abandonné maintenant, sans doute parce qu'elle a jugé, comme ses Parlements, qu'il était insuffisant et impraticable, nous n'avons plus qu'à nous déterminer, *sans milieu,* sur la conservation ou la suppression d'une Société si vantée par ses partisans et si décriée par ses adversaires. L'affaire dont il s'agit n'est pas contentieuse, elle est toute de police générale et de droit public. L'État ne plaide point contre les sociétés particulières, il les admet ou les rejette, les maintient ou les dissout, suivant qu'il les juge utiles ou nuisibles au bien général. Les Ordres religieux, à supposer que la Compagnie *soi-disant de Jésus* en fût un parmi nous, ne peuvent à la vérité être institués ni réformés que par la puissance ecclésiastique; ils ne peuvent non plus être abolis que par elle ou avec son concours, à moins que les lois de l'Église ou de l'État, blessées dans un établissement de cette nature, ne donnent lieu de le déclarer nul et abusif. Mais c'est par la seule autorité du Souverain que les Ordres religieux peuvent s'établir dans ses Etats ; c'est de lui seul qu'ils tiennent le droit d'y posséder des biens, d'y bâtir des maisons, d'y vivre en communauté, sous une règle légalement approuvée de lui : permissions, concessions qui peuvent toujours, indépendamment de tout appel comme d'abus, être révoquées par le principe même qui les a fait accorder, c'est-à-dire le bien de l'Eglise et celui de l'Etat mieux connus par l'expérience et la réflexion, ou changés par les circonstances des temps. »

Après avoir fait l'historique de l'Institut et de son établissement en France et particulièrement en Bourgogne, le même rapporteur continuait ainsi : « Il n'est jamais nécessaire qu'une société particulière existe; mais il est toujours nécessaire que la société générale existe dans la paix, l'union et l'harmonie la plus parfaite qu'il soit possible. Eh ! comment pouvons-nous espérer d'y parvenir, tant que nous laisserons subsister au milieu de nous ce germe toujours actif de division, ce Corps inquiet, puissant, nombreux, invinciblement attaché par intérêt, par éducation, par les principes de son Institut, par la nécessité même de sa nature, à des maximes contraires à celles de l'Etat; dévoré en même temps de la soif insatiable de dominer les esprits et d'étendre partout l'empire de ses opinions avec celui de ce crédit redoutable dont il a si longtemps abusé parmi nous; sachant employer également avec une habileté funeste la force et la persuasion, la crainte et l'espérance, toujours pour opprimer ceux qu'il ne peut gagner, et trouvant au besoin dans la morale de ses casuistes de quoi calmer tout scrupule sur le choix des moyens pour arriver à ses fins ? Il est temps, Messieurs, d'extirper le mal dans sa racine. Si, malgré l'œil de la justice toujours ouvert et ses mains toujours armées du glaive des lois, il a fait tant de progrès, s'il a pénétré jusque dans le sein de la magistrature, quel Ordre de l'Etat peut se flatter de s'en garantir ? Souvenons-nous des combats souvent inégaux que nos pères ont eu à soutenir, épargnons-les à notre postérité, craignons pour elle, craignons pour la tranquillité de l'Etat, et continuons à ne craindre pour nous-mêmes que de manquer à ce que nous leur devons. »

Le lendemain de ce jour, le conseiller de Joncy, second rapporteur, résumant les principaux reproches adressés à la Société, disait avec moins de partialité : « L'enthousiasme est toujours aveugle et la haine est souvent injuste ; dans tous les temps on a prodigué aux Jésuites des éloges outrés, et on leur a imputé quelquefois des crimes imaginaires. Je ne m'arrêterai point à discuter ce qui a été dit en leur faveur, ni ce qu'on leur a reproché. La prévention n'a point d'accès dans le tribunal où la loi préside, les magistrats ne se laissent pas éblouir par de vaines apparences ni prévenir par de vagues imputations. Justement alarmés pour les lois de l'Etat, vous avez voulu connaître l'Institut. Vous avez ordonné qu'il vous serait apporté, il est aujourd'hui sous vos yeux ; et vous avez à décider si cet Institut, si les principes sur lesquels il est fondé, si le régime qu'il prescrit sont compatibles avec l'intérêt, les lois et le gouvernement de la monarchie. La Société des Jésuites se propose pour fins le salut des âmes et la propagation de la foi ; mais, si elle ressemble en ce point à plusieurs autres sociétés religieuses, elle diffère essentiellement de toutes par son Institut et par sa forme. Elle est une sorte de milice spirituelle établie pour servir Dieu et le Souverain-Pontife : *Deo militare, et soli Domino atque Romano Pontifici, ejus in terris vicario, servire.* C'est cette dépendance exclusive et immédiate du Pape seul qui fait l'essence de la Société des Jésuites, qui la constitue, qui la distingue des autres Ordres religieux ; elle seule est la base de son Institut, le principe de ses priviléges, le fondement de son régime ; tout y dérive de cette source, ou tout s'y rapporte..... Une société religieuse dispersée de toutes parts et qui est partout dans la dépendance des papes, qui partout tient d'eux une délégation immédiate, une mission directe, qui par son Institut et par ses priviléges ne pouvait reconnaître aucune autre autorité, ne pouvait avec de pareils principes se soutenir et s'accroître, qu'autant qu'elle ne formerait, si l'on peut s'exprimer ainsi, qu'un peuple séparé au milieu des autres peuples. Il fallait que la différence des pays et des mœurs, la diversité des génies et des préjugés n'apportassent aucune variété dans les principes, dans les sentiments, dans la conduite. Il fallait, en un mot, que les membres de la Société n'eussent pour patrie que la Société elle-même, ne connussent plus d'autres intérêts que les siens. Il était nécessaire pour remplir ces vues, que la Société fût une vraie monarchie et que le Général ne fût pas seulement supérieur, mais qu'il fût souverain. Il fallait que le Général résidât à Rome, que le gouvernement entier fût entre ses mains et qu'en lui seul se réunissent tous les droits de la Société ; il fallait, enfin, que son autorité fût absolue, son empire perpétuel, son pouvoir exclusif..... Lorsque le pouvoir est despotique, l'obéissance est servile. La soumission que les constitutions exigent de tous les membres de la Société envers ce Général est une soumission aveugle et absolue, une abnégation totale de la volonté qui exclut tout retard, toute délibération, toute réflexion, tout usage de l'entendement......

« Avec de pareilles précautions et en les rapprochant du droit accordé à la Société d'altérer ou de changer ses propres constitutions, de les rétablir ensuite quand elle le juge à propos, de sa seule autorité et nonobstant les dérogations que les Souverains-Pontifes mêmes auraient pu y faire, il devient évident qu'il n'est sur la terre aucune puissance qui ait le pouvoir de réformer l'Institut..... On ne doit point être étonné si la première notion de cet Institut, tout imparfaite qu'elle était, excita dans tous les Ordres de l'Etat un soulèvement général, lorsque les Jésuites se présentèrent pour être admis dans le royaume. Le premier coup d'œil suffisait pour les rendre suspects... Leurs priviléges sont autant d'abus énormes; ils attentent aux droits du Souverain, ils attaquent les lois du royaume, les libertés de l'Eglise gallicane, les Canons de l'Eglise universelle... On dira peut-être que la puissance publique saura, dans tous les temps, mettre un frein à l'usage qu'on voudrait faire de ces priviléges. Mais, en supposant le remède aussi efficace que le mal certain, il est contre l'intérêt de l'Etat qu'une partie des citoyens soit sans cesse obligée de se tenir en garde contre l'autre ; il est contre l'intérêt de l'Etat qu'on y laisse subsister un Corps dont l'intérêt particulier est directement contraire à l'intérêt général ; qu'on y entretienne une source de trouble et de discorde... La vie douce et laborieuse des *soi-disant Jésuites*, la régularité de leurs mœurs, les vertus éclatantes de plusieurs d'entre eux consacrées par le culte de l'Eglise, ont pu, ont dû même, dans tous les temps, prévenir en faveur de leur Institut. Mais cet Institut, pour avoir renfermé dans son sein des personnages dignes de vénération, sanctifiés par la pénitence et par la pureté de leur cœur, n'en est pas moins dangereux par lui-même... »

Enfin, le troisième rapporteur, le conseiller Bureau de Saint-Pierre, conseiller-clerc, présentait sans commentaire la série non interrompue des doctrines pernicieuses dans les écrits de quelques membres, et dont il eut soin de rendre l'Ordre solidaire, suivant la règle dont on abusa contre lui dans cette circonstance, et qu'on avait toujours entendue sainement : *Doctrinæ differentes non admittantur nec verbo in concionibus, vel lectionibus, vel scriptis libris.* Il signalait, comme étant devenue la doctrine de tous, la morale détestable de certains Jésuites, tels que *Sanchez, Emmanuel Sa, Escobar, Paul Lemare, Gabius Vasquez*, etc., sur le probabilisme, la simonie, le blasphème, le sacrilége, l'irréligion, l'idolâtrie, le parjure, le faux témoignage, le vol, la compensation occulte, l'homicide, le régicide, l'idolâtrie chinoise et malabare, et surtout celle du père *Sa* sur les sixième et neuvième commandements. Ces griefs résultant de doctrines commodes ou dépravées étaient, au talent près, la répétition des accusations portées par l'abbé Chauvelin devant le Parlement de Paris contre l'Ordre entier. Mais déjà une délibération émanant de cinquante-un cardinaux, archevêques et évêques, convoqués par ordre du Roi le 30 novembre 1761, et confirmée depuis par l'adhésion de soixante autres prélats, avait, en défendant l'Institut, fait justice de ces accusations qui, si elles eussent été fondées, ne l'eussent fait tolérer dans un Etat par aucun souverain (1).

Bureau de Saint-Pierre terminait ainsi : « Après l'analyse que je viens de vous faire de la doctrine de la Société, la juste défiance qu'elle inspire vous permettrait-elle encore d'ajouter quelque foi à ses offres, aux désaveux et déclarations que les Jésuites semblent annoncer dans des écrits anonymes et sans autorité ? Ne nous faisons point illusion, Messieurs : chacun des membres de la Société doit penser comme le régime qui le gouverne. Ce régime est appuyé sur deux principes directement contraires à nos libertés et à nos maximes : le pouvoir absolu du Pape, tant sur le spirituel que sur le temporel ; la communication faite par les Papes à la

(1) Celle de toutes dont on avait fait le plus de bruit, la doctrine du tyrannicide, fut empruntée par le père Mariani à la Sorbonne de Paris, qui prétendait à faux la tenir de saint Thomas, *De rege et regis institutione*. Mais ce jésuite avait été désavoué aussitôt par le Général célèbre de son ordre. Aquaviva la défendit sous peine d'excommunication à ses religieux. Sous ce rapport une telle accusation portée contre un Corps était déloyale et prouve seulement combien le débat était envenimé par ceux qui attaquèrent plus tard la Royauté avec le plus d'acharnement et qui déjà ne s'en souciaient guère.

Société et au Général, son représentant, de toute leur puissance dans tout ce qui regarde le gouvernement et l'avantage de cette même Société. Ne l'espérons pas, Messieurs, nos Jésuites français ne renonceront jamais de bonne foi aux maximes qui dérivent de leur Institut; leur doctrine sera toujours nécessairement uniforme et persévéramment opposée à celle de l'Eglise et du royaume de France. Les inconvénients d'une pareille doctrine ont fait croire aux magistrats les plus éclairés qu'il serait dangereux de laisser plus longtemps entre les mains des maîtres, imbus des principes ultramontains, la plus chère, la plus précieuse espérance de l'Etat. Vous venez de voir qu'ils sont peut-être encore plus à craindre par les principes de leur morale que par ceux de leur Institut. Ces derniers attaquent, il est vrai, les fondements du gouvernement civil ; mais les premiers tendent à saper toutes les vertus. Le probabilisme seul suffirait pour les détruire et pour donner un libre cours à toutes sortes de dérèglements. Il est digne de votre zèle et de votre autorité de prévenir ou de proscrire toute altération dangereuse dans les mœurs publiques ; elles n'ont pas moins de force que les lois, ou plutôt les lois n'en ont aucune sans elles. C'est contre ces mœurs si précieuses à tout citoyen vertueux, c'est en même temps contre ces maximes si chères à notre nation, que semblent avoir conspiré cette foule d'auteurs pernicieux sortis de la Société des *soi-disant Jésuites*. Les censures accumulées des évêques, des facultés de théologie, du saint-siège même, n'ont pas arrêté ce torrent d'erreurs toujours renaissantes. Il ne vous reste, Messieurs, qu'à en faire disparaître à jamais la source parmi nous. »

Ces rapports, dont la lecture avait duré trois séances, blessaient la justice dans ses formes les plus essentielles, puisqu'à côté des griefs on ne laissait nulle place aux services. Le père Griffet, le membre le plus considérable de l'Ordre en France à cette époque, avait répondu aux accusations par un écrit (1). Aucune mention ne fut faite de cette défense parmi des diatribes où le talent ne manquait pas et dont au sein de ce Parlement un prêtre s'était rendu l'écho le plus passionné. Ce silence n'était point un oubli, car le premier des rapporteurs avait pris soin de faire connaître qu'il avait été concerté entre eux, « en assimilant les Jésuites à des *accusés* dont la conduite ne pouvait être compensée par une information de vie où la somme du bien excéderait celle du mal. » Nous rapportons ces paroles pour montrer à quel degré la colère avait présidé à cette affaire, et à quels égarements l'esprit de parti peut entraîner des hommes sages.

Ceci montré et sans entrer plus avant dans l'examen d'une question aussi irritante, n'est-on pas autorisé à conclure de tels actes qu'aucun Corps, même le moins reprochable, n'eût pu résister à la solidarité qui fut admise contre l'Institut de fautes commises par plusieurs de ses membres pendant près de trois siècles? Le livre des *Provinciales*, qui parut en 1656, avait ouvert cette voie à l'injustice, et la vogue qui en suivit la publication y avait puisé son principal succès. Le clergé romain,

---

(1) *Mémoire concernant l'Institut, la doctrine et l'établissement des Jésuites en France.* (Rennes, Vatar, 1761, 1762.)

les protestants et les Parlements eux-mêmes eussent pu être exposés à une accusation ainsi rassemblée de toutes parts et dont ils ne parurent pas se défier. Enfin et à l'égard des Jésuites, des fautes de conduite, imputées à un Ordre cosmopolite, comme les souvenirs de Port-Royal qu'ils avaient persécuté et anéanti, une ambition extrême, quelques intrigues si l'on veut, mais principalement le silence gardé contre des doctrines qu'ils eussent dû plus hautement réprouver, tous ces abus et tous ces torts, prévenus par de sages réformes, n'étaient-ils pas surpassés par des services rendus à la religion et à la jeunesse et que tout le monde avouait?

Vainement, en présence des dispositions violentes du Parlement, le procureur général Quarré de Quintin (1) avait, dans un réquisitoire où l'esprit de sagesse ne manquait pas, essayé quelques conseils sur les dangers d'une décision trop précipitée ; ses efforts n'aboutirent pas, et peu s'en fallut qu'on ne lui fît un reproche d'une modération qui pouvait dissimuler d'autres

---

(1) Le même qui laissa sa fortune à M. de Grosbois, premier président du Parlement de Besançon, par un testament attaqué dans un procès porté au Parlement de Dijon et qui fit grand bruit. Chose peu rare alors, les héritiers du sang, demandeurs en nullité, ne purent trouver un avocat pour les défendre, à cause du rang et des affinités de leur partie, dont le Premier Président du Parlement Fyot de La Marche avait épousé la fille ; ce qui les obligea à faire venir en Bourgogne des avocats du barreau de Paris. Tous les procureurs avaient suivi cet exemple, ce qui força à *enjoindre* l'un d'eux. Le testament fut validé, malgré les faits de démence articulés et dont aucun cas ne fut pas même admis en preuve. De cette succession dépendait la bibliothèque de Grosbois (Côte-d'Or), pleine de richesses, notamment en manuscrits, et qui a été conservée jusqu'à nos jours au château de ce lieu.

sentiments. Le 11 juillet 1763, les Chambres assemblées déclarèrent l'Institut des *soi-disant Jésuites*, ainsi qu'on les désigna dans l'arrêt, « attentatoire à toute autorité spirituelle et temporelle, incompatible avec les règles d'un état policé, destructif de la subordination légitime à laquelle tous les sujets sont tenus envers leur Souverain, contraire aux anciens Canons, aux libertés gallicanes, et irréformable par essence (1). » Le même acte confisqua ses biens, annula les vœux de ses membres, leur défendit de se réunir au nombre de *plus de deux*, comme aussi de sortir du royaume sans la permission du Souverain ; proclama de plus les profès incapables de posséder aucun bénéfice ayant charge d'âmes, et menaça de poursuites quiconque oserait, en aucun temps, demander le rappel de cette Compagnie (2). Plus tard enfin, le 15 mai 1764, par un autre arrêt qui fut affiché dans toute la ville, le même Parlement ordonnait, sur les poursuites des créanciers formés en syndicat en l'hôtel

---

(1) Le Parlement proclama de plus cet acte *irrévocable et comme devant être observé à toujours*. Il chargea les conseillers Pérard et Fevret de Fontette de faire l'inventaire de tous les titres, valeurs actives et passives, mobilier, etc., et de joindre à ce travail les noms des Pères et le nombre de leurs élèves.

(2) Cette mesure, devenue générale, et tout absolue qu'elle fût d'abord, n'empêcha pas qu'il n'y fût dérogé bientôt par un édit donné par le Roi à Versailles en mai 1777, lequel fut enregistré le 13 du même mois au Parlement de Paris. Cet édit permit aux Jésuites français de *rester* en France comme sujets du Roi et « même d'y *vaquer au saint ministère*, sous l'autorité des évêques, » sauf, y est-il dit, qu'ils ne pourraient exercer les fonctions de supérieurs de séminaires, de régents dans les colléges, ni d'autres relatives à l'instruction publique. » Permission restreinte, mais qui comprenait la confession, la prédication et l'administration des sacrements, ce qui les assimila à *l'ordinaire*.

du conseiller Filzjean de Sainte-Colombe, que « les biens meubles et immeubles ayant appartenu à l'Ordre seraient vendus pardevant le conseiller Pérard à ce commis, et que les deniers en provenant seraient déposés en l'étude d'Adrien Mathieu, notaire nommé séquestre et économe général de ces biens, entre les mains duquel pourraient être formées les oppositions. » Auparavant, et le 1ᵉʳ octobre 1763, les maisons et colléges occupés par les Jésuites dans la province avaient été évacués par eux et remis aux officiers municipaux des lieux. Ils le furent à Dijon par les soins et sous la surveillance des conseillers Fevret de Fontette, Filzjean de Sainte-Colombe, de La Loge, Pérard et de Palaiseau, commissaires députés, en présence du procureur général du Roi, et, dans les autres villes, par l'entremise des lieutenants généraux des bailliages.

Déjà un an plutôt la Compagnie avait, par un acte significatif, donné la mesure des passions qu'elle était prête à manifester sur la question la plus irritante de cette période du XVIIIᵉ siècle. Le Parlement d'Aix, un des plus ardents, quoique le plus partagé, venait d'être le théâtre des scènes les plus violentes, et où la majorité avait expulsé de ses délibérations une minorité formidable (27 voix contre 29). Le prétexte en fut que ceux des membres exclus avaient déclaré ne pouvoir juger une affaire de cette importance sans pièces, sans rapport, et sur un simple réquisitoire du procureur général Monclar, pièce retirée aussitôt après lecture. Bien plus, la même majorité avait rejeté la requête par laquelle les Jésuites demandaient à être entendus dans leur défense, et se plaignaient « de ce que les lettres du Roi portant règlement sur ce point eussent été jugées sans valeur, jusqu'à ne devoir pas être lues. » Deux magistrats de ce Parlement, le président d'Eguilles et le conseiller de Mont-Valon, vieillard octogénaire, avaient, au nom des dissidents, adressé au Roi deux mémoires dans lesquels ils sollicitaient leur maintien dans des fonctions qui leur avaient été arrachées. Ces mémoires avaient été répandus dans Dijon. Le procureur général les dénonça sans hésiter aux Chambres assemblées, qui, au rapport du conseiller Muleteste, osèrent les déclarer *factieux, calomnieux et destructifs de tout ordre public,* et ordonnèrent qu'ils seraient lacérés et brûlés par l'exécuteur des hautes-œuvres, ce qui fut accompli le jour même (1). Ainsi, par un acte précipité de colère, cette Compagnie préjugeait ce qu'elle était disposée à faire, quand le moment serait venu de se prononcer sur la question fondamentale elle-même. Dans le second de ces mémoires, on avait signalé le Parlement de Dijon comme incertain sur le parti qu'il avait à prendre. Fut-ce à cause de cette assertion imprudente que ce Corps s'abandonna à une mesure extrême qui montra dès ce jour, selon l'expression d'un de ses membres six mois avant l'événement, *qu'il ne rendrait pas sur cette question un arrêt de bigarrure?*

---

(1) Ces mémoires eurent à Dijon un succès de vogue, à tel point qu'on ne put les saisir. Nous avons sous les yeux l'exemplaire qui avait servi à la dénonciation et qui fut laissé sur le bureau par le procureur général. Une note manuscrite de l'abbé Boullemier apprend que cet exemplaire qui lui appartenait ayant été par lui prêté à la condition qu'on le lui rendrait aussitôt sa lecture faite, on brûla à sa place le *Traité des maladies de bestiaux,* par Raudot, médecin à Dijon.

Plus engagé dans la lutte par des violences dont il venait de donner le triste exemple aux autres Parlements, celui d'Aix n'avait pas craint de « traduire en mercuriale, » plusieurs de ses membres choisis parmi le grand nombre de ceux qui avaient fait scission. De ceux-ci, le président d'Eguilles fut condamné au bannissement du royaume à perpétuité, l'abbé de Mont-Valon, conseiller clerc, au banissement de la province et du ressort pendant vingt ans ; les conseillers Coriolis, de Beau-Receuil, de Mirabeau père, de Jouques père, de Mont-Valon père, de Mont-Valon fils aîné comme complices des cas et crimes résultant du procès et d'intelligence avec les jésuites dont ils étaient juges, déclarés incapables d'exercer aucunes fonctions de magistrature.... et rayés de la liste des officiers de la Cour ; et enfin les conseillers de La Carnogue et de Charleval, pour les mêmes cas, interdits de toutes les fonctions de leurs charges pendant quinze années.... Mais le conseil du roi moins violent qu'une cour de justice transformée en gouvernement, adoucit cet arrêt en réduisant de beaucoup les peines prononcées contre le président d'Eguilles et l'abbé de Mont-Valon, et rétablit tous les autres dans leurs fonctions. Cet exemple donné par un grand Corps, montrera jusqu'à quels actes de colère la justice elle-même s'était emportée et de quel poids des délibérations de cette espèce doivent être de nos jours dans la balance de l'histoire. A côté de ces violences qui se répétèrent ailleurs, mais moins acerbes, si Dijon avait suivi le mouvement, la vérité est qu'il ne l'imprima pas.

Ainsi avait fini sans bruit l'Ordre des jésuites en

Bourgogne et dans le ressort de son Parlement (1) où il possédait quatre colléges et trois maisons de retraite (2). Abandonné par la Cour et privé de ces hommes éminents qui pendant des siècles avaient fait sa gloire (3), l'épiscopat l'avait défendu en vain (4) sans que le peuple de cette province s'associât à des rigueurs qui regardaient l'orgueil de ses maîtres plutôt que ses propres avantages. Car c'est une erreur de croire que cette chute d'un

---

(1) Ce Corps fut le quatrième à suivre l'exemple donné à tous par le Parlement de Paris.

(2) Colléges : Dijon, Autun, Chalon-sur-Saône et Bourg. Maisons de retraite : Dijon, Paray et Ornex, ce dernier lieu situé en Bresse. L'établissement des Jésuites au collége d'Autun avait été, comme nous l'avons dit, l'œuvre du président Jeannin. Mais ce ne fut qu'après une lutte qui dura vingt-six ans qu'ils purent être établis dans celui de Chalon, malgré des lettres-patentes du roi Louis XIII qui les y autorisaient et les vives instances du prince de Condé, père du grand Condé. Venu tout exprès dans cette ville pour faire adhérer les habitants à cet établissement, il eut le déboire de voir sa prière repoussée dans un vote public par une majorité nombreuse suscitée par les arrêts du Parlement de Dijon, qui avait ordonné de surseoir aux lettres du Roi. Cette affaire fit grand bruit et ne se termina qu'en 1634 (Perry, *Histoire de Chalon*).

(3) Sauf en France quelques-uns : les pères Berthier, Brotier, Guenard et Griffet ; ce dernier seul, comme nous l'avons dit, avait soutenu la lutte mais avec plus de zèle que de succès. Le Parlement de Paris se vengea de sa résistance en lui refusant plus tard, malgré son grand âge, la permission de rester en France, où il était obligé de subir l'opération de la taille, et ordonna par arrêt qu'il serait *sondé par des chirurgiens du Corps*. (Voir Voltaire, au mot *Jésuites abolis*.)

Le Père Valladier, de la communauté des Jésuites, célèbre à Dijon, où il avait soutenu en 1605 une dispute contre le ministre protestant Casgrain, résidant à Vosne, dans l'espoir de régler quelques sujets de controverse religieuse, mais qui n'aboutit à rien, était mort depuis un grand nombre d'années. Il avait quitté son Ordre, étant devenu vicaire général à Metz et prédicateur du Roi. (Manuscrit du temps.)

(4) Protestation de l'assemblée du clergé de France en 1765.

Ordre célèbre fut l'acte du vœu national ou de l'opinion. A l'exception de l'Université de Paris qui y avait adhéré avec transport, guidée par ses antipathies traditionnelles, les Parlements seuls mirent la main à une œuvre qu'ils avaient poursuivie de tout temps et que le public laissa accomplir sans l'approuver (1). Les tendances philosophiques de l'époque, soutenues par des hommes qui voyaient autre chose dans la destruction des jésuites que ce que

(1) Cette opinion n'est point hasardée; nous l'empruntons à un adversaire du catholicisme, ami de Voltaire et de J.-J. Rousseau, malgré leur inimitié réciproque, mais qui raisonnait à froid dans ces temps d'effervescence des esprits, où si l'on consultait, comme aujourd'hui, la vogue, l'histoire ne serait qu'une œuvre de parti ou un pamphlet. Voici ce que dit à ce sujet, parmi d'autres autorités graves, Duclos, l'auteur des *Considérations sur les mœurs*, connu par sa franchise et son extrême droiture : « Le Parlement, auteur ou instrument de la ruine des Jésuites, en a hautement triomphé. L'Université qui recueille leur dépouille, les gens de lettres, quoique la plupart leurs élèves, mais que la Société avait décriés et cherché à rendre suspects sur la religion, ont applaudi. Tous les jansénistes de dogme ou de parti, ceux-ci très nombreux, et les autres assez rares, ont fait éclater leur joie, sans faire attention que ne tirant leur existence que du combat contre leurs ennemis, ils vont tomber dans l'oubli. Le peuple proprement dit n'a pris aucun intérêt à cet événement. D'autre part, presque tout le Corps épiscopal a pris parti pour les Jésuites, peut-être par humeur contre le gouvernement qu'il soupçonne vouloir aller plus loin. Les Ordres réguliers ont sans doute été charmés de l'expulsion des Jésuites ; mais ils ont eu la décence de renfermer leur joie, d'ailleurs tempérée par la crainte qu'ils ont pour eux-mêmes.

« A l'égard des provinces, si les opérations du Parlement n'avaient été confirmées par un édit arraché au Roi, je doute fort que les autres, excepté celui de Rouen, eussent suivi l'exemple de Paris. Je ne crains pas d'assurer (et j'ai vu les choses d'assez près) que les Jésuites avaient et ont encore sans comparaison plus de partisans que d'adversaires. La Chalotais et Monclar ont seuls donné l'impulsion à leurs Compagnies. Il a fallu faire jouer bien des ressorts dans les autres. Généralement les provinces regrettent les Jésuites, et ils y reparaîtraient avec acclamation, par des raisons que je développe ailleurs. » (*Voyage en Italie*).

les Parlements s'acharnaient à y voir par amour effréné de leur domination, vinrent surtout en aide à ce triomphe de l'orgueil sur un Ordre ambitieux et militant. Les masses indifférentes ou neutres laissèrent faire, dans ce temps d'atonie religieuse, sans tenir compte des services qu'il avait rendus, « quand la religion catholique agonisante au XVIᵉ siècle sous l'action de la Réforme, a dit un écrivain accrédité, les Jésuites avaient envahi l'Allemagne, prenant le protestantisme corps à corps sur son sol natal, faisant de Munich une Rome allemande, comme de l'université d'Ingolstadt la rivale de Wittenberg (1). »

De même que tout ce qui est de mode ou d'entrain, la chute de l'Institut fut célébrée dans les hauts rangs comme un triomphe. Le clergé séculier tout le premier en ressentit une secrète joie, ne comprenant pas encore qu'on ne tarderait pas à s'en prendre à lui-même, après la ruine d'une Société dont les intérêts qu'elle avait défendus, étaient ceux du sacerdoce entier ; mais les philosophes ne s'y trompèrent pas. Aussi vit-on, dès le 4 mai 1762, d'Alembert écrire à Voltaire, que « *les Parlements croyaient servir la religion par cette mesure, mais qu'ils servaient la raison sans s'en douter, qu'ils étaient les exécuteurs de la haute-justice pour la philosophie, dont ils accomplissaient les ordres sans le savoir ; et que les jésuites pourraient bien dire à saint Ignace : Mon père, pardonnez-leur, car ils ne savent ce qu'ils font.* » Puis il ajoutait dans la même lettre : « *Que ce n'étaient point les jansénistes*

---

(1) M. Henri Martin, *Histoire de France.*

qui tuaient les jésuites, que c'était l'encyclopédie... Qu'il voyait d'ici la tolérance s'établir, les protestants rappelés, les prêtres mariés, la confession abolie et le fanatisme écrasé sans qu'on s'en aperçût. » Ce peu de mots dans une telle bouche en disait assez (1).

Ainsi, d'une part, si l'existence dans l'Etat d'un Ordre cosmopolite voué sans bornes à l'autorité du Pape et contenu non sans effort par le Prince, n'était pas sans danger pour l'ordre politique, fallait-il, de l'autre, repousser d'un pays catholique une milice toujours prête à combattre l'hérésie et qui en avait triomphé tant de fois; alors qu'à un schisme toujours ardent se joignait une école plus dangereuse qu'un schisme, puisqu'aux règles de la loi divine, elle tendait à substituer l'autorité de la seule raison? Mais déjà le temps de pareilles sollicitudes était loin. Qu'arriva-t-il? Les Parlements, en exilant les Jésuites et en confisquant leurs biens, se débarrassèrent d'adversaires qui les avaient toujours combattus dans leurs luttes avec le Saint Siége. Ils servirent aussi ceux qui, par l'envahissement qu'ils firent à leur tour du pouvoir spirituel, voulaient la destruction du christianisme. La vraie question qu'on eût dû examiner, si l'on eût pu trouver des juges alors, c'est-à-dire le maintien, sous condition, de l'Ordre en France à cause de l'ardeur inquiète qu'il mit à s'étendre, ne fut pas même abordée, quand par le vide des croyances un danger plus sérieux, qu'on ne voulut pas voir, s'était porté ailleurs.

(1.) De son côté, Voltaire écrivait à La Chalotais après son fameux compte rendu au Parlement de Rennes : « Vous avez jeté Loyola à l'eau, le vaisseau de l'Etat n'en ira que mieux. » (Correspondance.)

Voilà ce que la vérité nous force de rappeler à une époque si loin de pareils abus qu'ont remplacés d'autres plus menaçants. Mais des souverains tels que Henri IV, Louis XIII et Louis XIV, qui avaient protégé cette Société, des ministres comme Richelieu et Mazarin, qui l'avaient défendue, comme de nos jours des hommes d'État tels qu'en Angleterre, qui s'en inquiètent peu; et avec ces exemples, ceux des temps et des siècles ne font-ils pas voir davantage que le danger n'était pas si pressant pour l'autorité royale que l'orgueil des Parlements voulait bien le dire, en excitant outre mesure les passions de ce côté? Tout cela méritait bien d'être jugé froidement, mais ne le fut pas et ne pouvait l'être au sein des tempêtes qu'on avait soulevées et qui allaient causer d'autres ruines.

Longtemps avant cette suppression brillait au sein du Parlement, dont il avait maintes fois supporté les luttes, un homme pénétrant par son esprit, autant qu'il était ferme dans ses résolutions et avisé dans la conduite des affaires, qui n'eut ni le génie de Brulart, ni les austérités de Berbisey, ni la profondeur de Bouhier, ni la science politique de Jeannin, ni aucune ressemblance avec les magistrats célèbres qui, dans l'origine, avaient gouverné cette Compagnie, mais qui, par le coup d'œil le plus pénétrant et le plus sûr, devint au XVIIIe siècle l'oracle de ce grand Corps. A la fois magistrat, politique, orateur, financier, homme de lettres, géographe, critique exercé et philosophe, comme il était de mode de l'être à cette époque au sein d'une Compagnie imbue des mêmes idées, tel fut Charles de Brosses, dont le nom va se trouver mêlé aux événements que nous avons à faire connaître et auxquels il prit la plus grande part (1).

Le silence d'un personnage aussi influent au sein de l'assemblée des Chambres tenue pour l'expulsion des Jésuites de la Bourgogne pourrait faire douter qu'il partageât, sur cette question, l'entraînement de sa Compagnie. Toutefois, sa correspondance particulière avec Monclar, procureur général à Aix, l'un des auteurs du fameux compte rendu publié contre eux, nous apprend qu'en blâmant leur expulsion de France *comme des malfaiteurs*, il était d'avis « qu'ils en fussent bannis comme l'ayant mérité par leurs cabales et leurs longues intrigues. » Athlète toujours prêt à entrer en lice et en recherchant les occasions, tout porte à croire que la

---

(1) Né à Dijon le 7 février 1709, Charles de Brosses fut reçu le 18 février 1730 conseiller au Parlement de Bourgogne sur la démission de J.-B. Bazin, avec dispense d'âge. Il appartenait à une famille noble originaire de Savoie, fixée au comté de Gex, et dont plusieurs membres avaient rempli longtemps par ascendance directe les fonctions de lieutenants civils et criminels au bailliage de cette ville. On voit, par les Registres qui nous sont restés de ce Parlement, qu'en 1602 un membre de cette famille, Pierre de Brosses, fut nommé à Gex en cette qualité, bien qu'il professât la religion réformée; et après lui plusieurs autres du même nom jusqu'au 5 février 1676, où l'un d'eux, Pierre de Brosses, bailli d'épée, qualifié écuyer et seigneur de Chamboisy, acheta une charge de conseiller au Parlement de Dijon. On retrouve après ce dernier, aïeul du président, des magistrats du même nom occupant jusqu'en 1689 la charge de lieutenants civils et criminels au même bailliage, où depuis ils cessent de figurer. (Voir les Registres de ce Parlement.)

On a sur ce magistrat, qui jeta un grand éclat en Bourgogne, quand déjà le Parlement touchait à son déclin un livre déjà cité : *Le Président de Brosses*, par M. Foisset, monographie très variée et pleine d'attraits. Cet ouvrage offre entre autres choses un tableau vrai et animé de Dijon vers le milieu du XVIII° siècle, où il transporte le

crainte de déplaire à sa Compagnie, déjà engagée dans la lutte par un esprit traditionnel, et la perspective d'une défaite où son influence eût été compromise, avaient été la cause de sa réserve. Imbu d'ailleurs des idées qui tenaient les Ordres religieux comme inutiles, sinon dangereux dans l'État, on peut supposer qu'il ne se sentit pas le courage de rompre le silence en faveur de l'Institut, dont quelques torts de conduite envers les Cours souveraines eussent rendu son intervention plus périlleuse. De Brosses, si puissant dans sa Compagnie, ne pensa pas devoir, par une résistance inutile, faire un tel sacrifice de son crédit à un Ordre ennemi d'ailleurs de nouveautés qui souriaient à son esprit et à ses vues, et lorsque, dans un ordre contraire d'idées, il avait proposé à sa Compagnie l'émancipation civile des protestants (1). On voit de plus qu'il ne s'écarta pas de cette

lecteur par la mise en relief d'un personnage faisant marcher de front les plaisirs et les affaires et qui réfléchit le mieux l'esprit, moitié sérieux moitié frivole de son temps. Remontrances au Roi au nom d'une grande Compagnie, travaux littéraires et scientifiques, mœurs, caractères, voyages, correspondance avec les hommes les plus illustres, l'auteur nous fait connaître en outre les détails de la vie intime du président de Brosses, sans excepter ceux de sa vie publique. Ainsi savons-nous par lui le moyen qui permettait à un seul homme de faire face à tant de soins à la fois : « par le temps qu'il prenait aux audiences, même à travers les superfluités des plaidoiries pour dépouiller des livres de littérature et correspondre avec plusieurs personnages de marque. » Personne n'ignore que Charles de Brosses devint, sur les instances de Diderot, un des collaborateurs de l'*Encyclopédie*, dans laquelle il publia divers articles, mais pour dire vrai, sur des questions toutes scientifiques, où les grands principes sociaux n'étaient point engagés. Les publications qu'il a laissées en outre sur différentes matières ne comprennent pas moins de 31 sujets, dont M. Foisset a donné avec une critique savante la nomenclature.

(1) En 1759, au nom du contrôleur général Silhouette; mesure qui

politique dans toutes les circonstances qui se rattachèrent à une affaire où un parti pris d'avance sembla l'emporter chez lui, comme il l'emporta chez ceux en plus grand nombre qui prirent de vieilles rancunes pour le devoir, dont il ne leur resta que l'illusion.

échoua et ne fut d'ailleurs qu'une affaire d'argent. sur l'offre que firent les membres de cette secte d'un subside considérable si l'on voulait faire constater leurs mariages par le magistrat ordinaire.

CHAPITRE XIII.

SOMMAIRE.

Première présidence des Fyot. — Remontrances du Parlement touchant des impôts de guerre. — Caractère de ces remontrances. — Prédominance de de Brosses. — Collision parlementaire avec la Cour. — Ce qu'étaient les Etats Généraux. — Humiliation des Parlements; lit de Justice de 1770. — Le Parlement de Dijon proteste et fait des remontrances. — Caractère dangereux de ces actes. — Le Parlement est congédié par la force. — Exil d'un grand nombre de ses membres. — Le Parlement Maupeou en Bourgogne. — Ce Parlement demande le rappel des membres exclus. — Comment le nouveau Corps fut jugé. — Ce qu'étaient les nouveaux Elus. — Les magistrats déshérités. — L'ancien Parlement est rétabli en Bourgogne. — Caractère de cette mesure. — Première présidence de de Brosses. — Accueil bruyant fait à la rentrée des magistrats. — Lettres-patentes qui instituent le chef du Parlement. — Entraves politiques de son administration. — Réactions parlementaires.

En ce temps-là, deux hommes marquants, mais d'un mérite inférieur à ce magistrat, s'étaient trouvés tour à tour à la tête du Parlement. Tous deux passionnés pour les lettres et les beaux-arts plutôt que pour les devoirs de leur charge, les deux Fyot, ennemis des affaires et peu jaloux de leurs prérogatives comme chefs, avaient laissé usurper par d'autres cette suprématie d'influence qui, dans les grands Corps, s'allie si bien à la plus haute dignité. Ce n'était pas le savoir qui manquait à ces chefs, mais l'amour exclusif de leur état, auquel ils préférèrent d'autres distractions. Critiques, érudits, hommes de lettres, auteurs, artistes même et liés, le premier surtout, avec toutes les célébrités contemporaines, ils ranimèrent par leurs exemples le goût des arts dans une ville où celui des lettres avait existé bien avant eux. Grâce à de magnifiques largesses, peinture, dessin, sculpture, embellissements, élégance, tout avait pris à Dijon des habitudes de goût et de luxe qui se sont conservées jusqu'à nos jours et qui durent leur essor à ces deux Mécènes bourguignons, aussi supérieurs par leur esprit, qu'ils furent généreux dans l'emploi de leur grande fortune. Le premier (1), qui avait succédé à Berbisey comme chef du Parlement, s'était vu placé à la tête de cette Compagnie aux temps si périlleux de l'affaire Varenne, et laissa à d'autres noms le soin de faire bientôt oublier le sien. Son fils (2), qui lui succéda dans la même charge, devait assister à la première agonie du Corps dans les crises politiques que nous ferons connaître et qui devinrent pour lui pleines d'amertume.

Le compliment que le premier des deux adressa au Parlement, le 15 juin 1745, en prenant possession de sa dignité, montre ce qu'il y avait alors de grandeur mêlée à un goût exquis chez ces hommes formés par l'éduca-

---

(1) Claude-Philibert, marquis de La Marche. Il fit venir à Dijon des hommes d'un mérite rare, tels que le peintre Devosge, le statuaire Attiret, le graveur Le Monnier, et fit de ses vastes jardins de Montmusard un lieu de délices auquel rien de ce genre ne put être comparé en Bourgogne. Ce magistrat fut un des correspondants de Voltaire, qui en fait dans ses lettres à d'Argental un grand éloge, bien qu'il ne partageât pas ses opinions philosophiques.

(2) Jean-Philippe du même nom, alors âgé de 30 ans, en survivance et par la démission de son père (Claude-Philibert), qui se retira en 1756 dans sa terre de La Marche, près Chalon-sur-Saône, village où était né en 1422 le fameux chroniqueur Olivier de la Marche.

tion aux plus hautes fonctions de la province. Dans le peu de mots que nous citerons, on entrevoit un programme de conduite où, de la part du nouveau chef, les soins de grands devoirs ne l'emporteront pas sur des goûts moins sévères qui viendront remplir sa vie : « Elevé dans votre sein, nourri de vos maximes, instruit par vos exemples, formé pour ainsi dire par vos mains, je regarde avec raison de si grands avantages comme les véritables causes de la grâce dont le Roi m'honore. J'aime à penser que je vous dois la place où ses bontés confirmées par vos suffrages viennent de m'élever, et je n'apporte aujourd'hui, pour les justifier, que les sentiments dont vous m'avez donné les premières leçons. C'est aimer la vertu que de chercher à vous plaire, c'est apprendre son devoir que de marcher sur vos pas, et cette unique ambition, que vous m'avez inspirée dès ma jeunesse, m'a conduit, dans un âge plus mûr, au-delà de mes espérances et de mes désirs.

« J'ai suivi ceux d'un magistrat encore plus vénérable par ses vertus que par son âge et son expérience, encore plus distingué par la noblesse de son caractère, que par celle de sa naissance, encore plus cher, s'il est possible, à sa patrie par son zèle pour l'utilité publique, qu'il ne l'est à ses amis et à ses proches par ses bienfaits et la sûreté de son commerce. Oui, Messieurs, les difficultés s'aplaniront, vos conseils m'aideront à les surmonter; avec un tel secours il n'est plus de travaux qui m'étonnent ni de sacrifices qui me coûtent ; mon temps, ma vie ne sont plus à moi ; vous en devenez les maîtres et je les consacre tout entiers au plus important de mes devoirs : l'honneur et l'intérêt de cette auguste Compagnie. » Ici ce n'était plus la parole nerveuse de Brulart unie à la majesté du style : ce fut la grâce de la diction relevée par le sentiment, comme elle en était inspirée. Entre ces deux écoles il y avait tout un siècle, et l'on peut juger par la souplesse du langage que déjà les mœurs parlementaires avaient perdu de leur force, ainsi que les caractères.

Sous ces chefs grands seigneurs plutôt que magistrats avaient grandi les influences de de Brosses dans la direction du Parlement. Ainsi avait-il bientôt attiré tout à lui par l'esprit le plus prompt comme le plus sûr, et dont les crises qu'elle allait avoir à traverser rendront le secours nécessaire à cette Compagnie, contrainte de subir la conduite d'un seul, de peur de s'affaiblir par des divisions. De 1730, époque de sa réception comme conseiller, jusqu'à sa mort arrivée en 1772, s'étend la vie publique de ce personnage en même temps homme de lettres et homme d'Etat, et cette vie deviendra celle du Parlement, qui se personnifiera dans ses actes. Placé pendant cet intervalle de quarante-deux ans à la tête des oppositions de ce Corps contre la Cour, ce sera à sa verve acérée qu'allait être confiée la rédaction des remontrances les plus importantes. De ce nombre furent celles où sa Compagnie prit la défense des Parlements de Toulouse, de Grenoble et de Rouen, châtiés en 1763 pour leurs résistances à des enregistrements militaires d'édits qui, après la guerre de Sept-Ans, prorogeaient les taxes et en créaient de nouvelles. Langage plein de hardiesse, mais hors de saison, alors qu'il fallait tenir compte au

Souverain d'avoir rendu aux Parlements, quand ils l'espéraient si peu, la liberté de contrôle; le plus important de leurs titres, et dont la force les avait privés.

Que promettait en effet le Roi dans la déclaration du 21 novembre si mal reçue, et à laquelle, par un refus maladroit, on opposait des griefs dont cet acte venait de reconnaître le fondement? De garantir la dette nationale et d'ôter tout sujet de crainte aux créanciers de l'Etat, garantie fondée sur cette base que la bonne foi était la garde la plus sûre des trônes et la confiance la véritable source des finances; de vouloir régner, non par la seule autorité, mais par la justice, ainsi que par l'observation des règles et des formes établies, et d'écarter toutes les dépenses qui n'étaient pas nécessaires ; de régler une nouvelle forme d'administration et de régie des finances, moins onéreuse au peuple que l'administration actuelle, en interrogeant sur ce point le zèle et les lumières de ses Cours..., et d'établir un fonds d'amortissement perpétuel pour le remboursement des dettes, tant anciennes que nouvelles. Promesses magnifiques, si l'on se reporte à ces temps d'arbitraire et de dilapidation. Mais le Parlement n'en tint compte dans les remontrances dont nous parlons, où la colère, plutôt que la raison, perce à chaque phrase sous une plume habile, mais pleine de fiel.

Au début et avant de proclamer des maximes plus que radicales à une époque où la Royauté était encore respectée, l'auteur descend à des détails dont la puérilité étonnerait de sa part s'ils ne lui avaient été imposés par des passions mesquines. On s'y plaint « de ce qu'à des commissaires choisis seulement dans le Parlement de Paris a été confié le grand travail de la réformation des finances; de ce qu'aucun terme n'a été assigné d'avance à cette Commission pour achever son travail et en rendre compte au Roi, afin de jouir d'avance de ce jour fortuné si généralement désiré...; de ce que la promesse qui est faite qu'aucun nouvel emprunt ne pourrait être réalisé *qu'il n'ait été vérifié* ne dit pas assez qu'il le sera *en la forme ordinaire et légale*...» et ailleurs « de ce que le cadastre ordonné par l'article 11 deviendra très nuisible s'il ne sert qu'à imposer ceux qui se trouveraient le plus ménagés, sans diminuer les gens trop chargés, sous prétexte qu'on ne leur demanderait pas plus qu'ils n'avaient payé jusqu'alors; s'il sert à quelque nouveauté contraire aux priviléges du Corps...; opération, ajoute-t-il, qui ne saurait concerner la Bourgogne, qu'autant qu'elle y procéderait elle-même à cause de ses priviléges de fournir d'elle-même son subside, qui lui a été garanti sous le nom de *don gratuit*.

« Sire, disait-il ensuite, il y a des vérités indubitables, tellement gravées dans les cœurs, que nul temps, nul abus ne peut les couvrir, nulle oppression les étouffer. C'est le cri de la nature, dont les germes sont indestructibles; telles sont celles-ci :

« Que l'héritage patrimonial du citoyen lui appartient en propriété;

« Que sa propriété devient une chimère si l'usufruit lui en est enlevé;

« Que la monarchie n'est pas un despotisme;

« Que les lois excluent le pouvoir arbitraire;

« Que les lois sont saintes et que c'est par elles que règne le monarque ;

« Qu'il est plus intéressé que ses sujets mêmes à en reconnaître et à en maintenir l'autorité, sans laquelle il n'aurait lui-même aucun véritable ni solide pouvoir ;

« Que les lois ayant été instituées pour assurer aux hommes leurs propriétés, celles qui leur en ôtent l'usage en certains cas, doivent, plus que nulle autre, être solennelles et régulières en leur forme ;

« Qu'il n'y a ni ne peut y avoir de loi qui autorise à prendre sans fin pour disperser sans mesure ;

« Que les sujets doivent une contribution de leurs biens au Souverain ;

« Que les besoins réels et effectifs de l'Etat, et non un superflu indéterminé, sont la mesure de cette contribution ;

« Que le premier emploi des revenus du citoyen, emploi privilégié sur tout autre, est de lui apporter sa subsistance journalière ;

« Que la nécessité de pourvoir aux besoins personnels prévaut sur la nécessité de fournir aux besoins d'autrui ;

« Que, dans le concours de ces deux nécessités urgentes, l'impuissance qui a tout donné l'emporte sur l'impuissance qui a besoin de recevoir encore... »

Il ajoutait : « L'Etat a dévoré lui-même sa propre substance, d'avance épuisée sans besoin et livrée sans réserve. Tel sera toujours l'effet de la puissance illimitée qu'on voudra s'attribuer sur les biens du citoyen ; le pouvoir arbitraire n'a pas de plus grand ennemi que lui-même. Sire, quiconque abuserait ou aurait abusé de votre auguste nom pour employer en pareil cas des moyens de violence, serait l'ennemi de votre sceptre et de votre personne ; en renversant les lois de la monarchie, il tenterait de détruire la base solide sur laquelle votre trône est assis. Quiconque voudrait, par une importune avidité, vous arracher encore quelques débris de vos finances et s'approprier la subsistance du citoyen, serait un courtisan perfide qui aimerait mieux son profit que votre gloire, qui immolerait sans scrupule vos intérêts les plus essentiels à son intérêt propre, qui tenterait de vous enlever (s'il n'était impossible) l'affection de votre peuple, plus utile encore et plus désirable à coup sûr que son argent. Quiconque vous dirait ou même vous laisserait croire que Votre Majesté peut, sans un retranchement très considérable dans ses dépenses, rétablir par tout autre moyen les affaires de son État, serait un sujet qui vous tromperait avec audace.

« Que peut la bonne volonté quand on lui ôte les moyens, quand on ne lève pas les obstacles qui la contrarient ? Toute la droiture, toute la capacité d'un ministre finirait par échouer contre la réunion des protections puissantes, du crédit de la Cour, des clameurs et des intrigues de ceux qui gagnaient au désordre, de la malice des publicains qui traversent, par de secrètes manœuvres, les meilleures opérations, des abîmes du faste, de la profusion domestique, des constructions inutiles, de la multiplicité des acquits comptants ; voie obscure qui sert à cacher les secrets de la déprédation aussi souvent que ceux de la politique ; voie dérobée à la comptabilité pour sauver aux déprédateurs le reproche public d'avoir osé surprendre votre bonté...

« Du haut de votre trône, élevez-vous, Sire, voyez et commandez. Parlez toujours en père à votre peuple ; parlez en maître à ceux qui l'oppriment. L'avidité, la fraude et l'injustice fuiront devant vous. Jamais le peuple ne pourra concevoir d'espérance, ni recevoir de consolation, tant qu'il entendra sans cesse annoncer et promettre, comme on fait depuis tant d'années, des retranchements dans la dépense sans en voir faire aucun ; tant qu'il entendra réclamer le besoin et la nécessité au milieu du luxe et des fêtes ; tant qu'il apprendra que les débris de nos finances continuent d'être prodigués en dons si souvent peu mérités, en pensions excessives et multipliées sur les mêmes titres, en dots et assurances de douaires, en places et appointements inutiles ; tant qu'il saura qu'on arrête les plans de nouveaux bâtiments à construire de tous côtés et qu'on laisse en même temps de superbes édifices tomber en ruine ; tant qu'il verra le faste des financiers fonder son opulence sur l'usure et sur les vices si connus et si décriés d'une régie ruineuse pour Votre Majesté et pour vos sujets..... Que l'exemple de la maison royale donne le ton à la Cour, comme la Cour le donne à la capitale et la capitale aux provinces ; qu'il opère le rétablissement des mœurs, non moins nécessaire que celui des finances ; qu'il détruise ce levain corrupteur, cette rouille d'argent qui ronge les cœurs, avilit les âmes, anéantit les sentiments, qui a confondu tous les rangs et détruit cette gradation si essentielle à un État monarchique, qui a renversé tous les esprits, quand on a vu par tant de fortunes subites qu'il n'était plus de mode d'accroître lentement sa fortune par le travail, les soins domestiques et la bonne conduite, puisqu'on pouvait en un moment devenir riche du bien de l'État par des gains directs ou par de viles associations secrètes, ou par de basses alliances qui corrompent de toute façon le plus pur sang français. La chose publique est en péril dès que l'argent y devient honorable, mais qu'arrive-t-il quand il tient lieu de l'honneur même? Ce que nous voyons, c'est la perte des mœurs qui a commencé celle des finances....» L'auteur ajoute : « Faites taire avec indignation ces voix importunes qui toujours voudraient absorber la substance du laboureur; repoussez ces mains avides qui toujours s'ouvrent et ne se croyent jamais pleines, ces gens insatiables qui ne semblent nés que pour tout prendre et ne rien avoir; gens sans pitié comme sans pudeur, misérable assemblage de rapacité et d'indigence.... Le superflu répandu sur des gens inutiles, est pris sur le pain de cent familles affamées, dont les travaux assidus et pénibles font vivre la nation entière.... Le peuple ne peut ou ne doit supporter tant de charges.... il semble qu'on se fasse un jeu cruel de l'accabler à tout propos et pour les causes les plus absurdes..... Et si nous mettons sous les yeux de votre Majesté la vérité telle qu'elle est, nous peignons le tableau sans le déguiser ni le charger. Nous vous présentons ces ressources comme elles sont possibles.... Nos voix sont fidèles, nous les avons souvent fait entendre, on les a rarement écoutées, on y prête enfin l'oreille et il faut encore espérer que ce n'est pas trop tard ; mais nos voix sont courageuses : nous ne nous lasserons jamais de remplir les devois du citoyen et du magistrat..... Les bons Rois, tels que vous, ne sont jamais importunés des plaintes de leur peuple : ils ne sont attristés que des maux qui les causent, toujours prêts à les faire cesser, lorsqu'ils n'ont pu les prévenir. François 1er disait à des suppliants prosternés devant lui : *Levez-vous, ce que vous me demandez n'est pas une grâce, c'est une justice et je vous la dois.* »

Ces remontrances, modèles de nerf, contenaient, à côté de quelques paradoxes, d'imprudentes vérités que le Parlement pouvait se reprocher de n'avoir pas fait entendre un siècle auparavant, quand il y aurait eu plus de courage à le faire sous un prince fort. Toutefois, si le style en était neuf, les idées ne l'étaient pas et avaient été pour la plupart empruntées aux publicistes de toutes les époques, depuis Platon jusqu'à Grotius ou à Machiavel, comme depuis ceux-ci à Montesquieu et à l'auteur du *Contrat social*, l'ouvrage le plus goûté alors par un peuple déjà impatient du frein, et auquel le Parlement avait ici voulu complaire, en espérant se l'attacher. Peut-être fut-ce aussi de la part de cette Compagnie une concession faite à l'opinion de certains membres plus exaltés, et qui, comme le conseiller Male-tête, esprit paradoxal et ami d'Helvétius, préconisaient les doctrines qui devaient, en rompant le contrat, emporter la monarchie elle-même.

Chose étrange, soit que la Cour n'eût pas jugé prudent de répondre, soit que peut-être elle eût voulu céder à ces remontrances, association impossible de la démocratie pure avec des priviléges surannés, tels que l'exemption des impôts que l'auteur intéressé à son maintien ne répudie pas, même au sein de la détresse publique qu'il accuse, ou pour encourager des témérités plus grandes, dont elle espérait tirer parti avec plus d'avantage, un pardon inespéré, mais qui n'était qu'un déguisement, vint relever deux des Parlements de leur disgrâce. Ceux de Grenoble et de Toulouse furent rétablis, et Dijon eut les honneurs d'une médiation guerrière qui, en attendant d'autres événements, avait occupé les esprits dans toute la France.

Mais pouvait-on dire de ces remontrances avec leur auteur, ainsi qu'il l'écrivit dans le temps comme pour s'en targuer : « La véritable éloquence est la vérité sans tortillage; il n'y faut ni rhétorique, ni phrases déclamatoires, ni adulation complimenteuse, ni pathétique : ce dernier style a été usé en effet; il n'y a tragédie qui puisse émouvoir le cœur de *ces gens-là*? » Langage insultant quand le Parlement par sa bouche s'adressait au Roi lui-même, alors que la Royauté, non pas ce qu'elle est devenue sous nos gouvernements modernes, était ostensiblement mêlée à tous les actes d'une admnistration dont ces remontrances furent le tableau assombri. Ce qu'il y a de plus vrai qu'un tel propos, c'est la capacité instinctive apportée par le président dans l'application de réformes inventées par Colbert, fécondées par les économistes, et dont le temps était venu faire l'essai alors que toutes les autres eussent été vaines.

De Brosses, qui venait de sonder la plaie et l'avait mise sans ménagement à découvert, devint dès ce moment un personnage chez lequel la révolution crut trouver un appui par la conformité supposée de ses sentiments avec les maximes qui la flattaient le plus. De son côté, la Cour, dans un voyage que ce magistrat fit à Paris peu de temps après, le prévint par des avances d'honneurs auxquelles il eut la prudence de résister. L'étude des monuments de cette époque fait connaître encore que dès 1759 le contrôleur général de l'Averdy lui avait demandé un plan de finances tout entier, *sans banqueroute, ni emprunt, ni augmentation de charges*; problème presque insoluble alors, à cause des priviléges auxquels il était défendu de toucher en cette matière. Cette proposition n'était point sérieuse et ne fut qu'un défi porté à l'un des réformateurs les plus déclarés de la magistrature de mettre en pratique les principes qu'il avait défendus dans maintes remontrances. De Brosses accepta néanmoins, et après quelques mois de travail il répondit au ministre en lui adressant un plan de finances qui est resté inédit et qui avait pour titre : *Hypothèse pour l'établissement d'un subside national que la nation lèverait sur elle-même comme elle le jugerait convenable*. Dans ce système qu'il avait soumis sans espoir d'être écouté, l'auteur avait prouvé par une combinaison habile qu'à l'exemple de toute autre épreuve, les questions les plus abstraites n'étaient pas au-dessus de ses forces.

En présence de l'orage qui commença dès cette époque à se former contre les Parlements, devenus échos des idées révolutionnaires, et dont ces événements étaient le prélude, on ne s'étonnera plus que ces Compagnies ne se soient associées dans un intérêt commun, de même qu'elles s'étaient compromises par les mêmes fautes. Les enregistrements à main armée avaient dû les faire réfléchir sur l'anéantissement en fait de leur autorité. Des rapports établis entre chacune d'elles, d'abord par l'entremise de leurs membres les plus influents, d'individuels qu'ils semblaient être, devinrent bientôt officiels. La doctrine des *classes* ou de l'*unité* de la magistrature souveraine, sorte d'ultramontanisme rajeuni sous une forme laïque, se montrait à découvert dans cette solidarité des Parlements. A l'aspect d'un danger aussi sérieux, et bien que le Parlement de Paris prétendît être encore à lui seul la Cour des Pairs, qualité qui lui donnait la suprématie sur tous les autres, cette doctrine, ressuscitée de la Fronde et reprise de plus fort à la veille de la lutte la plus terrible qu'on aura encore vue, redevenait le cri de guerre qui allait les réunir.

Le gouvernement n'avait pas été sans s'effrayer de ces prétentions dont l'idée mère était partie de la Bourgogne, et il est permis de penser que la résolution qui fut prise d'en finir avec une magistrature si redoutablement unie en fut en grande partie la suite. Les actes désespérés du chancelier Maupeou, qui allaient supprimer les Cours souveraines, pouvaient ainsi trouver leur excuse dans une situation menaçante, qui rappelait en l'aggravant l'époque de la Fronde avec des passions moins dissimulées dans leur but. Les Etats généraux, auxquels le Parlement de Paris ne craindra pas au bout de deux siècles d'usurpation de restituer par une déclaration publique le droit de consentir les lois, et auxquels de Brosses lui-même avait adhéré sans en comprendre la portée, ne pouvaient être alors qu'un palliatif impuissant, quand auparavant ils eussent pu tout sauver.

Mais qu'étaient ces grandes assemblées si souvent invoquées dans les temps les plus critiques et qu'on appelait au secours d'un gouvernement usé ? Nullement, ainsi qu'on a paru le penser de nos jours, une sorte de monarchie tempérée où les lois librement votées auraient assujetti le monarque aux volontés du plus grand nombre. Ces Etats n'étaient rien de semblable et ne dataient pas d'un temps antérieur au XIV° siècle. Deux fois seulement on les avait vus, d'ordinaire si soumis ou si nuls, donner l'exemple contraire, emprunté aux élans du patriotisme blessé dont ils furent l'énergique écho. En 1355, après les désastres de la bataille de Poitiers, les résolutions de cette assemblée sanctionnée par le Roi Jean, dépassèrent bien au-delà toutes les garanties qui fondent de nos jours le système constitutionnel le plus étendu des Etats Européens. On y trouve l'autorité partagée entre le Roi et les trois Etats représentant la nation et représentés eux-mêmes par une Commission de neuf membres et permanente; l'assemblée s'ajournant d'elle seule à terme fixe, l'impôt réparti sur toutes les classes, et atteignant le Roi lui-même; le droit de percevoir les taxes et le contrôle de l'administration financière donné aux Etats agissant par leurs délégués à Paris et dans les provinces ; l'établissement d'une milice nationale par l'injonction faite à chacun de s'équiper d'armes; enfin la défense de traduire qui que ce soit devant une autre juridiction que la justice ordinaire ; l'abolition du droit de prise ou de réquisition fixe pour le service Royal.

Ces nouveautés se renouvelèrent en progressant aux États généraux réunis l'année après, où, sous la pression des mêmes colères, on vit sortir de leurs délibérations une réforme radicale par la concentration du pouvoir entre les mains des mêmes États, c'est-à-dire la mise en accusation des conseillers de la couronne, la destitution en masse des grands officiers civils et judiciaires, le mélange des Ordres dans les délibérations de l'assemblée, ce qui en préjugeait la destruction; la liberté de se réunir *proprio motu;* la création d'un conseil de réformation, etc., etc.; la révolution en un mot se dressant d'elle seule plus de quatre siècles avant de s'accomplir et appelant à son aide le prévôt des marchands Marcel, tribun du temps, puis enfantant la *Jacquerie* et ses horreurs aux cris de la France épouvantée et muette. Ce furent dans leurs applications les théories exprimées par le député la Roche, élu de la noblesse en Bourgogne, devant ces États, et dont nous avons parlé au sujet de la royauté discutée par lui jusque dans ses sources.

Hors de là, et par leur institution fondamentale liée à la monarchie elle-même dont ils étaient issus pour la soutenir, et non point elle d'eux sous une autre forme, comme il en serait de nos jours, ces États avaient remplacé, sans ajouter à leurs pouvoirs, les anciens *plaids généraux*, formés par les grands vassaux de la Couronne réunis au Champ-de-Mars, où, dans les crises publiques, le danger de l'État voulait qu'il fussent consultés. Jamais ils n'avaient eu d'autres pouvoirs que ceux de ces premiers Corps. Les Parlements, en prétendant depuis s'assimiler à eux par les enregistrements, avaient donc créé un droit nouveau que le peuple, qui s'y était accoutumé, voulut maintenir de force le jour où l'on tenta de le supprimer par l'abolition des Cours souveraines, auteurs d'une fiction devenue utile à ses besoins. Tel fut le secret de cette popularité bruyante qui salua toutes les résistances de ces Compagnies. Les Parlements enivrés n'en comprirent le but que le jour où on en vint à leur demander des comptes que, sous une forme modifiée par le temps qui change tout, ils durent rendre à ceux qui les avaient flattés.

Le Parlement de Dijon, placé dans un pays d'États où le sentiment de la liberté était mieux compris, trouva chez un peuple ainsi préparé un nouveau motif de résistance qui, chez ce dernier, n'était qu'une représaille contre les atteintes profondes qu'on avait portées à ses anciens droits. Mais avant d'engager ainsi la lutte on avait presque partout pactisé avec la Cour, en préludant par la honte à un réveil d'amour-propre qui devait rendre cette lutte plus violente.

Le 3 mars 1766, Louis XV avait tenu à Paris une séance royale, justement appelée de *flagellations*, dans laquelle il avait proscrit les prétentions parlementaires et défendu à l'avenir la confédération des Cours souveraines ; véritable instrument de révolution quand celle-ci procédait ainsi d'en haut. Les Parlements, auparavant si fiers, étaient venus un à un du fond de la province à Versailles subir l'humiliation de reproches publics accompagnés de paroles hautaines que le Roi leur adressa comme à plaisir. Ces discours pleins de vigueur, dont les termes avaient été calculés d'avance, avaient déconcerté les plus hardis d'entre leurs membres (1). C'en eût été fait peut-être de ces Compagnies, si le ministère les eût frappées à cette époque du coup mal assuré qu'il leur porta plus tard, quand elles avaient eu le temps de se reconnaître et que, par le revirement de l'opinion, les choses avaient changé de face.

Les événements de la Bretagne, où La Chalotais poursuivi venait d'obtenir une sorte de triomphe, ranimèrent leur opposition découragée. Ajoutez à cela le procès fait au duc d'Aiguillon, dont l'affaire avait été évoquée au Parlement de Paris, et qui se termina par un *non-lieu* de bon plaisir royal quand la procédure était instruite et jugée. Vint ensuite l'arrêt du même Parlement qui, par représailles, déclarait ce duc entaché dans son honneur et suspendu de la pairie jusqu'à ce qu'il se fût purgé suivant les ordonnances; arrêt qui n'était qu'un manifeste renvoyé à la Cour, et auquel les Parlements de Toulouse, Bordeaux et Rennes s'étaient bien vite ralliés. Toutes ces fautes hâtèrent le dénouement d'une situation trop compromise.

Dès ce jour, la guerre fut déclarée à tous les Parlements. Or jamais temps n'avait été moins opportun et remède ne réussit plus mal. Au milieu des idées de liberté dont les têtes étaient remplies, et dont le foyer était en ce moment au sein des Cours souveraines réduites à un rôle où ces libertés ne trouvaient plus d'aliment, n'était-ce pas folie d'aller les en bannir par des suppressions

---

(1) Ils furent fort applaudis dans le temps par Voltaire tout le premier, qui crut le dernier jour de ces Corps arrivé et flatta, en les accablant de ses mépris, le pouvoir qui les avait supprimés.

radicales à l'aide d'un gouvernement corrompu et à bout de voies? Il n'y avait pas en France un esprit sage qui ne fut frappé de ces périls. Mais la dernière heure de la monarchie avait sonné, et d'autres fautes moins apparentes n'avaient fait que précipiter cette crise. Tout devint dès lors contraire à une aussi vaste entreprise, les hommes et les conjonctures, et, par-dessus tout, les mœurs ou la pente des idées contre lesquelles les gouvernements se débattent en vain quand est venu le moment de leur chute.

Le Roi résuma ses nouveaux griefs contre les Parlements dans un dernier lit de justice tenu à Versailles le 4 décembre 1770, et par lequel il abolissait par des défenses les prétentions les plus chères à ces Compagnies. On y prohibait les mots d'*unité* et d'*indivisibilité des classes*, les envois de Mémoires de Parlement à Parlement, les cessations de service, les démissions en corps, les retards d'enregistrement, les remontrances d'office, en un mot, tout ce qui jusqu'alors avait constitué la vie ou l'importance politique de ces Corps. Le Parlement de Paris ne put se résoudre à enregistrer de telles restrictions à son autorité, et vit installer à sa place le Conseil d'Etat; juridiction nouvelle de *bon plaisir royal* suivie bientôt elle-même de l'exil des anciens membres, qui tous avaient refusé de reprendre des charges qu'ils ne pouvaient plus occuper sans déshonneur.

La suppression du Parlement de Paris, avec création de conseils supérieurs dans son ressort, devint le signal de l'anéantissement de tous les grands Corps judiciaires, et déjà les esprits les moins clairvoyants pouvaient juger que le moment suprême était arrivé qui allait décider de leur sort. Le Parlement de Dijon n'hésita pas dans le parti qu'il avait à prendre, et la résistance qu'il organisa contre la Cour fut celle d'une Compagnie qui voulait lutter jusqu'à la fin. Son premier acte fut une déclaration faite par les Chambres assemblées le 6 février 1771, portant qu'il serait écrit au Roi pour lui exprimer les plaintes du Parlement au sujet d'une telle violence. Le conseiller de Bévy avait été chargé de rédiger cette lettre, et le fit avec cette inflexibilité de caractère qui le rendait propre à ses sortes de dévouement dont le mérite n'était pas exclu. « Sire, disait-il en commençant, vous êtes roi par la loi et vous ne pouvez régner que par elle; c'est sur ces principes admirables qu'est établi tout le système de la monarchie française... En vain multipliera-t-on les actes les plus extraordinaires du pouvoir absolu pour faire taire la voix de la loi et celle des magistrats qui en sont l'organe; votre Parlement, gardien fidèle des principes qui font la sûreté de la monarchie et du monarque, ne cessera de réclamer contre la violence et l'oppression... Toute la France vous demandera justice des rigueurs exercées sous votre nom et de la violation des lois dans la dispersion des membres de votre Parlement de Paris... Qu'importe, en effet, à la gloire de ces généreux défenseurs de la patrie qu'un petit nombre d'hommes nommés par les intrigues de la Cour, partisans actuels de l'autorité absolue dans l'espérance de se l'arroger un jour, s'empressent de concourir à l'anéantissement des lois et du Parlement? Eux seuls peuvent trouver satisfaction dans le malheur de l'Etat... Nous vous dirons,

Sire, ce que notre serment nous oblige de vous dire, ce que la nation entière vous dirait si elle était assemblée, ce qu'on ne peut vous dissimuler sans se rendre criminel envers Votre Majesté et envers l'Etat, en un mot, ce que personne ne vous dira plus si, pour le malheur du Prince et des sujets, votre Parlement est anéanti. Nous vous dirons, Sire, que les Français ont été gouvernés jusqu'ici par des lois établies pour le bonheur de votre empire; que Votre Majesté a juré solennellement à son sacre de garder et d'observer ces lois; que ce serait y porter la plus sensible atteinte d'anéantir par voie d'autorité un Corps inhérent à la constitution de l'Etat, et que la subversion des lois est la suite inévitable de l'extinction du Parlement... Mais si par malheur Votre Majesté était insensible à nos représentations, s'il arrivait que les cris de la nation fussent étouffés avant de parvenir au trône, on ne nous verrait point souiller par un coupable silence la dignité des fonctions pour lesquelles nous avons été institués; nous préférerions sans doute une prompte destruction à l'avilissement auquel nous nous verrions exposés; et, forcés de choisir entre le déshonneur et l'infortune, nous n'hésiterions pas à nous dévouer à tous les maux que le courroux de Votre Majesté peut nous mettre dans le cas de redouter, plutôt que de laisser violer entre nos mains le dépôt sacré qui nous a été confié, etc. »

Ces plaintes menaçantes ne durent pas surprendre la Cour, et, sauf la forme révolutionnaire qui les caractérise, un tel langage fut le cri de détresse poussé par une Compagnie dans la situation la plus désespérée qui lui eût été faite. C'était, d'ailleurs, avec les mots nouveaux qu'on remarque dans cet écrit, les mêmes maximes que celles exprimées sept ans plus tôt par de Brosses dans les remontrances de 1764 que nous avons rapportées. On y trouve, comme dans les premières, sous quelques formes banales de respect, la souveraineté du peuple préconisée comme la *base de tout Etat*, la monarchie qualifiée de *système*, les fautes du pouvoir de *ténébreuses intrigues*, la royauté avilie sous le nom de ses ministres, et les ministres dénoncés comme traîtres aux vengeances publiques; puis, en même temps, l'*autorité d'un seul* comparée à la *tyrannie par l'arbitraire*, la puissance royale assujettie aux lois, les lois réglées *par la nation*, et la nation elle-même *juge des différends survenus entre le Souverain et les grands corps politiques;* le serment du Prince considéré enfin comme *le seul lien qui attachât les peuples à l'obéissance*. D'où il suivait que ces peuples étaient dégagés quand ce serment était rompu ou foulé aux pieds. Ce qui semblait dire que, dans ces cas prévus, s'ils n'étaient pas encore arrivés, le Souverain pouvait être déposé par un pouvoir supérieur à lui-même, comme ayant enfreint les conditions de son mandat. Assurément les Cours souveraines ne désiraient pas un tel bouleversement, mais elles furent poussées à en faire la menace par les soins déréglés qu'elles prirent alors de leurs intérêts. Ce fut là leur plus grande faute, ou, pour mieux dire, leur plus déplorable erreur.

L'arrêté du Parlement de Dijon, en vertu duquel la lettre que nous venons de citer avait été écrite, était l'œuvre du conseiller de Fontette. Cet acte exprimait sous une autre forme les mêmes résolutions, et se terminait par le reproche fait au Roi de détruire dans le Parlement de Paris *un Corps auquel les Bourbons devaient la conservation de leur couronne.* Prétention téméraire et qui se trouvait démentie par l'histoire de cette Compagnie à l'époque de la Ligue, si fâcheuse pour sa fidélité. Les 4 et 23 mars de la même année, les protestations continuèrent, et quand plusieurs Parlements se flattaient encore d'un vain espoir de conservation, celui de Dijon, au lieu de formules inutiles, rendait des arrêts qui témoignaient de sa désobéissance aux édits rendus pendant les mois précédents. Il défendait de plus à tous officiers de son ressort d'accorder aucuns *pareatis* sur mandements *des prétendus conseils supérieurs,* d'en permettre l'exécution et d'y avoir égard en jugement, ou d'accepter aucune commission qui leur serait adressée par ces conseils. Ce dernier arrêt, publié et affiché dans tous les bailliages, excita une grande fermentation.

Cet acte nouveau d'agression ne pouvait que précipiter la crise au lieu de la conjurer. Une protestation faite par le même Corps le 1er mai suivant mit le comble à ces imprudences sans excuse, sinon sans courage, de la part de ceux qui les avaient commises. Le président de Brosses était encore l'auteur de cette pièce qui devint un véritable manifeste. Le style en est acéré et les maximes hardies comme le maître qui les a écrites. On sent, à sa lecture, que depuis les premières protestations de la Compagnie les événements ont grandi, et que le temps des palliatifs est passé pour chacun. Les doctrines étranges qui nous ont étonnés reprennent, sous la main habile qui les presse ou les exprime, des significations plus alarmantes dont l'auteur lui-même ne semble pas soupçonner le danger. Des mots nouveaux et inconnus jusqu'alors dans le langage des remontrances s'y rencontrent à chaque pas comme une menace, tels que ceux *de citoyen, de nation, du peuple entier né libre et incapable de servitude, réclamant pour la conservation de ses droits; du droit de la nature lui-même; des devoirs des Rois dont ils sont redevables à Dieu, à la loi et à leurs peuples; du sentiment d'un seul homme ne devant jamais prévaloir contre le cri de tous les autres; du pouvoir absolu, enfin impuissant pour maîtriser l'opinion et exécutant de fait tout ce qu'il veut, changeant ainsi son nom en un autre à jamais incompatible avec le caractère de la nation;* maximes insidieuses qui devaient bientôt servir de texte à toutes les révoltes dans les essais nouveaux où cette nation allait se précipiter. De plus, la vénalité des offices, jusqu'alors l'arche sainte de la magistrature parlementaire, n'y était plus défendue que pour la forme, « le Parlement, disait-on, étant prêt à s'en départir dès ce moment ou à mesure de l'extinction des charges par décès. » Après quoi ce Corps, par des conclusions, dont on aurait eu lieu de s'étonner à toute autre époque, demandait au Roi la convocation des Etats généraux, suivant le vœu du peuple qu'il venait ainsi flatter dans ce qu'il avait sollicité avec le plus d'ardeur, et ce que le Parlement de Paris ne réclamera lui-même que seize ans après (le 5 décembre 1788). De telles remontrances qui nous étonnent par la hardiesse du langage n'étaient pas encore l'expression la plus avancée des maximes politiques du même Corps :

peu s'en était fallu que le conseiller Louis Maleteste, chef d'une secte assez nombreuse, n'eût fait passer un projet dont il était l'auteur et qui présentait les doctrines de *Souveraineté nationale* et *de Royauté révocable* qui en étaient la conséquence logique, et qui n'eût ménagé personne, à commencer par ses adeptes qui s'en crurent garantis.

L'adresse votée, dans laquelle le Parlement, au lieu d'accuser la Cour, eût fait plus sagement de confesser envers elle des torts de conduite, n'aboutit à rien, comme on devait s'y attendre, et ses irritations se firent jour d'une autre manière. Déjà quelques jours auparavant (1), une protestation violente rédigée par Bégin d'Orgeux avait porté au Roi, sous le nom de *mémoire*, des doléances qu'avait conseillées plus de sagesse. Les droits du Parlement y étaient examinés dès leur origine et à travers les révolutions de l'histoire avec autant d'art que de grandeur. Ce mémoire, qui ne compte pas moins de quatre-vingt-deux pages, peut être regardé comme un modèle et demande à être connu en entier, comme témoignage de ce qui était resté de mérite dans un Corps presque arrivé à sa fin. Malheureusement, comme si ce n'eût pas été assez des complications de l'époque, on y voit le Parlement ressusciter les questions d'attributions les plus délicates et qui avaient divisé les Parlements et la Cour depuis des siècles. Telle était sa prétention renouvelée de coopérer à l'établissement *des lois à faire* comme à l'exécution *de celles qu'il avait faites*, suivant cette règle

(1) 16 avril 1771.

invoquée : *Digna vox est Majestatis regnantis legibus alligatum se principem profiteri* (1). Questions sans portée, puisqu'il s'agissait toujours de savoir si ces Parlements représentaient les Corps qui pouvaient accepter la loi et lui imprimer ce caractère : *Lex omnium fit consensu*, dont le principe, quoique concédé en apparence par Henri III aux Etats de Blois (2), n'avait jamais été généralement admis en France comme règle.

Deux mois après, le même Corps, passant de ces résistances à l'insulte, faisait brûler par le bourreau, sur la dénonciation du conseiller de Torcy, l'un de ses membres les plus ardents, trois apologies du chancelier, le chef de la justice en France. En même temps, par une précaution naturelle, il condamnait à la flétrissure un nouvel écrit de Varenne intitulé : *Le Parlement pendant la Ligue*, après avoir fait faire une réfutation médiocre de cet ouvrage par le conseiller de Nogent; sorte de testament politique par lequel, au moment de succomber, il voulait à force d'éloges effacer le souvenir de ses faiblesses, souvenir qu'il eût été plus sage de ne pas ranimer.

Un Corps politique ne pouvait plus courageusement finir, et cette fin ne se fit pas attendre. Le 5 novembre de la même année 1771, le marquis de La Tour-du-Pin-Gouvernet, commandant de la province, et l'intendant Amelot entraient au Palais, tous deux chargés de signifier aux Chambres assemblées du Parlement les ordres

---

(1) Code, l. 1, tit. 14, l. 4.
(2) 1577. — Voir en sens contraire les lettres patentes de 1555 signées par Henri II en faveur des Etats de Bourgogne et les autorités citées au premier chapitre de cet ouvrage.

de la Cour. Leurs lettres de créance furent communiquées au Premier Président de La Marche et au procureur général Pérard. L'intendant prit la parole et fit connaître à cette Compagnie que le Roi, en son Conseil, avait cassé ses arrêts et arrêtés des 7 août 1770, 4 février, 3 et 4 mars et 1ᵉʳ mai 1771, en y comprenant par erreur un autre du 8 janvier 1771 qui n'avait pas été rendu. Suivant les mêmes lettres, on devait procéder à l'enregistrement d'un nouvel édit qui supprimait tous les anciens offices de présidents et conseillers, avocats généraux, procureur général et substituts, avec défense aux possesseurs de ces charges d'en exercer les fonctions, sous peine de faux. Enfin, par l'article 11 du même acte, les propriétaires de la finance résultant d'achat des offices supprimés étaient tenus de remettre, dans le délai de deux mois, leurs quittances et autres titres de propriété au contrôleur général des finances, à l'effet de faire liquider leurs charges. Le Roi se réservait de plus de pourvoir, ainsi qu'il aviserait, à l'administration de la justice en Bourgogne. Telles furent les bases de cet acte important. La lecture en fut faite au milieu d'un profond silence que n'essayèrent pas de rompre ces magistrats auparavant si hardis, aujourd'hui vaincus par une violence qui suspendit la lutte, si elle n'en fit pas cesser les causes.

L'arrêt d'enregistrement fut prononcé. Cette formalité accomplie, le marquis de La Tour-du-Pin fit remettre au Premier Président et au procureur général un ordre de la Cour qui leur prescrivait de se rendre chez eux, au greffier celui de fermer les portes du greffe, et au concierge du palais la défense d'y laisser entrer personne jusqu'à nouvelle injonction. Chacun obéit à son tour, à commencer par La Marche et Pérard, qui devaient retrouver dans la réorganisation du Corps la récompense, si c'en fut une, de leur soumission. Vingt-huit membres de la Compagnie étaient exilés le même jour et presque au même instant, et après eux plusieurs autres. Ce furent, pour les premiers, les présidents de Brosses, le chef de toutes les résistances (1), Legouz de Saint-Seine, Bernard de Sassenay, Bouhier de Lantenay, Chartraire de Bourbonne; les conseillers de Maleteste, Cortois-Humbert, Maublanc de Martenet, Fitzjan de Talmay, Butard des Montots, Perreney de Baleure, Robin d'Apremont, d'Allerey, l'abbé Verchère, Villedieu de Torcy, l'un des plus ardents contre le chancelier Maupeou, Gauthier, les abbés Espiard de Laborde et du Magny, puis Cortois de Quincey, Jannon, Fyot de Mimeure, de Bévy, qui avait été le plus opiniâtre dans la lutte, de Bressey, Bégin d'Orgeux, l'auteur des remontrances si nettes du 16 avril, Fyot de Dracy, de la famille du Premier Président et qui suivait un autre drapeau, Pelletier de Cléry, Legouz et Chiquet, personnages moins connus, mais compromis par leurs votes ou par ce que la Cour appelait *des intrigues*. Peu de jours après, et le 15 novembre, cinq autres membres de la Compagnie subissaient le même sort; ce furent les conseillers Richard d'Escrots, Fardel de Daix, Champion de Nansouthil, Verchère d'Arcelot, Girault de Vesvres;

---

(1) On raconte que rentrant chez lui, il rencontra un des nouveaux Elus. Il jeta par terre les insignes de son ancienne dignité en disant à un de ses gens : « Fèvre, prenez cela, il n'y a que des valets qui en puissent porter. » (M. Foisset.)

un dernier, de Marliens, s'exila volontairement par dépit (1).

Le lendemain du même jour 5 novembre, dans une solennité moins sévère, le gouverneur procédait à l'installation du nouveau Parlement créé par un édit du mois d'octobre 1771, et sur des bases différentes, appropriées à l'organisation de cette Compagnie. Un Premier Président, quatre présidents à mortier, deux conseillers-présidents ou à bonnet, trois conseillers-clercs et trente-un conseillers laïcs, avec un procureur général, deux avocats généraux et trois substituts, formaient l'ensemble du nouveau Corps. A l'exception des Requêtes du Palais transférées au bailliage de Dijon qui devait en exercer la

---

(1) Extrait des notes manuscrites de l'abbé Le Prince, ancien chanoine de la Sainte-Chapelle, contemporain de ces événements, dont il avait rassemblé toutes les pièces.

Du reste ces exils furent fort adoucis par la mesure qui les renvoya presque tous dans leurs terres du ressort, et les autres dans des lieux à leur convenance. Ce qui montre que la Cour ne sévissait qu'à regret et pour répondre seulement à d'imprudentes provocations. Ainsi de Brosses fut exilé à Neuville-les-Dames, Legouz de Saint-Seine à Jancigny, Bernard de Sassenay à Sassenay, Bouhier de Lantenay à Lantenay, Chartraire de Bourbonne à Longvic : tous présidents au même Corps; Maleteste à Villey-sur-Tille, Cortois-Humbert à Quincey, Maublanc de Martenet à Chiseul près Martenet, Fitzjan de Talmay à Talmay, Butart des Montots à Seurre, Perreney de Baleure au Tailly, Robin d'Apremont à Nantua, l'abbé Verchère à Morey, Villedieu de Torcy à Torcy, Gauthier à Chassagne, Cortois à Quincey, l'abbé Espiard de la Borde à Dole, Fyot de Mimeure à Genlis, Pelletier de Cléry à Seurre, Joly de Bévy à la Berchère, Jannon à Chamblanc, Le Mulier à Bressey, Bégin à Orgeux, l'abbé Cochet du Magny à Auxonne, Fyot de La Marche de Dracy à Saint-Rambert, Chiquet de Champrenard à Paris, Legouz à Jancigny. Furent exilés depuis et les 15 et 16 novembre : Richard d'Escrots à Argilly, Richard puîné idem, Champion de Nansouthil à Nansouthil, Verchère à Arcelot, Fardel à Daix, tous conseillers. Tous ces noms sont empruntés aux mêmes notes.

juridiction, ce Corps, comme l'ancien Parlement, se partageait en trois Chambres : la Grand'Chambre, la Tournelle et les Enquêtes. Magistrature toute d'élection, désignée par le Prince lui-même avec gages fixes (1) et sans vacations, épices, ni *vénalité des charges*, de toutes ces innovations celle sur laquelle on comptait le plus pour flatter l'opinion, qui ne se laissa pas prendre à ce piége.

Ce nouveau Parlement, ainsi dégénéré, se recruta de suite et successivement de ce qui restait dans l'ancien de magistrats les moins résolus. A leur tête fut Fyot de La Marche, Premier Président (2), qui se démit au mois de janvier suivant pour des causes que nous ferons connaître. Avec lui avaient été nommés Chesnard de Layé, d'Anthès de Longepierre, Macheco de Premeaux, Esmonin de Dampierre, La Loge de Fontenelle, ce dernier à la place de Layé nommé Premier Président, tous présidents titrés; Fleutelot de Beneuvre, Lebault, conseillers présidents; Bureau de Saint-Pierre, Bazin, Genreau, conseillers-clercs; Mairetet de Minot, Barbuot de Palaiseau, Févret de Fontette, Févret de

---

(1) Ces gages furent, par lettres patentes du 11 octobre 1771, fixés ainsi qu'il suit : au Premier Président, 12,000 livres ; à chacun des présidents, 6,000 livres; des conseillers présidents, 4,000 ; des conseillers de Grand'Chambre, 2,500 ; de ceux des Enquêtes, 2,000 ; des avocats généraux, 2,500 ; au procureur général, 6,000 ; et à chacun des substituts, 1,000 ; avec une pension attachée à certaines charges en sus de ces gages, savoir : de 1,500 livres pour le plus ancien des conseillers-laïcs et de 1,000 livres pour le plus ancien des conseillers-clercs.

(2) Les Premiers Présidents de Toulouse, Pau, Douai, Rennes et Metz furent aussi maintenus; tous les autres furent remplacés de gré ou de force.

Saint-Mesmin, qui se retirèrent au mois de mai suivant, Fitzjan de Sainte-Colombe, Varenne de Longvoy, Mairetet de Thorey, La Loge, Juillet de Saint-Pierre, Guenichot de Nogent, l'auteur de la dénonciation contre l'écrit *Varenne,* Lorenchet de Melonde, Beuverand, Dévoyo, Richard de Ruffey, Raviot, Mayou d'Aunoy, Nadault, Premeaux fils, *Cœurderoy, Violet de La Faye, Letors de Thory, Juillet, Calon, Durand de Salives, Arnoult, Regnault, Pasquier, Gauvain de Viriville, Le Belin d'Urcy, Folin de Folin, Quarré du Plessis, Simon de Granchamp* et *Balay,* conseillers; Colas, avocat général; Pérard, procureur général; Guyton de Morveau, avocat général; *Maléchard, Voisin* et *Baudot,* substituts (1).

Chose étrange! on était allé, pour former le nouveau Corps, jusqu'à recruter des magistrats exilés d'abord, tels que Richard d'Escrots, Richard puîné, Fardel de Daix, Verchère d'Arcelot et Champion de Nansouthil; mais ils n'acceptèrent pas. On jugera, par ce mode de former la nouvelle Compagnie, qu'il entra dès le principe dans les vues du gouvernement de remplacer l'ancien Parlement par un choix fait parmi les magistrats qui avaient précédemment rendu la justice. Les hommes nouveaux en avaient été ainsi exclus dans l'origine, et n'y furent conviés qu'à défaut des anciens membres qui venaient de refuser fièrement les avances du ministère (2).

(1) Tous ces noms sont extraits des notes manuscrites déjà citées et d'autres documents de l'époque. Ceux imprimés en caractères italiques ne faisaient point partie de l'ancien Parlement, et furent distingués dès l'origine par les autres membres sous la qualification de *nouveaux* qui ressemblait à un reproche.

(2) Un ordre du Roi remis à chacun des nouveaux élus prouve que

Le discours qu'adressa à ce Parlement déchu l'intendant Amelot prouve, en effet, dans quel but les choix avaient été faits et ce qu'on attendait des élus. Le procureur général Pérard y répondit avec la dignité d'un homme troublé par ses scrupules, mais qui cédait, à l'exemple de tant d'autres, à une faiblesse dont sa présence à cette cérémonie était le témoignage. Toutefois, comme pour soulager ses reproches de conscience, il osa solliciter le retour des exilés le jour même où commençait leur proscription, en exprimant de plus le vœu que la Compagnie entière fût appelée désormais à élire les magistrats qui devaient la composer. Paroles sans portée et qui parurent manifester de sa part, au lieu d'un acte de courage, le fait d'un homme qui avait à se faire pardonner une faute. Ce langage étrange dans la bouche du magistrat qui représentait la personne du Prince dans le nouveau Parlement, restera comme une preuve de plus que le chancelier avait recherché dans ses choix moins le dévouement que l'adhésion à l'acte politique dont il était l'auteur, et dont, à défaut de créatures, il trouva piquant de rencontrer des complices dans un Corps qu'il venait d'humilier.

Toutefois, le vœu exprimé par le procureur général touchant les choix venait d'être entendu. Dans une lettre adressée au Roi le 9 novembre 1771, c'est-à-dire trois

---

telle fut la politique du nouveau chancelier. Elle apprend en même temps combien la Cour redoutait d'essuyer des refus. « Mons..., je vous fais cette lettre pour vous ordonner de continuer votre service en mon Parlement de Dijon, sans que sous aucun prétexte vous puissiez le quitter ; le tout sous peine de désobéissance. » Ecrit à Fontainebleau, le 16 octobre 1771. Signé LOUIS, et plus bas PHELYPEAUX.

jours après, et qui fut l'œuvre du conseiller Lebault et de Genreau, conseiller-clerc, le Parlement exprimait le regret que ce choix du nouveau Parlement n'eût pas été confié à l'ancien Corps. Or ce regret aboutissait à faire l'éloge des magistrats exilés que les magistrats maintenus se proposeraient toujours, dirent-ils, pour modèles, malgré leur disgrâce. Ils ajoutaient que cette disgrâce, éloignant d'eux les meilleures familles, multipliait par contre-coup journellement leurs pertes ; langage plein de noblesse, si la crainte de se voir débordés par des hommes sans nom ne l'avait pas inspiré. Voici cette lettre, en manière de remontrances, qui donnera l'idée des embarras de la nouvelle Compagnie vis-à-vis les anciens membres disgraciés auxquels elle sembla demander un pardon que ceux-ci refusèrent durement :

« Sire, l'abrogation de la vénalité des offices dans vos Cours de Parlement, la suppression des profits attachés à l'administration de la justice, en rendant à ces tribunaux leur antique splendeur, sont les dignes fruits de la haute sagesse de Votre Majesté; et la diminution du nombre de vos officiers qui ne recevront plus que de votre main royale le juste salaire de leurs pénibles travaux ne s'accorde pas moins bien avec l'économie de vos finances et le soulagement de vos peuples. Par quel malheur faut-il qu'en applaudissant avec toute la France à ces lois salutaires, nous n'ayons à vous faire entendre que le cri de la douleur et les expressions de la consternation la plus profonde ?

« Si Votre Majesté eût daigné confier à son Parlement, supprimé par des vues supérieures que nous respectons sans chercher à les approfondir, le soin de former lui-même celui qui lui succède, vous eussiez trouvé en lui des sujets soumis et empressés à remplir les intentions de leur Souverain. Il vous aurait présenté dans les membres anciens des magistrats consommés dans l'étude des lois, dans l'administration de la justice, qui jouissaient à juste titre de l'estime et de la confiance publiques. Il aurait supplié Votre Majesté de conserver ceux d'entre eux que leur réduction en moindre nombre aurait écartés pour un temps de leurs fonctions, pour remplacer successivement ceux dont l'âge, les infirmités, la mort nous auraient privés. Vous avez jugé à propos, Sire, de faire vous-même un choix qu'il nous eût été glorieux de voir confier à notre zèle pour le bien de votre service, et vous avez éloigné de la capitale de la Bourgogne ceux sur lesquels votre choix n'est pas tombé.

« Qu'il nous soit permis de penser que cet exil momentané est moins un acte de sévérité qu'un acte de prudence. Vous avez sans doute voulu faire disparaître de dessous les yeux de nos citoyens, dans ce premier instant, des magistrats dont la perte toujours présente leur eût trop fait sentir ce qu'il en coûte pour arriver au bien que votre édit leur prépare. Eh! comment pourrions-nous envisager sous un autre aspect les apparences de leur disgrâce, nous qui nous glorifierons toujours de pouvoir les égaler en probité, en intégrité, en zèle pour le service de Votre Majesté, en amour respectueux pour votre personne sacrée? Oui, Sire, ce sont là leurs sentiments, c'est leur âme tout entière que nous vous développons. Nous ne cherchons point à les justifier, parce que nous sommes certains que leurs intentions furent toujours pures. Nous nous demandons à nous-mêmes : Qu'auraient donc fait ces magistrats, eux que nous n'avons jamais vus respirer que soumission et respect, pour s'être attiré la disgrâce de leur Souverain, disgrâce qui, en éloignant de votre Parlement les meilleures familles, multiplie par contre-coup journellement nos pertes? Rendez-leur, Sire, votre bienveillance, ils en sont dignes, c'est nous qui vous l'attestons, nous dont l'empressement à nous soumettre à votre volonté vous est un gage d'une fidélité qui ne connaîtra jamais de bornes. Spécialement honorés de votre confiance en ce moment, nous avons celle que nos très humbles supplications ne seront pas infructueuses, que nos larmes toucheront votre cœur véritablement paternel; c'est au nom de notre patrie que nous vous le demandons, et si vous daignez exaucer nos prières, nous regarderons cet événement heureux comme la plus glorieuse récompense de nos faibles travaux (1). »

Nous avons fait connaître les noms des membres exclus de la nouvelle Compagnie ou qui s'en retirèrent, comme de ceux qui furent promus aux charges maintenues ou qui conservèrent leurs anciens titres. A la tête de ces derniers était le Premier Président de La Marche, chef de Corps digne d'estime, mais qui comprit trop tard qu'il est des abaissements d'autorité auxquels on ne saurait souscrire, et que la faiblesse devient plus qu'une faute quand elle émane de ceux qui doivent donner l'exemple du caractère. Toutefois, ce sentiment n'abandonna pas

---

(1) Manuscrit de l'abbé Le Prince déjà cité.

le plus grand nombre, et plusieurs, comme on l'a vu, préférèrent l'exil à une magistrature déshéritée.

Parmi ces exilés, le conseiller Fyot de Dracy, un des plus proches parents du Premier Président de la Compagnie, n'avait pas craint de lui reprocher sa conduite. Déjà un autre membre de la même famille, Fyot de Neuilly, était allé jusqu'à refuser de le recevoir dans sa demeure. A ces affronts s'ajoutèrent les épigrammes et les pamphlets dont il devint l'objet de la part de cette cohorte de mécontents qui, sous la conduite de de Brosses, ne lui laissèrent aucun repos (1). Ainsi abandonné de ses proches et tourmenté par quelques remords, La Marche s'était résigné, mais trop tard, à se démettre de fonctions devenues pour lui si amères. Il y fut remplacé par Layé, homme sans crédit, mais non point sans mérite, qui passa, comme il arrive souvent en révolution, d'une opposition violente par laquelle il s'était fait remarquer, aux actes d'une docilité qui resrembla à de l'adulation.

Le barreau tout entier, Ordre frondeur, s'était aussi associé à la résistance des magistrats contre le ministère. Les avocats les plus célèbres, à l'exception d'Arnoult, dont le fils venait d'être appelé dans la nouvelle Compagnie, refusèrent tout d'abord de plaider devant une juridiction qu'ils crurent avilie, et d'où la liberté semblait être exclue par la violence. La révolution, déjà dans les mœurs si elle n'était pas encore dans les actes,

---

(1) Jean-Philippe Fyot de La Marche mourut de chagrin ou de regrets au mois de novembre 1772, laissant une fortune délabrée.

applaudit avec transport à ces manifestations qui s'adressaient bien moins aux hommes qu'aux idées de révolte dont les Parlements s'étaient faits les propagateurs. Tel fut le secret de cette popularité d'un jour qui, en attendant d'autres orages, trompa, dans une portée qu'elle n'avait pas, les exilés si prompts à s'y méprendre, après le mouvement d'indépendance qu'ils avaient excité et qui devait amener leur perte.

Le géant de ces dernières luttes avait été le président de Brosses, la plus forte tête de sa Compagnie comme il en fut l'honneur. Placé au second rang, en attendant qu'il occupât celui pour lequel il était fait, il n'épargna ni son temps, ni son repos, ni sa fortune pour servir la cause qu'il avait personnifiée en lui, et qu'il ne déserta pas dans la disgrâce, versant à pleines mains sur ses adversaires le ridicule ou le sarcasme, le côté faible de son esprit et dont la vie privée semblait lui avoir rendu un plus libre usage. Les nouveaux élus surtout n'avaient pas été ménagés. Mais méritaient-ils d'être traités de la sorte, ainsi qu'on avait affecté de le faire dès l'origine par des attaques qui ressemblaient trop à la haine? Nullement, quoiqu'on en ait dit, et au reproche près qu'on pouvait faire aux anciens membres du Corps qui avaient fléchi, quand l'honneur de tous avait été engagé par des fautes communes, la justice rendue à cette époque, loin de mériter ces mépris, égala bientôt celle d'un Corps qu'elle parvint à faire oublier. C'était ainsi que le nouveau Parlement avait répondu à ses détracteurs. Il avait fait, comme on l'a vu, bien davantage en demandant, pendant que les magistrats exilés accablaient les *parvenus* ou *gens ramassés de toutes parts,* comme on affectait de les nommer alors, le rétablissement des anciens membres, qu'ils allèrent jusqu'à leur garantir en exigeant sur ce point, à quoi ceux-ci consentirent, le serment des nouveaux élus. Par une conduite aussi généreuse, comme par des arrêts pleins de sagesse, ils montrèrent de plus au peuple que l'exil de certains hommes n'avait pas été aussi fatal que quelques esprits chagrins l'avaient voulu présager. Ainsi, l'orage un peu dissipé, les passions semblaient se calmer à leur tour, à mesure que l'intérêt public bien compris venait à l'emporter sur les amours-propres.

Ces haines violentes des anciens membres contre les nouveaux s'étaient montrées partout. « Jamais, a dit un écrivain moderne, issu d'une famille toute parlementaire et du premier rang (1), la presse ne s'éleva à une violence pareille à celle des écrits publiés lors de la révolution à laquelle le chancelier Maupeou a attaché son nom. Jamais l'opinion publique ne reçut un tel ébranlement. Les *mazarinades* elles-mêmes et tous les écrits de la Fronde pâlissent auprès des pamphlets publiés en 1771 et dans les années qui suivirent. Rien ne fut épargné dans cette guerre désespérée que les magistrats déchus de leur grandeur et qui avaient oublié toutes les lois de la société, du moment qu'ils n'en étaient plus les gardiens privilégiés. La religion, la Royauté jusque-là si res-

---

(1) M. le vicomte de Bastard, ancien procureur général, actuellement conseiller à la Cour impériale de Paris, *Essai historique sur les Parlements de France,* tome II, ouvrage qui parut au même moment que le nôtre sur le Parlement de Bourgogne.

pectée de nos pères, la justice, la famille, le caractère épiscopal, les mœurs publiques, tout fut livré au ridicule et à l'infamie. Les injures les plus grossières furent prodiguées avec profusion à ceux qui avaient aidé la Royauté et contribué à la destruction des Parlements, ou qui seulement avaient osé y applaudir. Les magistrats jusque-là les plus dignes par leur rang, leur nom et leurs services, du respect de leurs concitoyens, s'abaissèrent au rôle de pamphlétaires anonymes, honteux sans doute des injures qu'ils laissaient échapper de leurs plumes, et craignant que la souillure n'en rejaillît sur eux-mêmes, s'ils osaient s'en avouer les auteurs. Comment la société aurait-elle pu résister à un pareil débordement auquel poussaient dans leur aveuglement des hommes graves et moraux, mais qui se croyaient tout permis pour se venger et reprendre leurs positions?»

En Bourgogne, ce Parlement nouveau, qui ramenait l'institution à son origine, n'était pas d'ailleurs composé de magistrats aussi vulgaires qu'on avait affecté de le publier. Des noms comme ceux de Fyot, Guyton de Morveau, Lebault, de Fontette, de Palaiseau, de Nogent, Bureau de Saint-Pierre, parmi les anciens; à la tête du Corps, des magistrats comme Layé, et parmi ses membres des avocats considérés comme Arnoult, Voisin, Baudot et Calon, tous bourgeois de la vieille roche, valaient bien des magistratures acquises à prix d'or et sans garantie d'aptitude. Le barreau, dont le zèle s'était refroidi, fut le premier à reconnaître son erreur, et ne demanda qu'un prétexte pour renoncer à des bouderies que l'opinion n'approuvait plus. A Paris, Linguet et Gerbier avaient donné l'exemple de ce retour (1); ici ce furent Ranfer et Lacoste, les avocats les plus renommés de l'époque, honteux d'avoir pris parti dans une querelle qui ne les regardait pas, et où l'ingratitude n'avait pas manqué du côté de ceux dont ils avaient volontairement partagé la disgrâce.

Cette conduite fut un acte de sagesse dont nul, excepté les intéressés, ne pouvait leur faire un crime. En effet, des réformes admirables que le temps allait faire éclore quarante ans plus tard, mais dont l'idée-mère appartenait à cette première réformation de la justice, brillaient dans cet essai de la Royauté aux abois. Ainsi, la vénalité des charges anéantie, des gages fixes assurant, au lieu des épices, l'existence des magistrats, ceux-ci choisis par le Prince et non dans un indigne commerce d'argent et de faveurs, l'exactitude dans le service ramené à sa plus stricte observation, l'âge fixé pour les choix suivant l'importance des fonctions, et qui détruisait jusque dans ses racines l'abus si scandaleux des dispenses, étaient autant de conquêtes dont les Parlements s'irritèrent et avec eux l'esprit révolutionnaire qu'ils traînaient à leur suite et qui les trompait. Nous verrons bientôt d'autres réformes proposées par Louis XVI, dans un but aussi louable, avoir le même sort après avoir fait redoubler les mêmes colères, à mesure que l'orage grossira. Et c'était à l'occasion de pareils choix, accompagnés de

(1) Plus tard, la célébrité de ce dernier ne le sauva pas : le Parlement rentré le força de renoncer au barreau, pour avoir consenti à plaider devant un Corps qu'on nommait *le faux Parlement*. On ne voit pas que les mêmes rigueurs aient été exercées en Bourgogne.

si sages réformes dans des Corps appauvris, que, par une assimilation insultante, les membres du Parlement déchu osaient rappeler cette maxime de Montesquieu faite pour les temps voisins de la chute de l'empire romain : « La république touche à sa décadence quand les hommes qui exercent le pouvoir sont comblés d'infamie et de dignités; » alors qu'on leur eût pu répondre avec plus d'à-propos : La république est en péril quand les grands Corps de justice, usés par une fiction politique vaine, s'arrogent le despotisme qu'ils reprochaient à d'autres, et deviennent la proie de la multitude, le pire des despotes.

En attendant d'autres événements, que resta-il aux magistrats déshérités ? la liquidation de leurs charges : sorte d'acquiescement aux édits qui les en avaient dépourvus et contre lesquels ils n'eurent pas le courage de protester, dans l'espoir de voir abréger, au prix de cette humiliation, un exil devenu insupportable. Paris leur avait donné l'exemple de cette faiblesse qui, sans avancer leur retour, devint fatale à leur dignité, et fit transformer ces charges en des valeurs qu'ils ne touchèrent jamais (1). Rentrés à Dijon après deux ans d'exil, ils y rapportèrent cet esprit de morgue qui ne les avait pas abandonnés et dont ils continuèrent à accabler les nouveaux élus, en même temps qu'ils frappèrent l'esprit du peuple par l'étalage d'un luxe effréné qui contrastait avec les habi-

---

(1) « La fermeté, dit Linguet dans ses *Annales politiques*, s'amollit peu à peu ; on consentit à se défaire d'un parchemin devenu caduc, pour se débarrasser d'une lettre de cachet onéreuse. » (Tome XIV de cet ouvrage.)

tudes modestes de la nouvelle Compagnie. Ce fut ainsi que l'orgueil vint gâter le bon droit, en mettant la sagesse du côté de leurs adversaires; alors que ceux-ci, par des services réels, avaient fait oublier leur origine, et n'étaient plus ces *gens ramassés de toutes parts* dont l'élection avait fait tant de bruit dans les premiers temps.

Le nouveau tribunal avait duré quatre ans; mais, si sa justice était la même, il avait perdu son importance politique, et essaya vainement de la ressaisir par des remontrances sans valeur, mais dont le langage ne manquait pas de fierté. Le refus qu'il fit d'enregistrer en 1772 un nouvel impôt jusqu'à ce que l'édit qui en ordonnait la levée eût été communiqué aux Etats de la province, en restera comme le plus mémorable exemple, de même qu'il en fut le dernier; car déjà il n'appartenait plus à ces magistrats nouveaux de recommencer une lutte qui, eu égard à leur origine, ne pouvait être qu'un vain bruit.

Ainsi, avec le Parlement déchu, avait péri l'ancien droit public des Cours souveraines, bien que réservé par les nouveaux édits dans des conditions que l'atteinte profonde portée à leur indépendance avait rendues illusoires. Mais cette dépréciation du caractère ne fut pas la seule et s'étendit ailleurs que dans ces Cours. Les pouvoirs politiques des Etats, déjà si insignifiants depuis Louis XIV, tombèrent à l'exemple de ceux du Parlement et ne furent plus que l'ombre d'eux-mêmes. De ce jour aussi l'opposition manqua partout d'appui, sinon d'encouragement, lorsque le rappel inconsidéré des anciennes Compagnies vint ranimer plus vives encore des passions qu'on croyait éteintes, mais qui n'étaient que comprimées.

Considéré dans son ensemble, un tel rappel fut une faiblesse et rien de plus, après que la suppression de ces Corps avait été une faute politique énorme par le temps si mal choisi où il fut accompli; et quand les Parlements déconcertés par un acte de vigueur se seraient contentés de moins. Mais refaire ces Compagnies ce qu'elles avaient été avant la crise de 1771 qui avait soulevé tant d'orages et quand la raison revenue, justice était rendue aux nouveaux Corps, n'était-ce pas folie? Par cette imprudente mesure qui était l'aveu d'une défaite, les anciens membres ne devaient-ils pas rentrer, comme autant de martyrs et la haine au cœur, imbus plus que jamais des doctrines qu'ils avaient préconisées, et qui, par les applaudissements de la foule, restaient encore leur force? Liés par des engagements solennels aux jours de l'exil, pouvaient-ils rompre avec un tel passé, sans être accusés de trahison, et voir s'échapper de leurs mains cette popularité fragile qui trompe toujours ceux qui la poursuivent, mais, qui, à force d'exiger des Corps rétablis, allait préparer leur ruine? Ainsi, peut-on dire qu'engagés dans une lutte dont ils avaient été les principaux moteurs, c'était le Corps de bataille que la Royauté maladroite rétablissait contre elle pour des luttes nouvelles, où la révolution, cette fois, allait jeter le masque.

Au fond, qu'avait été ce rappel si peu attendu? La défaillance d'un prince vertueux conseillé par un ministre usé par l'âge, en présence de la situation la plus critique qui fut jamais. Qu'était-ce, d'ailleurs, pour

blessures nombreuses, dont le sang qui en rejaillit au loin vient augmenter l'horreur. A la vue de son impuissance et troublé par les cris qui se font entendre de toutes parts, cet homme essaie d'étrangler avec une corde la malheureuse exposée à ce nouveau genre de supplice. Pendant ce temps, sa femme, qui l'assiste dans son ministère, tente elle-même de couper la gorge à Hélène Gillet avec des ciseaux, et ajoute une blessure profonde à celles dont elle est déjà couverte. Vains et inutiles efforts! l'indignation, excitée par cette lutte prolongée où la mort semble se disputer sa proie, redouble; les cris *Sauve qui peut!* retentissent de tous côtés; la place est dépavée, les pierres volent sur l'échafaud d'où les exécuteurs n'ont que le temps de se précipiter, mais pour être à l'instant lapidés par une populace furieuse qui traîne leurs corps sur la claie, au bruit de malédictions proférées contre le Parlement. Pendant ce temps, Hélène Gillet est transportée mourante dans le logis d'un chirurgien voisin du lieu de l'exécution (1); des soins lui sont prodigués, et l'on parvient à la rappeler à la vie. Ces mots: *Je savais bien que Dieu m'assisterait*, sont les premiers échappés de sa bouche et semblent confirmer la prédiction dont elle aurait été le sujet et que nous avons rapportée.

La malheureuse fille était vivante, mais n'était pas sauvée. Un arrêt de mort pesait sur sa tête, rendu par un Corps jaloux de ses pouvoirs et qui ne reculait pas devant la sédition. Le Parlement la fit garder à vue

---

(1) Il se nommait Jacquin.

et ordonna d'informer contre les auteurs des meurtres. Mais le moyen de n'être pas touché d'une si grande infortune jointe à tant de bonheur (si l'on peut donner ce nom aux circonstances singulières qui avaient sauvé Hélène Gillet d'une mort honteuse)? Ses malheurs, sa jeunesse, sa beauté et le hasard providentiel qui l'avait préservée, lui vinrent en aide en ce moment suprême, et sa grâce, demandée, ne se fit pas attendre. C'était le temps où la Cour était encore dans la joie à l'occasion du mariage tant souhaité du Roi de la Grande-Bretagne avec la princesse Henriette-Marie, sœur du Roi de France (1). Tout concourut ainsi à assurer à la condamnée la miséricorde souveraine. Hélène Gillet parut à l'audience de la Grand'Chambre et conquit tous les suffrages par son attitude repentante. Le célèbre avocat Charles Févret, âgé alors de 43 ans, qui avait rédigé la requête en grâce, déposa pour cette fille aux pieds de la Cour, dans une harangue qui nous est restée, le tribut de sa reconnaissance et de ses douleurs (2). Cette pièce, pleine d'emphase, est écrite avec effort là où il suffisait de laisser parler le cœur. C'est le dernier reflet d'un style rempli de citations et d'antithèses, dont un homme de cette valeur ne se montrait pas encore exempt, mais qu'il contribua à corriger en donnant plus tard dans ses œuvres le signal de ces réformes, dont l'illustre Brulart, qui le suivit de près dans la vie, allait devenir ici le modèle. Que devint Hélène Gillet, si heu-

---

(1) Célébré le 11 mai 1625.
(2) Voir tome I, page 36, des *Variétés historiques et littéraires* de Fournier; Paris, 1855.